智慧运营

大屏电商运营实战手册

南敬伟　茹宁 ◎著

天津出版传媒集团

天津人民出版社

图书在版编目（CIP）数据

智慧运营：大屏电商运营实战手册 / 南敬伟，茹宁
著. -- 天津：天津人民出版社，2024. 8. -- ISBN 978-
7-201-20681-3

Ⅰ. F713. 365. 1-62

中国国家版本馆CIP数据核字第2024QC6282号

智慧运营 大屏电商运营实战手册
ZHIHUI YUNYING DAPING DIANSHANG YUNYING SHIZHAN SHOUCE

出　　版	天津人民出版社	
出 版 人	刘锦泉	
地　　址	天津市和平区西康路35号康岳大厦	
邮政编码	300051	
邮购电话	（022）23332469	
电子信箱	reader@tjrmcbs.com	

责任编辑	岳　勇	
装帧设计	汤　磊	

印　　刷	天津新华印务有限公司	
经　　销	新华书店	
开　　本	710毫米×1000毫米　1/16	
印　　张	21.5	
字　　数	280千字	
版次印次	2024年8月第1版　　2024年8月第1次印刷	
定　　价	80.00元	

前 言
大屏电商——一件正确而非容易的事儿

　　看电视是老百姓最普通的一种家庭娱乐生活方式,今天的电视包括有线电视、网络电视和智能大屏视频,用业内术语就是DTV、IPTV、OTT。IPTV即交互式网络电视,是一种利用宽带有线电视传输网,集互联网、多媒体、通信等多种技术于一体,向家庭用户提供包括数字电视在内的多种交互式服务技术。该业务自2005年首次出现在黑龙江电视机大屏上已经近20年了,在三网融合政策的推动下,一路坎坷但也一路高歌,尤其是用户规模突飞猛进,目前已达到4亿户左右,占据了大屏电视的绝对优势,成为电视传播的主力军,也成为省级电视台收入和利润的主力板块。

　　虽然IPTV平台的收入快速增长,但收入结构一直比较单一,主要依赖于运营商分账作为主营收入。由于IPTV业务分省域管理和运营,各地区的家庭用户数较为固定,十几年高速发展后,用户总量已基本触及天花板。近几年运营商们一直寻求降低基础业务成本,IPTV业务收入增长面临巨大压力,特别是OTT快速发展等政策和环境变化存在不确定性,也使得IPTV的收入模式存在变数。天津IPTV创立以来,经过市场大发展后,在用户数拓展上也进入缓慢徘徊阶段,总收入达到一定数量级后增长出现困难。因此,如何实现长期稳定的发展,必须居安思危、未雨绸缪,积极探索新的商业收入模式。

　　得益于三网融合政策红利,身为媒体,IPTV拥有天然的大流量池,身为平台,IPTV拥有本土庞大的用户量。鉴于这两个特性,我们开始在广

1

告和购物两大业务板块开拓市场。2014年开始尝试广告业务，从零到有，每年缓慢增长。但是由于近几年广告市场模式的转型变化，导致电视类传统广告投放量一直低迷下滑，业务成长空间不足。反观电视购物这种模式自推出到现在已有20余年的时间，曾经产生过400亿的年销售额，也积累了一批忠实用户。在天津IPTV上线的几家频道，也仍然有大批忠实的消费者，证明边看电视边购物已成为部分电视观众的生活习惯。在移动端市场上除了淘宝、京东等这类购物平台外，抖音、快手等拥有大流量和用户群体的短视频平台也纷纷转战购物市场，势头非常强劲。付费会员、广告、购物成为平台通用的商业模式。基于这样的市场分析，无论从内部发展需要还是外部市场环境来说，电视大屏提早布局自己的购物商城，是有可行性的，也是值得去探索和实践的。

电商项目在立项之初就承担了一部分活跃用户、服务用户的功能。按照三网融合的政策，运营商直接对接用户服务；我们只能拿到机顶盒ID，日常分析也只能是基于每个机顶盒收集的数据，我们对用户的了解很有限。商城新的购物模式可以得到用户的手机号、家庭住址和消费偏好，这些真实的标签属性与盒子ID和收看偏好打通结合分析，可以更精准地了解用户、服务用户、活跃用户。牢固树立用户第一的宗旨，通过服务好用户，走出一条新的购物路子。2023年以来，国家广电总局大力推进"电视双治理"，下决心解决收看电视难、收看费用贵的民生问题，核心目标也是提升用户体验、留住大屏用户。如何真正了解用户需求、如何为用户精准提供服务成为紧迫而必须解决的时代课题，坚持用户至上理念，开展智慧运营、智能运营，是破解当下难题和实现长期可持续高质量发展的必然选择。

大屏聚集了流量，如何变现？商业模式无非是广告、会员和电商。京东、淘宝等电商平台势力庞大、直播带货方兴未艾，大屏还有机会吗？有的！通过多年一线的运营，我们真切认识到大屏电商运营虽然难，但是件值得做的事儿。由电商逐步进军文旅、康养、家居等领域，更是前景广阔、未来可期，电视的第二条成长曲线也许就能逐步绘就。

　　当然,伴随新媒体和短视频的崛起,大屏整体活跃度下滑是不争的事实,电视媒体的转型是多维的也是艰难和痛苦的。本书结合多年运营电视大屏主力军——IPTV的实战经验,总结了一套实操打法,既有独创的理论归纳,也有实战经验的总结,更有日常工作中多次修改成型的制度、流程、表格,毫无保留、和盘托出,以供业界参考、借鉴和探讨。行业好、生态好,才是真的好,也才能真的好,共勉!

目　录

第一章

定场:大屏为什么做,用户为什么用

进军零售布局电商,对媒体从业者并非一个容易的选择:大屏在供应链、产品技术、资本运作等多方面都不具备竞争优势。大屏媒体需认清运营电商的必然性,以及大屏运营电商的优势,才能构建出对大屏用户合理的购物场景,以及对合作商户有吸引力的商业模式。

任何商业都讲"人—货—场"。本章从大屏、大屏用户以及天津IP-TV的实践经验几个方面为全书"定场",为大屏电商的运营和实操奠定逻辑基础。

第一节 大屏为何布局电商

一、大屏传统业务模式受冲击

电视传统业务的困局是行业内有目共睹的,核心原因,源于商业模式过于单一。传统大屏业务的逻辑,即发挥"广而告之"的能力,通过节目吸引观众注意力,进而实施广告销售,实现流量变现。

但作为传统电视广告人,近年来无不感慨传统电视广告经营陷入寒冬。数据显示2020年我国传统广播电视广告收入从2016年的1 150.7亿元下降到789.58亿元,年均下降7.85%,2021年,我国传统广播电视广告收入继续下滑786.46亿元,同比下降0.4%。①

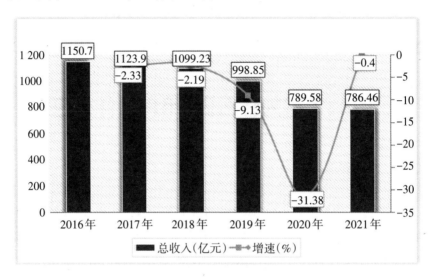

图1-1　2020—2021年我国传统广播电视广告收入情况

(一)客观环境加速电视广告模式衰退

面对颓势,传统电视广告人多是有心无力。电视广告的下滑,一是来自互联网尤其是移动互联网的冲击,观众的媒体接触习惯已发生重大改变,更多的注意力被手机等移动媒体分流。截至2018年底,网络视频用户规模高达7.25亿,网络视频已经成为仅次于即时通信的第二大互联网应用;超四成用户每天都会观看网络视频节目②。与此同时,在线视频行业付费用户规模明显扩大,2019年6月22日,爱奇艺会员数量突破1亿,中国视频付费市场正式进入"亿级"会员时代。最终广告反映了流量分流的结果,自2020年,网络媒体广告总收入首次超过传统广播电视广告收入。

---

① 数据参考观研报告网《中国电视媒体行业现状深度研究与未来投资调研报告(2022—2029年)》。

② 数据参考《2019年中国网络视听发展研究报告》。

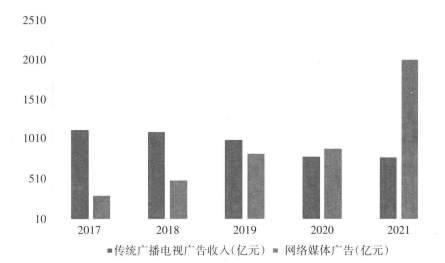

图1-2 2017—2021年中国传统广播电视广告及网络媒体广告收入变化趋势
资料来源:广电总局、前瞻产业研究院。

二是2020年以来,各行各业收入增长均遇到困难,广告主的广告预算也就随之降低,对广告转化要求也愈发苛刻。CTR媒介智讯的数据显示,2020年上半年广告市场同比下滑19.7%。从2020年上半年全渠道TOP 10行业广告刊例花费同比变化情况来看,除了IT产品及服务增长之外,食品、邮电通信、药品、娱乐及休闲、商业及服务性行业、化妆品/浴室用品、酒精类饮品以及交通这些行业广告刊例花费都在缩减。疫情的暴发带来的经济下行各行业无一幸免,市场缩减,销售停滞,资金回笼变缓,企业有限的资金更多地用来保障生产、人员等基础环节的运行,"广告"作为无法解决短效资本回笼的方案,而被多数企业搁置。

(二)传统模式难以适应广告主现行的需求

客观环境对传统电视广告带来的是"冲击"和衰退的"加速",但核心衰退在于,传统的电视广告模式已不再适应广告主现行的需求。

在传统电视广告的模式中,媒体销售的产品是版面,维度包括时段、位置、形式、节目等,一个产品成型后,媒体与广告主协商的价格便是确定的,即便通过收视率等监播手段进行效果评估,也仅能关注到"触达"维度,与后续传播所引起的记忆、认知、到店、消费均无关系;且广告主所付出的广告费不会因效果的好坏而浮动。时至今日,仍有诸多广告销售人员抱有版面销售的逻辑,在与广告主沟通过程中,或讲述节目制作如何投入,或提出预计收视和话题热度,然后给出一个匹配广告主预算的报价。除去广告主的预算,没有一条逻辑是从广告主出发的,难怪其多么勤奋频繁地拜访广告主,收效也甚微。

能具备营销意识的销售人员,会站在广告主的立场,分析广告主具体需求,对广告主的营销传播提出合理的规划,针对传播诉求选择垂直受众,进而设计媒介产品。即便如此,上述逻辑仍是节目导向,而非效果导向。况且通过广告来构建品牌仍是头部企业的专利。

在经济下行的环境下,企业更多需求是品销合一,从传播到销售实现闭环。即便不能直接导向销售,广告主至少要求,广告的效果是可评估的。其中包含三个维度的要求:流量、精准和转化。

1.流量维度

传统电视广告评估投放效果,按照索福瑞等第三方监播机构提供的收视率来评估。今天的广告投放的流量,是按照实际的触达来评估,要求媒体给出"千人成本"的投放单位,广告主按照每次实际的曝光而付费。这与之前户外广告和电视广告,以媒体投放时间是有本质区别的——产品定价即从效果出发,而非媒体投入成本。

这就要求今天的电视媒体,能够给出按频次投放的投放方案,以及实际触达的监播结果。但很多电视媒体并不具备限定频次的投放条件。

2.精准维度

"我知道有一半的广告费浪费了,但我不知道是哪一半"已经成为广告主共同的心声。品牌希望投放的广告只对潜在的消费者去曝光。奢侈品品牌会要求受众家庭的收入水平,时尚品牌会要求受众年龄结构,母婴用品会要求受众家庭具有0—2岁婴童。此类投放诉求不胜枚举。

而传统电视广告是最典型的泛众媒体,很难就用户属性不同而实现千人千面的投放。

3.转化维度

今天的广告主希望无限缩短从广告到用户转化的距离,希望所有的投放都能产生行动转化。

而传统电视广告遵循"AIDMA"模式对消费者产生效果,即"唤起注意—引起兴趣—激发欲望—产生记忆—行动转化",广告从投放到转化周期较长,从投放到转化是一个大型的漏斗,每个环节都会流失大量的受众,最终产生转化行动的受众相对触达的受众而言微乎其微。

综上,在不能有效解决广告主对"流量—精准—转化"三个维度的需求,传统电视广告很难迎来转机。

二、IPTV传统商业模式受限

我国IPTV业务经历初期探索,快速发展,至今已进入新的发展阶段。

自2010年,《国务院关于印发推进三网融合总体方案的通知》和《国务院办公厅关于印发三网融合试点方案的通知》两个文件下发后,IPTV进入正式发展阶段。由于IPTV由运营商基于成熟的推广能力拓展用户,且绑定家庭宽带、手机套餐,相对传统有线电视价格更为低廉。且IPTV改变了传统电视的收看模式,兼具通信、互联网、电视功能,IPTV在2015年之后获得了快速的用户增长。根据工信部数据,截至2023年4月,全国IPTV用户已达到3.89亿用户[1],2022年第一季度,IPTV平台占据电视大屏34%的份额,IPTV平台直播收视贡献率35%[2]。

---

① 根据工信部公开资料整理。
② 数据来源:CSM媒介研究《天津地区中国IPTV-天津2022年第一季度大屏收视情况》。

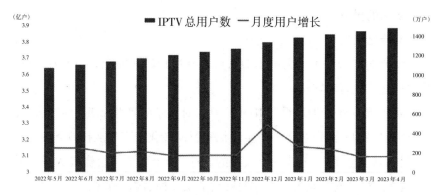

图1-3　全国IPTV总用户数及月度户增长统计

数据来源：工信部、流媒体网、勾正科技整理。

从上文数据也可观察到，自2019年以来，全国IPTV用户增长速度逐渐变缓，全国范围内，IPTV用户的增长到达了天花板。而直至今日，IPTV的主要收入仍来源于运营商分账，用户增长的瓶颈，直接导致了IPTV的主要收入陷入滞缓。

这反向反映出，IPTV十几年来的用户快速增长和收益长期稳定，并不来源于IPTV自身的核心竞争力，即各地IPTV在内容创新、功能创新、服务创新上，普遍不能与市场竞争环境中野蛮生长的其他业态相媲美。

如各地IPTV长期依赖运营商的分账作为唯一的收入模式，将对运营商失去话语权，唯运营商需求是从，而缺乏商业价值创新的机会。在运营商不断面临增速降费的压力下，如各地新媒体运营方不能保证IPTV开机订购等活跃，运营商对媒体的分账也将逐渐缺乏积极性。

三、大屏电商可创造第二条成长曲线

传统电视广告模式，以及IPTV政策分账模式都遇到瓶颈，而电商能够为智能大屏提供新的收入成长的机会。

（一）大屏电商拥有既成的流量基础

全国电视大屏触达仍具备规模优势，根据工信部公开数据统计，虽然传统有线电视在近年来全国数据持续降低,但智能电视OTT和IPTV用户增长势头迅猛,截至2023年上半年,中国智能电视保有量达到3.48亿台,占整体电视保有量的58%,实现了近2%的增长①。截至2023年7月,全国IPTV总用户已达到3.93亿用户②。据索福瑞CSM媒介研究数据统计,截至2021年H1,重点城市组电视大屏单日触达达到2.45亿。

而聚焦IPTV端,如上文述,《国务院关于印发推进三网融合总体方案的通知》和《国务院办公厅关于印发三网融合试点方案的通知》两个文件确立了各地广电新媒体单位对IPTV产品的独家运营权,除去广电与运营商协同组成的产品外,任何第三方不能与运营商建立基于运营商专网的电视节目传输服务。基于此,各省份IPTV都拥有相对垄断的流量基础,从而获得快速成长的机遇。截至2023年7月,已经拥有3.93亿部大屏终端,大屏市场份额超过35%③,这给各地IPTV运营零售提供了充分的流量基础。

(二)零售市场天花板远高于节目订购

零售业是反映一个国家和地区经济运行状况的晴雨表,是检验国民经济是否协调发展,社会与经济结构是否合理的重要标准。2015—2019年中国社会消费品零售总额持续增长,2019年中国社会消费品零售总额达41.2万亿元,同比增长8.05%。2020年社会消费品零售总额39.2万亿元,同比下降3.9%。2021年,社会消费品零售总额恢复增长,全年零售总额为44.1万亿元,同比增长12.5%。

---

① 数据来源:互娱数字的《厚积薄发 笃行致远-2023中国家庭智慧大屏消费白皮书-(OTT篇)》。
② 根据工信部公开资料整理。
③ 根据工信部公开数据整理。

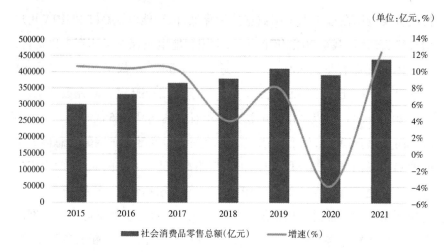

（单位:亿元,%)

图1-4　2015—2021年中国社会消费品零售总额

资料来源:国家统计局、前瞻产业研究院整理。

　　对比前文可知,零售市场数十万亿的市场,远高于千亿级的视频订购市场和广告市场。且二者单客单价有明显差异,以天津IPTV举例,节目点播王年度价格为268元一年,即可收看全平台的付费节目(部分点播除外),300元几乎是用户常规订购行为的上限。但据国家统计局数据显示,2022年上半年,全国居民人均食品烟酒消费支出3 685元,人均生活用品及服务消费支出670元①,此项数据还是平均城乡级区域收入后的结果,即全国人均可支配收入为18 463元的情况下考虑的,实际IPTV用户在零售市场的规模效应更大。

----

　　① 数据来源:国家统计局公开报告《2022年上半年居民收入和消费支出情况》。

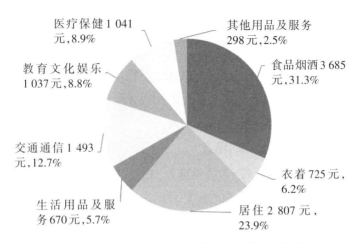

图1-5 2022年上半年居民人均消费支出及构成

同时,零售业数字化消费模式已逐步成为主流,网络非线下实体的购物已成为居民普遍接受的购物模式。根据CNNIC第47次《中国互联网发展状况统计报告》数据显示,截至2020年12月,我国手机网络购物用户规模达到7.81亿,占手机网民的79.2%;手机网络支付用户规模达8.53亿,占手机网民的86.5%。

实际,零售行业与电视大屏的联动运营已积累了相当的经验,即电视购物行业。电视购物过去数十年的发展,已经证明了大屏流量加长视频推荐,可以有效实现特定商品的销售转化。据2018年33家频道的经营数据统计,2018年电视购物行业整体销售金额为313亿元,约占当年社会消费品零售总额的千分之一,也约等于同年的传统电视广告市场的1/3。

但从2016年起,电视购物市场开始进入整体行业下滑,全国频道下滑幅度控制在10%,区域频道下滑超过30%;年销售超过20亿的频道仅剩5家,仅4家电视购物频道能维持正增长。因此,电视购物仍存在相当的市场空间,长视频形式的商品推荐仍具备较强的消费转化能力,但是电视购物频道同样亟待新媒体环境下的数字化转型。

因此,大屏以数字电商的形式参与零售市场,有机会创造更多的商业价值。

（三）零售与节目互相拉动，让大屏电商具有差异化价值

对于大屏，开展电商的价值不仅在于零售本身创造的流水和利润，如前文所述，广告主希望让传播与转化的距离无限接近，零售与视频产品互相拉动，打通用户生活和电视两个场景。

1.结合内容打造"种草"场景

区别于其他电商平台，大屏电商并不对接用户主动购物的需求——当用户有主动的购物需求，很难想到寻求大屏；且限于大屏交互操作模式和供应链的局限，大屏电商很难打造"大而全"的电商平台。大屏电商更适宜结合内容，对用户推荐特色商品，完成"种草"。

众所周知的《舌尖上的中国》成为深夜档美食纪录片的代表。据淘宝数据显示，2012年5月《舌尖上的中国》开播一周时间，淘宝零食特产的搜索量就超过400万次，环比增长13.54%，成交商品超过580万件。

湖南卫视《爸爸去哪儿》一经播出也曾火遍全网，同时也带动相关文旅产业的振兴。北京灵水村、宁夏的沙坡头、山东鸡鸣岛，都在节目的热播下迎来了营销机遇。以宁夏沙坡头为例，借助《爸爸去哪儿》节目的明星和影响力，很快推出了以《爸爸去哪儿》为主题的亲子互动旅游产品，2014年7月开始，沙湖周一至周五每天接待游客1万人次左右，周六和周日超过1.5万人次，与2013年同期相比增加10%以上[1]。

可见，电视观众对节目带来的沉浸式体验之后，是可以对其中的相关商品服务引发兴趣，产生购买欲望的。电视借助节目带来的沉浸体验，是大屏电商区别于传统电商的独家竞争优势。

2.结合内容打造整合营销闭环

上文所述的案例中，仍未实现真正的营销闭环，用户从种草到行动，仍有跨屏搜索、分辨真伪、多店比价等重重障碍。

大屏电商可借助同屏优势，进一步缩短从种草到行动的距离。在节

---

[1] 根据宁夏沙坡头旅游区公开采访资料整理。

目中向观众推荐官方认可的商品或服务,用户可以通过遥控器一键下单、扫码下单等形式,在用户最为怦然心动的时刻,完成种草到下单的转化,实现"所见即所得"。

3.节目IP实现品牌溢价

IP源于内容又高于内容,它是节目的符号化,连接着内容与用户的情感,用户通过对IP的认同,实现的是自我个性的肯定。与品牌不同的是,IP受到用户的主动追捧,该过程需要用户主动付出成本去连接;而品牌需要品牌方付出成本去连接用户。因此品牌与IP的成功结合,可以获得IP带来的流量和赋能,实现品牌价值的溢出。

IP成功的案例不胜枚举,迪士尼、环球影城依托IP,以动漫影视为起点,主营业务涵盖动漫、影视、游戏、图书、主题公园和众多特许经营产品等各种文化领域。以IP为起点的迪士尼和环球影城主题公园更早地遍布全球,而长隆、欢乐谷等主题公园已在品牌建设方面取得了瞩目的成功,但客流和全球认知水平远未及迪士尼、环球影城,核心在于一者源于内容,依托于IP;一者源于产品服务,塑造了品牌。

表1-1　2020年全球TOP25娱乐/主题公园

排名	公园	增长率	2020年入园人次	2019年入园人次
1	迪士尼魔法王国,美国,佛罗里达州	-66.90%	6 941 000	20 963 000
2	加州迪士尼乐园,美国,加利福尼亚州	-80.30%	3 674 000	18 666 000
3	东京迪士尼乐园,日本,东京	-76.80%	4 160 000	17 910 000
4	东京迪士尼海洋公园,日本,东京	-76.80%	3 400 000	14 650 000
5	日本大阪环球影城,日本,大阪	-66.20%	4 901 000	14 500 000
6	迪士尼动物王国,美国,佛罗里达州	-70.00%	4 166 000	13 888 000
7	迪士尼未来世界,美国,佛罗里达州	-67.50%	4 044 000	12 444 000
8	长隆海洋王国,中国,珠海横琴	-59.10%	4 797 000	11 736 000
9	迪士尼好莱坞影城,美国,佛罗里达州	-68.00%	3 675 000	11 438 000
10	上海迪士尼乐园,中国,上海	-50.90%	5 500 000	11 210 000
11	奥兰多环球影城,美国,佛罗里达州	-62.20%	3 908 000	10 922 000
12	奥兰多冒险岛乐园,美国,佛罗里达州	-64.90%	3 638 000	10 375 000

排名	公园	增长率	2020年入园人次	2019年入园人次
13	迪士尼加州冒险岛乐园,美国,佛罗里达州	−80.50%	1 919 000	9 861 000
14	巴黎迪士尼乐园,法国,马恩拉瓦	−73.10%	2 620 000	9 745 000
15	好莱坞环球影城,美国,佛罗里达州	−81.40%	1 701 000	9 147 000
16	韩国爱宝乐园,韩国,京畿道	−58.20%	2 760 000	6 606 000
17	首尔乐天世界,韩国,首尔	−73.80%	1 560 000	5 953 000
18	长岛温泉乐园,日本,桑名市	−59.70%	2 400 000	5 950 000
19	欧洲主题乐园,欧洲,鲁斯特	−56.50%	2 500 000	5 750 000
20	香港海洋公园,中国,香港特别行政区	−61.40%	2 200 000	5 700 000
21	香港迪士尼乐园,中国,香港特别行政区	−70.10%	1 700 000	5 696 000
22	艾夫特琳主题乐园,荷兰,卡特斯维尔	−46.30%	2 900 000	5 260 000
23	巴黎华特迪士尼影城,法国,巴黎	−73.10%	1 410 000	5 245 000
24	华侨城欢乐谷,中国,北京	−23.40%	3 950 000	5 160 000
25	长隆欢乐世界,中国,广州	−45.30%	2 681 000	4 905 000
合计	全球TOP25娱乐/主题公园	−67.20%	83 105 000	253 724 000

数据来源:TEA&AECOM发布的2020年全球主题公园报告。制表:新旅界(LvJieMedia)。

可以看到的是,消费行为距离用户与IP体验越近,付费的意愿越高。环球影城中哈利·波特主题魔法袍单价849元,配套冬款围巾299元,配套领带229元;而淘宝同款魔法袍在百元上下。

因此电视大屏运营电商,处于电视观众距离体验和观看节目最近的平台,是用户对节目IP理解和认同最为深刻的时候,相对于跨屏的其他平台,更具有转化购买,甚至付出更高成本的积极性。

第二节　大屏用户让大屏电商大有可为

前文论述了大屏运营电商有其必然性,以及环境可行性。本节讨论其用户层面的可行性。

一、大屏用户对大屏保有较高的黏性

大屏用户对大屏仍保有足够的黏性。据索福瑞 CSM 媒介研究数据显示,自 2016 年至 2021 年,电视大屏的触达规模和用户黏性略有降低,但仍保持着居高水平。

数据显示,2021 年大屏重点城市组触达率保持着近 50% 的触达率;电视大屏收视在 2020 年达到近年来峰值,平均大屏观众日均收视时长仍超四个半小时[1];单用户单周平均活跃 4.8 天,而 7 天均活跃的用户占到总体活跃用户的 39%[2]。

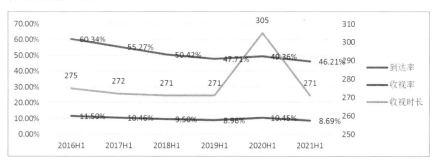

图 1-6 2016H1 至 2021H1 全国重点城市组电视大屏相关数据

二、大屏用户开始产生互动习惯

截至 2020 年,智能大屏终端已占据总体电视销量的 93.9%[3],可交互的电视大屏已成为家庭电视大屏的主流形态。除去传统直播行为的点播、回看,都已成为电视大屏普遍的交互行为。

以天津 IPTV 为例,据索福瑞 CSM 数据显示,互动平台到达率超过 40%,单日互动平台收视率普遍超过一个主流电视频道收视率,整体单日

---

[1] 数据来源:CSM 媒介研究,其中重点城市组(2021,63 城;2020,59 城;2019,55 城;2016-2018,52 城)。

[2] 数据来源:秒针数据。

[3] 数据来源:奥维互娱《2021 中国智慧大屏发展预测报告》。

接触时长超过一个半小时,除去收视行为以外的交互行为触达率超过33%,单日接触时长约50分钟①。签到、做任务领福利等其他终端常用的互动手段,也进入电视大屏的互动玩法中,成为大屏用户打开电视后的习惯性互动行为。

基于此,用户在大屏端不仅诉求于传统电视直播,甚至视听服务,"家庭娱乐平台""家庭生活服务平台"的定位越来越成为电视的定位,而存在于家庭客厅的中心,购物行为自然而然地成为用户不拒绝不排斥的功能进入到电视场景,电商版块进入电视大屏便是顺理成章。

三、大屏是娱乐消遣的场景,易于推荐

电视大屏是娱乐消遣的场景,用户易被推荐。头部位置、头部入口占据约50%的流量,其他长尾位置则鲜有关注。即多数用户并非抱有极强的目的性打开电视,寻找有意向的节目,只是打开电视,让电视作为一个伴随性媒体。因此多数基于大屏的运营方都会瞄准用户的"迷茫时刻"进行营销推荐。

"期待推荐而非主动需求",大屏电商遵循同样的场景。用户到大屏端电商多是看看有什么特色推荐的商品,或是有无福利可领,或是看看是不是能发现更好的生活解决方案。当用户存在必须购买刚需品时,普遍不会寻求电视大屏的服务。因此大屏电商并非定位大而全的百货超市,而是推荐种草的买手达人。

四、大屏公信力背书仍对用户产生影响

电视大屏作为主流媒体,仍代表我国社会的主流声音。广播电视媒体的公信力情况既是公众眼中的媒体形象,也反映出公众对媒体乃至政府的信任程度。近年来,公众对电视媒体的接触深度有所降低,但电视大屏在公众眼中仍具备相对强有力的信任背书。

---

① 数据来源:CSM媒介研究《天津地区中国IPTV-天津2021年10月大屏收视情况》。

中国社会科学院新闻与传播研究所及社会科学文献出版社,在2022年8月16日共同发布了《新媒体蓝皮书:中国新媒体发展报告》。蓝皮书指出,在对突发事件或舆论热点信息渠道的可靠性评估中,传统主流媒体依然具有无可比拟的权威性,《人民日报》、新华社、中央广播电视总台三大国家级主流媒体渠道公信力均超过80%。受访者表示,自媒体等发布渠道,由于准入门槛低,缺乏必要把关人审核制度,"流量至上"的博眼球诱导,导致其公信力准确性缺乏认可。而电视作为传统主流媒体在公信力上对其他新媒体仍具有压倒性优势。

因此,电视大屏向其用户推荐相关产品,至少被认为具备电视媒体赋予其的信任背书,质量、售后均能获得来自电视媒体的保障,相关宣传承诺可被兑现。因此大屏电商把握住电视媒体天然"公信力"也是大屏电商的竞争优势之一。

第三节 天视商城的实践与探索

一、缘起:从视听娱乐到生活服务,从广告到整合营销

(一)平台服务的完善

天津网络广播电视台成立于2011年,初期推出光纤接入IPTV业务,由天津联通负责业务运营和推广,天津网络广播电视台负责提供包括天津电视台在内的61套直播频道和5 000小时的点播内容。

截至2016年,天津IPTV用户已超过百万,覆盖含联通、电信、移动三大运营商的合作。除去传统电视直播业务,天津IPTV已能提供直播回看,电影电视剧点播多种视听娱乐服务,同时提供公交查询等生活服务,以及在直播频道中进行砸金蛋抢红包的互动服务。

为向用户提供更加完整的生活服务,天津IPTV拟定将生活好物推荐

纳入产品服务规划中。初期基于东疆港免税区的政策优势,IPTV 为东疆港免税区建立电视专区,以类似内容推荐的形式将合作方的好物呈现推荐出来。

但运营数月之后,以点播图文推荐形式推荐商品,400电话订购形式的电视专区没有产生任何一单转化,以内容呈现商品信息不足以满足用户购物需求,也无法为平台实现销售转化。且天津IPTV未能给直播互动"砸金蛋"的用户奖金提供合理的提现出口。约一年之后,一直处于开发阶段的大屏新零售业务,天视商城适时上线,应运而生。

天视商城仿照用户习惯的App下单方式,将诸多好物分类排布,24小时在线响应一键下单,突破传统电视购物频道的线性时间排播的限制,后续陆续突出视频化推荐特点,400下单渠道,接入砸金蛋红包和优惠礼金系统,使得用户在电视视听服务之外,能够在大屏找到好物推荐、福利领取的娱乐消遣服务场景。

(二)商业模式的升级

天津IPTV启动商业模式升级较早,在2015年之前就具备了区别于传统电视广告的投放系统,具备支持按频次投放,且支持限定机顶盒投放频次的能力。但如上文所述,传统广告模式需求的变革不仅是投放形式的转变,而且是能解决品牌传播效果的能力,除了流量维度、精准维度,天津IPTV在当时仍不具备转化能力的整合营销方案。

有了天视商城零售板块,天津IPTV也就给了品牌主新的合作模式。在传统电视广告的合作中,广告主只能传递品牌意识,无法提供销售转化的路径,而天视商城将天津IPTV的广告模式升级为整合营销模式,联动于天视商城整合营销的品牌主不仅可以引导用户跳转具体专题页,查看详情,也可以引导用户直接跳转至天视商城,在传递品牌意识的同时完成销售转化或产品体验,从品牌传播到销售转化的距离无尽趋近于零,使整合营销传播的品、销同步完成。

这里需要补充说明的是,关注品牌投放和关注产品销售在企业内部始终是不同的群体，关注品牌投放的品宣部门并不关注某具体渠道销售情况；关注销售的销售部门和经销商，并不关心品牌投放的展现量如何。因此在对话品牌主不同部门的时候需注意区分对象，对话品宣部门，要强调品牌宣传有其自身价值，并不能将品牌宣传等同于单一渠道带来的销售转化。对话销售部门与经销商，强调投放带来品牌效果并不能促成合作，销售部门也并不能控制品牌投放的预算。

只是在经济下行的环境下，品牌主更多地将品宣预算划分到了促销费用，作为媒体经营人员，需要调整思路，去对话销售部门，赚取品牌主的促销费用，进而二次变现。

（三）开放更多的广告主

在此思路下，天津IPTV不仅给了投放广告的品牌主新的整合营销理念，同时也开发了新的广告合作对象——入驻天视商城的商户和落地于天津IPTV的购物频道也成为新的广告主。

商城商户为某商品提升销量，向天视商城提供促销费用，商城利用平台流量将促销后的秒杀品推荐给用户，积累流量，进而推荐相关商品创造利润。

电视购物频道在天津IPTV以分账形式落地播出，同时挑选合适商品入驻天视商城。同时为了提升频道在天津IPTV的收视，提升商品销量，电视购物频道有意愿付出更多营销费用，在天津IPTV做宣传推广和促销，最终为双平台实现利润创收。也就是购物频道同时是天津IPTV的落地频道，是天视商城的供货商，也是天津IPTV的广告主，同时为天津IPTV贡献利润和营销费。

二、从零开始拉新：大屏流量+低门槛福利

大屏启动电商项目，对用户而言毕竟是陌生的产品功能，需要一个从0到1的冷启动过程，如何拉到第一批用户，并不断引进新的流量，是所有大屏电商运营者面临的第一个问题。天津IPTV天视商城经过多年摸索，

将拉新经验总结为以下几个逻辑基础,在后面的章节中按具体操作板块详细说明。

(一)找到大屏最大的流量池

正如线下商铺需要抢占更多客流位置,大屏电商也要找到自身最大的流量池。

据天津IPTV数据系统显示,超过95%以上的活跃用户在打开电视后会进入直播频道。尽管互动平台已经成为IPTV用户普遍认知的收视习惯,但无论触达率和收视时长,互动平台流量价值都远逊于直播频道。以2021年10月为例,天津本地直播频道对天津本土用户的触达率为79.65%,平均单日收视时长为273分钟;而互动平台触达率为40.61%,平均单日收视时长为94分钟[①]。就此对比之下,直播频道仍是电视大屏的最大流量池。

直播频道不仅流量大,而且易于推荐。处于互动平台交互的用户,往往具备更强的目的性,且交互行为更加复杂,在此阶段的互动中植入推荐,对用户的互动行为形成较强烈的打断。而在直播频道中植入推荐,用户目的性则相对较弱,交互行为也仅限于换台,用户对推荐的反感情绪也就相对较弱。

也正因直播频道的流量价值,购物频道才仍然具备其创造商业价值模式基础。天津IPTV的实践证明,无论落地新的购物频道,抑或将商品短视频插入直播频道中,都能在短期内创造超过商城专区的商品销售。

除去直播频道,大屏其余流量池包括开机首页,用户频繁交互的伴随性行为,如换台、暂停、调音等,大屏电商需要利用好自身平台无成本的流量资源,将电商的入口、活动信息、活动入口立体化覆盖用户的收视行为。理清用户在大屏的行为轨迹,也就是把握住大屏自身的流量密码,大屏电

---

① 数据来源:CSM媒介研究,天津IPTV 10月数据。

商才有了拉新的基础。

(二)拉新密钥：低门槛高回报

找到大屏自身的流量渠道，下一个问题就是通过流量渠道向用户传递怎样的信息，才能吸引用户的关注和参与。

天视商城第一批流量积累是通过在直播频道的砸金蛋活动中获得的。用户在收看直播频道时随机抢到现金红包，不需付出任何成本。同时现金红包可以在天视商城无门槛使用。由于抢红包活动先于天视商城近一年时间上线，不少的用户积累了大量的现金红包而没有兑现出口，这就给天视商城提供了初始的用户基础。

其后，天视商城在每周推出每周半价狂欢活动，市场成熟度较高的商品对标市场价格半价出售。以此吸引了更多的IPTV用户关注天视商城，在商场实现了付费行为。

这两批活动有两个共同点，一是收益明确，二是门槛较低。对于新用户而言，用户对平台没有任何信任和交互基础，且推荐场景是用户无购物需求的大屏场景，运营者需要通过高性价比的收益唤起新用户的注意力，然后降低用户的参与门槛，包括简化交互操作，足够低的商品价格，吸引用户的付费决策。

拉新的诉求应单一而明确，即获取用户信息，通过首次交易的达成建立用户信任；同时为后续的持续交互建立基础，包括付费方式的建立、收货信息的填写等，都能为后续的消费行为降低门槛。

(三)寻找大屏之外的流量池

除去平台自身的流量池，大屏电商的拉新应寻找更多的流量池。和其他商业实体一样，大屏电商也需要开展异业合作，来提升自身的曝光，拓展拉新渠道。

异业合作的重点，在于在异业的合作中可以找到双方价值的互补，如一方提供场景，一方提供内容；一方提供渠道，一方提供福利。在双方利益统一且分配机制明确的情况下,双方都有积极性,去推广合作活动。

如商城在线下搭建市集,邀请商户摆台参与。商城的目的是通过市集推广商城品牌,连接更多用户;商户的目的是通过市集销售更多商品,双方都有积极性提升市集活动影响力,为维护商城和商户双方的形象,商户推介商品需要有充分的保障,从而获得市集中消费者的正向反馈。

在异业合作的场景中,由于非大屏闭环场景,用户很难直接代入进商户预期的推广场景中,如无法直接代入进打开电视的消费购物场景。因此在异业合作中,与用户的交互必须更为简单,一是告知用户自身身份,二是与用户建立连接,当用户完成连接,即可获得预期的福利。如告知用户,我们是天津IPTV的天视商城,现在您扫描二维码即可以2元的价格购得一提卷芯纸,以后您可以在电视上持续关注我们的福利。

在此场景下,用户初步登录了天视商城小程序,填写了收货地址,最终通过兑现"2元购纸"的承诺建立了用户信任,用户在电视上再次遇到天视商城,就有机会唤起本次交互的记忆,促成复购。

三、没有无缘无故的用户忠诚:承诺从一而终

当大屏拥有了初步流量,更多的挑战便是构建用户忠诚,通过持续的连接产生长效价值。拉新一般不会创造利润,因为拉新中实际的商品是"用户的注意力和建立连接的意愿",价格是拉新的商品。而真正产生利润,能让商城持续发展的,来自用户的复购。完成拉新并建立用户忠诚产生长效价值,一个商业实体的商业模式才算构建闭环。

(一)拉新到复购的延续

用户只对自己的需求头单,是任何商业不变的逻辑。大屏电商同样,从产品设计和促销活动,都需要瞄准用户的画像,分析用户真实的需求,并延续同样的品牌形象。

这里遵循两层逻辑,一是不同用户延续不同的需求。如从漫展中获得的新用户,和从银发大学班会中获得的新用户,在推荐复购中的设计明

显是不同的，对漫展的新用户将推荐市场成熟的潮流新品，同时控制折扣空间，对标市场能有小幅优势即可刺激复购。对银发大学班会中的新用户可能推荐品牌性弱的生活必需品，折扣需要较大。对两者的二次连接同样需要的，是对初次连接的提醒，从而延续拉新中构建的正向反馈。

二是延续用户对平台的定位，拉新活动中，用户如以0元购形式建立连接，用户也很难形成高付费的意愿。这里就需要平衡拉新活动的门槛，过低的门槛会提升引流规模，但对后期引导用户付费复购也形成了门槛。天视商城在回顾前两批拉新活动后也形成相应反思，初期的红包非付费用户和半价购买可口可乐的用户，很难转化为后期创造利润的用户。因此在后续设计拉新活动中，有意地提高了用户付费的额度，从2元提升至20元，但用户获得的收益仍是2倍于付费价值。由此获得的新用户，在后期转化中创造的利润也就相对容易。

（二）商品服务是忠诚的基础

讨论大屏电商，上文悉数的流量、用户黏性、公信力皆是大屏电商的优势，但唯有商品和服务，才是"电商"的核心价值。如果商品品质和相关售后服务无法得到保证，再多的流量和营销工具也只能让用户交互浅尝辄止，无法构建用户信任、忠诚和长效机制。

不得不承认的是，媒体在对标其他零售业竞争者时，在商品上的优势是不明显的，无论是商品品质的把控、物流能力，或是价格，媒体通常既不是商品生产者，也不会是区域代理，对于产品的物流和商品化过程也不是实际参与者。

这就需要对合作商户的考核和把控力，为此媒体需要对商户提供其他渠道无可替代的价值，避免让商户对商城的相关奖惩和红线心存芥蒂；同时让商户愿意与媒体处于同一利益战线中，从而有积极性去主动把控商品的品质与售后服务。

除去对商户的控制，大屏电商需要利用其他优势要件，在服务上去补足商品把控上的短板。如利用大屏的内容IP为相关商品提供溢价空间和正版联想,如利用公信力身份和周到的服务与用户建立私域对话空间。

天视商城的私域运营人员被用户亲切地称为"柿饼纸",柿饼纸长期向用户提供福利,推荐商城好物,令商城运营团队意想不到的是,商城用户后期的若干生活问题居然第一时间会询问柿饼纸。这样柿饼纸在用户心里建立的便是意见领袖的买手身份,推荐商品销售也就水到渠成。

(三)可循的规律和多变的筹赏

"可循的规律"和"多变的筹赏"都是针对电商活动的原则,二者看似矛盾,实则是维持用户忠诚的必要条件。

第一,活动需要有规律可循,才能降低用户培养黏性,建立习惯的门槛。如天视商城每天上午10点会发布当日的满减秒杀活动,忠实用户便会发现规律,每天在对应的时间就会进商城看看,参与秒杀。天津IPTV的砸金蛋活动在初期时间是相对固定的,从而吸引相关用户在特定的时间守候在特定的频道,进而提升特定频道的收视。

第二,商城每天秒杀活动的商品和折扣是不同的,用户不知道接下来的商品是不是自己感兴趣的,所以用户会在准确时间来"看看"。否则,如果秒杀和折扣长期不变,用户即便不来商城也知道活动为何,用户会很快失去对活动的好奇。相反,如果用户即便知道活动也长期参与,那说明活动折扣力度过高,没有实现价值最大化——用户已经将活动视为"羊毛活动",而非对商城活动的好奇和自身的需求。多变的筹赏,就是为了维持用户的好奇,偶尔向用户提供惊喜,从而维持用户忠诚。

本章仅阐述基本大屏电商可行性,之所以大屏电商有其发展的合理性,对媒体平台方,大屏电商是平台服务的完善,同时提供了商业模式的升级。对用户而言,在娱乐消遣的大屏场景下,用户有机会获得惊喜,获得更好的生活解决方案。想要构建完整的大屏电商逻辑,从用户拉新到培养用户忠诚,从积累流量到实现销售利润,需要从商品到服务若干环节的配合,后续章节将陆续展开讨论。

第二章

寻人:大屏电商的用户具有哪些特点

这也许是运营大屏电商内容里最精彩的一章,因为我们所有的运营目标只有一个,就是人,即我们的用户。因此从识人、寻人、运营人的角度出发,要把我们的用户分层纳入"池子",通过不同的交互手段增加熟悉度,通过不同的策略增加活跃度,通过不同的运营手段增加用户黏性,最终实现用户和平台共生机制。我们先从认识开始。

第一节　识人

一、大屏用户的概念

大屏用户数量非常庞大,而且特性比较广泛,而IPTV平台是通过智能化、功能性为核心的实用性平台,随着功能性不断迭代壮大,大屏用户的特性则会呈现得更加鲜明,而用户随平台产生的互动行为以及对平台的贡献,则会产生更多不同的用户价值。

(一)收看即观众(电视用户)

内容驱动运营的主要表现,以直播内容为引导,看电视节目的用户,为节目而开机,不绑定,不激活;非必要不交互,即称之为观众。

（二）绑定即用户（IPTV用户）

通过某种渠道绑定了IPTV，能够提供我们交互信息（电话、微信），会使用IPTV基础功能（点播、回看等功能），参与平台的互动活动（签到、抽奖、砸金蛋等活动），能与我们的工作人员产生交互（投诉也是一种交互），平台的功能性对他产生影响了，能够独立使用，即为用户。

（三）消费即会员（IPTV优质用户）

深度交互的用户，能够在IPTV平台产生贡献价值，通过订购付费包等增值业务，400购物、天视商城下单、津豆商城加现金兑换，等等，了解平台规则，并深度参与的互动，即为优质用户（也就是未来的会员）。

二、大屏电商的概念

大屏电商本身就是公域广告的流量池，而大屏用户则是流量池里的产物。而运营这些产物就要以大屏电商作为载体，将大屏产品优势发挥到极致，把用户行为作为流量增长、运营、转化、管理的过程。

所以做平台也好，做实体也罢，用户都是我们的"衣食父母"，我们也应该有义务运营好这些鲜活的分组案例，可批量复制，可快速转型，通过必要的运营手段形成我们不可或缺的要素。

三、大屏电商用户的特点

（一）认识大屏前的用户

300万家庭的用户基数是庞大的，但也是相对抽象的，看不见、无法触达、交互性不强的。而实际用户是一个个鲜活的家庭、个体，有五花八门的思维和不同的喜好和价值观，他们真实地存在，而且也能与我们形成深度交互，这也是智能大屏时代的优势所在。

(二)用户关注

其实每个用户的关注点都是不同的,就像上述描写的那样,可以用千人千面来形容,而千人千面并不是我们要满足每个人的需求,而是以我为中心,将我们的价值抛出去,引导用户成为我们产品的需求者。

"有钱有时间"的用户我们怎样去挖掘更大的时间、现金贡献。

"有钱没时间"的用户我们如何促进用户贡献现金价值。

"没钱有时间"的用户我们怎样让其提供更长时间贡献。

"没钱没时间"的用户我们用什么方法去激活。

用户对平台的依赖度(感知用途)来源于哪里,我们一定要厘清。平台自身硬件通用性、便捷性、全域性,还是我们的产品价值、商品丰富度、品质、价格、服务或者福利红包、优惠券、满减;用户更看重哪一类,那些其实就是我们可以作为诱因的点。

1.关注福利

价格导向明确,通过关注可以获得更大的价值利益,随时随地关注平台动态,"没钱有时间"的用户典型,此类用户是需要依托更加实惠的价格,以及更频密的活动来激活的,对价格敏感度要高于品质要求,会等待合适的时机再出手。

2.关注商品

用户更加关注品质,与低廉的价格相比,用户可以介绍高品质的优质商品。用户与产品的关系,就像是自由恋爱。想要打造习惯养成类产品,必须认真考虑两个因素:一是频率,即某种行为多久发生一次;使用频率够高,即便感知点很少,也会成为习惯;二是可感知用途,在用户心中,该产品与其他产品相比多出了哪些用途和好处。

3.关注服务

随着互联网业务发展,用户的核心点不单单关注价格、品质,用户会越来越关注服务,例如咨询、客诉、物流、商品信息、服务推送等。如果能帮助用户解决在购物场景下出现的某种问题,帮助用户更好地完成相应的任务过程,那么就可以更加增加平台的吸引力,用户的评价及口碑也会相应增高。

4.关注平台

运营指的就是以用户为中心,围绕用户的需求而设置的运营活动与规则,也就是通过运营手段提高用户的活跃度与忠诚度,把用户留下来,从而尽可能地达到预期设想。

第二节　寻人

一、用户成长曲线

(一)引入期

简单来说用户运营分成两大类,即小规模的用户运营与大规模的用户运营;小规模的用户运营主要通过运营人员一对多的方式进行(私域运营),通常适用于数量较少的高价值用户。因为数量足够少,价值足够高,运营人员通过直接沟通的效率更高;而面向大规模的用户运营(大屏广域运营)则需要通过制定规则、建立系统去和用户进行沟通交流,保持用户在平台的良性运转。

通常用户在不熟悉某个平台的时候,比较喜欢测试性地进行初期交互。

(二)成长期

成长期的用户,主要是在平台已经养成一段时间的活跃习惯,用户通过对平台不断地认知、了解,使用特定的功能等习惯,使得活跃条件达到标准,成为平台的活跃用户或留存用户。

成长期的用户从热情、活跃,到推荐接纳程度都会比较高。但成长期的用户流失率和包容性也会相应较高。

如果你是运营者,对成长期用户的运营手段主要是促进用户复购或多使用产品,比如采取产品使用引导、内容和商品推荐,满减促销等措施。

(三)成熟期

成熟期的用户主要是完成付费转化且未流失的用户,属于付费的用户,针对成熟期运营,主要是提高用户价值,可以采取增加产品功能、分层运营、会员权益、增加新品等措施。

(四)沉默期

进入沉默期,也就进入运营的存留期,这一阶段开始,我们需要尝试新的运营策略。他们经常表现为在连续一段时间内,没有活跃行动的用户。

休眠期运营主要是为了降低流失用户,可以采取提前预警,提高转换成本、优惠券、改进用户体验等措施,来留住用户。

(五)流失期

流失期的用户主要是已经卸载的用户,或者是连续一段时间内没有任何活跃行为的用户,基本上召回的可能性比较低,属于流失类的用户。

流失期用户要迅速调研流失原因,迅速启动挽留机制。运营主要是为了召回用户,可以采取产品升级、优惠商品、赠品、A/B测试等措施。

1.为什么在运营中要重视用户生命周期

做产品、做用户的目的都是为了利益,而如何让利益最大化,下面这个公式可以很有效地结合。

2.产品价值=用户量×用户单体价值

因此,要想让产品价值最大化,要么用户不断增长,要么就是提升用户的单体价值。

而驱动用户单体价值的方向只有两个:要么提升单体用户价值,要么延长用户生命周期。

在增量越来越贵,存量越来越重要的今天,大家说需不需要重视用户生命周期?

3.用户生命周期管理的两个难点

(1)不是所有用户都会经历完整的用户生命周期。并非所有用户都是按照导入期—成长期—成熟期—休眠期—流失期的步骤,走完一个完整的生命周期。很多用户可能在导入期或者成长期之后,就因为各种原因直接流失了(也就是我们在运营中调侃的用户"一见死"和"一单死")。

那么依托数据支持,找到这种共性原因,其实就是用户生命周期管理的一个重点工作。

(2)不是所有产品都需要管理用户生命周期。初创期的产品,因为用户量级不够,可以暂时不用做用户生命周期管理。而需要管理的商品,一定是稳定性强,经得起市场反复推敲,能够以稳定的销量得到市场营收保障的商品。

卖方市场的垄断型产品可以不用做用户生命周期管理(独家,你想流失都没地方去)。比如一些特定产品和个性化产品,包括一些打造自己 IP 的文创性产品,等等。

上述分享的用户属性是根据用户对产品的认知决定的不同阶段的定义,而下面要介绍的用户养成模块,则是针对全部用户属性而采用的真实打法,通过这些打法手段,来完成用户的连接行为。

二、用户养成模块

(一)用户统称即为流量,而流量分两种:公域流量和私域流量

什么是公域流量呢?就是你不能把控的,无法主动触达的,需要借助第三方才能够接触到的流量,比如:电视用户、淘宝、抖音、快手等平台,里面的用户都属于公域流量。什么是私域流量呢?就是你能够把控的,可以多次触达,并且有黏性互动的流量,比如:会员、粉丝、VIP、朋友等,这些都是有黏性的私有流量。形象的比喻就是公域流量是大江大河大海,私

域流量则是自建的鱼塘鱼池。

无论什么样的生意都是要有流量才能够变现，你掌握的流量的多少，意味着你的生意能够做到多大，那什么是流量思维呢？举个简单的例子，就是你建了一个鱼塘，这些鱼塘里面有各种各样的鱼，那你想要鱼上钩就要有鱼饵，也就是鱼喜欢的东西。从这里就可以看出鱼塘就是流量池，鱼塘里的鱼就是你的流量，而鱼饵就是你所做的生意所放出的运营手段，最后会根据不同的运营手段，用户标签建立分割后的分类池塘。

（二）流量思维的四大模块：拉新、留存、转化、裂变

这是一个闭环的体系，凡是生意人都喜欢这种方式，也最好能够做成这种方式。这四大模块套到哪门生意都是成立的，比如实体店是不是要拉新引流，吸引新客户？是不是要留存养熟，让新客户变成老客户呢？是不是要转化升级，让老客户多次消费升单呢？是不是要社交裂变，让老客户转介绍带新客户呢？不仅实体店，社交电商也是如此玩法。

1.拉新

拉新的模式有很多，原则上就是付出可控的成本，降低部分自身毛利（注意是降低不是丢失）来完成吸引用户关注的动作。而拉新的形式也是多元化的呈现，通过不同的场景实现不同的拉新结果。

（1）地推。地推是比较重要的拉新推广模式，并不是一个人或几个人去完成的工作，实现有效果的地推就是靠人海战术地推抢占市场，在各个城市，社区的每个角落都可以看到有一批人穿着某品牌统一团队服装，持礼品完成统一动作，完成之后会送你相应的礼物（小玩具、水、米、油等）。地推其实是最没有效率的方式，就跟扫街陌拜是一样的道理，等于是大海捞针，比的就是谁的人多，地推的人越多拉新的用户也就会越多，但人多付出的成本也高，可能达不到想象中的那种效果。

而将地推变换一种形式，形成拉新式地销，最终通过私域链接可以将用户沉淀下来，可能是升级后的地推最有效的形式。

（2）自媒体。这种方式特别适合线下的网红打卡点，现在有许多自媒

体人专门做探店内容，就是去某某美食店打卡，通过自媒体的宣传，把客户从线上引导到线下消费。特别是刷抖音、快手、视频号的时候，经常可以刷到达人打卡一些网红美食店、奶茶店、旅游景点等，同时视频下方还会有优惠券可以领取，看完以后让人蠢蠢欲动也想要去打卡的冲动。

而通过自媒体推广某一件商品或某一场活动，那么商品的价格、商品自身的品质，包括商品的呈现力都要有吸引用户的点，否则即便通过自媒体的广域传播，也只能是"触达非转化"的结果。

我们2022年的车展就是一个非常好的案例，价格到位，商品市场求购欲强，通过自媒体公众号的触达一定会呈现裂变的效果。

（3）付费流量。这种方式就是传统的电视广告，只是现在是运用到网络平台上面，比如现在抖音的抖加、淘宝的资源位，这些都需要投入大量成本。当然，如果有好的运营团队，能够把投入产出比稳定在1∶1以上，那可以大胆地投入，有多少就投多少。你所看到的直播带货，很多直播间都是花钱买的流量，别看这些主播的直播间人很多，其实背后都是需要有资本投入的。同样，那些电商也是一样道理，你想要你的店铺能够排名靠前，那也是要投入的。当然，这种方式还是需要谨慎一点，如果没有好的运营团队以及爆款产品，不要轻易去投流，因为分分钟可能会让你血本无归。

付费流量方面的拉新，是需要非常谨慎投入的，我们可以做到哪个程度，如果在保证不赔钱的情况下可以尝试。如果出现负毛利那么一定要知道我们的利益点在哪里？我们图什么？

（4）展会。这种方式算是比较传统的拉新方式，许多传统企业起家靠的就是展会模式，特别是一些外贸企业，每年的广交会都是国内企业对外展示的窗口，各行各业的企业都会参与，这种展会方式可以认识许多新客户，参展一次就有可能会获得百万的大订单。对于一些新公司来说，多参加展会是有好处的，一方面可以曝光自己，增加行业内的知名度；另一方面则是精准匹配客户，能够有效触达需求。

其实展会的拉新多数呈现在B端业务，能够对应商户之间的互通合作，能够给平台带来更多新的厂商。C端的角度，也只能依托新厂商的用户资源,创建B2B2C的经营模式。

(5)体验。这种方式比较适合实体行业,凡是能够把体验营销做到极致的品牌,生意都不会差,比如胖东来、海底捞等,这些品牌就是因服务体验细致化而出名。想要让消费者体验得好关键在于用心,你去胖东来购物时,每个员工脸上都洋溢着笑容,总是让人感到舒心。你买菜上称时,服务员会专门帮你把水甩掉给你实称。门外除了储物柜之外,还会有专门寄放宠物的地方,这就是细节的地方,让顾客处处体验到温馨舒适。通过这样的体验服务,自然就会形成有口皆碑的好评,自然就会形成人带人的转介绍。体验服务是目前最低成本的传播方式,能够把体验做到极致,你的生意想不火都难。

体验拉新在我们的运营当中更适合前期运营人员与用户之间的服务,柿饼纸小队与用户的沟通、服务,包括帮助用户操作行为、追踪客诉,甚至一些其他的帮助指引,与用户建立关系,增强体验感。当然我们会挑选有效用户服务,对于劣质用户,随着流量的增长我们会逐步进行"冷处理"。

(6)创造活动。这种方式是把公域流量转化成私域流量的方式,不管怎么操作,如果没有把握,大概率都会是一次性买卖,顾客是很难留住的,更别说要复购率,那怎么办呢? 想办法把第一次买过商品的客户引导到私有流量池里面去,然后通过私有流量池培养信任度,把初次客户变成复购客户。随着电商流量的成本越来越高,能否把公有流量变成私有流量,从而降低运营成本,将会成为电商生意能否持久的决定性因素。

我们公域大屏创造活动的模式有很多,低折扣拉新、新品拉新、抽奖拉新等,通过公域流量的拉新手段,将交互用户进行沉淀至私域流量池。此动作会受到一部分运营因素的干扰,比如:我们的商品图(视频呈现)是不是起到"盲点吸睛"的效果(即根本不关注你的用户通过你的某项宣推手段,能够引起他的关注),用户在第一次操作平台的流程是不是便捷(越复杂用户流失率越高),用户买到商品的流程是不是很长(商品到用户手里时间越长,我们的交互成功概率越低),商品品质是不是能够达到用户的满意度(换位思考,我们在其他平台购买到烂、破、脏、差的商品,我们肯定不会复购了,甚至拉黑这个平台),所以"创造活动"是拉新的手段,而"服务用户"是留存的必要手段。

(7)异业联盟。这种方式需要有很强整合资源的能力,比如你在商业街开了一家烧烤店,旁边是一家奶茶店,那你就可以跟奶茶店合作,只要喝奶茶的客户都可以送一张烧烤店的优惠券,凭券新客可以打八折;同样,只要吃烧烤的客户消费满200可以凭单免费送奶茶之类,其他店铺也是如此合作,这样就可以把周边的店铺都整合在一起,达到所有客户共享共赢的局面。

这几种拉新方式可以根据自己的实际情况去操作,有了拉新方法之后,接下来就是怎么样把客户给留住了,有哪些留存方法呢?

2.转化

(1)私域。产品是留不住人,唯有服务才能留住人,如果说产品品质是地基,那服务就是砖瓦,地基不稳房子会倒塌,砖瓦不牢同样也容易倒塌,在做好产品品质的基础上,如果在服务上能够胜人一筹,那就能够打败90%的竞争对手,海底捞就是一个明显的例子,它本来在产品方面就没有过人之处,但胜在服务的细节上能够下苦功夫,这一点却让它远超同类对手,让它的经营能够长盛不衰。

私域是展现自己特点的最好场景,我们的特点在哪? 这需要我们不断挖掘,不断让用户体验,形成我们特有的私域服务体系。

(2)社群。社群其实是一种客户分层管理的方式,就是把一群共同属性的顾客集合在一起。举个简单的例子,你开一家时尚女装店,那怎么样把你的顾客进行分类呢? 靠的就是社群,你可以创建一个足球俱乐部,然后把那些喜欢踢足球的、爱球的,集中到俱乐部里面,在俱乐部里可以参加各种试新活动;同时,每周会有比赛讨论、评价分享,让进入俱乐部的用户能够实实在在感受到满足和收获。群主可以推荐相关联的产品,让顾客能在兴趣下的购物产生信任感及黏性,通过社群的方式跟用户产生连接,解决顾客信任度和兴趣倾诉的问题。

我们作为商城创造了福利社群、津豆社群、美食社群，其实更应该让广域的员工通过不同的喜好属性，建立更多的兴趣社群，用户资源互通，形成联动。

（3）培训。培训其实就是商学院的主要职能，特别是在美妆、餐饮、保健、文化等行业，培训无处不在。能够让客户认可品牌的专业度，培训是一种维系客户关系增加客户信任的一种手段。

我们的银发大学其实就是通过培训与用户形成沉淀的一种手段，后面通过怎样的形式将用户沉淀后变现，需要更多内容上的结合以及思考。

（4）内容。现在是内容为王的时代，更加体现在我们视频为主要输出的平台。一个好的视频胜过一百个销售员去推销，一个好故事胜过大多数的自卖自夸，内容的形式多种多样，可以是视频、文字、图片、音频、PPT等，围绕着品牌宣传展开，能够加强客户对于公司及产品的熟悉度。

我们的直播推点播就是短视频内容吸引沉淀的最好展现，公域里有大的存量，通过某种媒介传送视频，得到有效地触达，用户被内容吸引、转化、留存。

（5）价值。价值指的是提供给客户的解决方案，一切交易都是价值的交换，一个客户之所以能够长期消费，就在于你能够提供给他有用的价值。

我们要分析用户是为什么要留在我们的平台产生复购？他的受益点在哪里？是利益导向（平台的东西比其他平台都便宜），还是品质导向（在平台购买的东西放心），还是品类导向（能够买到其他地方没有的品类），这些导向并非主观上的认定，而是用户客观上的回应，才是真正的平台价值带动的用户价值，我们在分类归纳进行二次营销。

以上五种留存养熟方式缺一不可，如果能够融会贯通形成体系，相信你就能够真正留住客户，当客户留下来之后，接下来要做的事情就是如何让客户多次复购及升单。

3.黏性

促使客户复购及升单的方法，大家可以根据情况设置方案，到了转化升级这一步之后,其实就是走完了整个销售闭环的流程,但毕竟老客户会有一个流失率,这个时候就需要我们不断通过营销手段促进用户多次下单,这样用户才不会遗忘,形成"肌肉记忆",另外就是要利用老带新进行裂变,让整个盘子能够有源源不断的新鲜流量。那具体怎么操作呢?

(1)会员。会员体系是一种成长体系,是对于客户黏性程度的级别分类,凡是成熟的商业模式都有会员体系,会员级别越高,消费越多,证明这个客户越优质,同时也代表了客户对于商家品牌的认可度。

会员体系是一个庞大的项目,需要通过技术、人力、架构、规范、制度、资金链来支撑的模式,这里不再赘述。

(2)代理。代理体系是一种商家和客户的利益捆绑的方式,其实黏性就是要和用户不断交互推广(当然是有效商品,无效的就是打扰),特别是现在社交电商模式,许多代理都是有资源,有能力实现"大军团作战"的行为。这样就要判断这种模式产生的大规模触达,复购产生的利益及风险,合理评估,伺机而动。

(3)实惠。想要让客户多次复购就要经常推出实惠的活动,比如节假日营销、周年庆、会员日之类的。但实惠是建立在双方基础上的行为,平台做推广,商户让利润,平台得流量,商户销商品。最终的目的是用户得实惠,也只有让用户得到"比价"后的实惠,用户才能认可你平台的价值。

(4)返利。这是一种刺激奖励的机制或者客户重复购买的手段,用户贡献越高,消费越多,都会有越多的返利奖励。

这种模式在我们的良性用户且现金占比高的用户里经常出现,其实返利应该是纳入裂变体系或会员体系里的一种模式,需要系统技术的支持。而裂变里的团购、拼团、参与、分享等模式这里不过多赘述,在后面的章节中会有深度体现。

4.唤醒

在提高用户留存,特别是长期留存的过程中,对于沉默用户的唤醒和流失用户的召回将变得十分重要,因为这是在提高留存的上限值。沉默用户一般指在近期一段时间未活跃但还没有流失的用户，这种用户处于一个即将流失的状态。

沉默用户形成的原因也是因为用户感受到的价值比较小，没能充分地满足其期望导致的。

这里一般可以细分为两类沉默用户。

第一类：

未能完整感受产品价值的用户，这种用户一般因为首次使用的时候，因为各种原因，比如被其他事情打断，或者本身产品设计有问题，导致用户没能走完产品的核心主路径，进而未能完整感受到产品的价值。

这类用户本来的期望是可以被满足的，因此如何创造更多机会让他能尽快感受产品是一个比较关键的问题。

第二类：

完整体验了产品功能后，本质是没能很好地满足期望，出现部分满足的情况，这个时候对于用户就比较鸡肋，"食之无味，弃之可惜"。

这种情况下的用户是比较容易流失的，但也是我们可以争取的一部分。

处于摇摆之中的这种用户，我们需要的是通过其他的方式，尽量让其留下来。那么对于上述的两类沉默用户，第一类的关键是让他们有机会接触到更多的优势产品（可以从必售品和特色商品里面建立），第二类的关键是调研用户的满意度，并帮助其解决，让他们有额外留下来的理由。这两个关键问题，可以抽象到一起，就是解决如何主动触及用户，帮助用户形成使用习惯。

5.挽留

到了挽留的一步，这些用户非常可惜，用户流失前是应该有大面积预警的，例如平台某项机制不健全，体验感差，核心商品出了问题，品控出了问题，等等。这些问题都会造成用户流失。其实用户的流失是和不完善的结构有很大关系，用户到流失这一步可以说是相当被动了，挽留的模式也只能从其他的机制推广给所谓流失的用户，通过其他的引点二次触发用户的关注度及兴趣点。

挽留相对困难的原因在于以前的用户是一张白纸,挽留用户基本上是需要抹去原有认知,重新建立信任的过程。因此尽量不要到挽留的那一步再做被动的操作。

第三节　运营人

运营的乐趣在于可以以自己为杠杆核心,撬动起成千上万人的愉悦与满足感!

一、运营人的底层逻辑

(一)和用户做朋友

用户运营的第一原则永远是站在用户的视角去发现与理解用户的需求,同时要高于用户的视角去分析需求、满足需求;与用户做朋友,与用户沟通交流,才能发现用户需求,进而才有机会更好地满足用户需求。

(二)数据驱动运营

数据的重要性无需多言。在用户运营的整个工作过程中,需要持续地通过数据去监测目标、去发现问题、去验证假设、去辅助决策。

除了掌握基础的数据分析技能,运营人员更重要的是能理解数据、解读数据,但同时又要能抽脱于数据,不被数据所欺骗。

(三)分层分类精细化运营

用户分层分类运营是精细化运营的核心抓手。面对庞大的用户群体,很难通过同一种策略去驱动用户;故需结合资源,对用户进行合适的分层分类,在此基础上制定差异化的策略激励用户行为,并建立路径引导教育用户,实现用户由低价值向高价值的转化。

行为激励与引导教育的差异在于,行为激励是针对用户的某一行为进行引导,使之触发,不一定提升用户的能力;而引导教育侧重提升用户能力,使之具备某种能力而自发地进行某些行为,相对来说,周期更长。

当然,用户的成长大多时候是与行为激励相结合的。

(四)运营机制产品化定制

大规模的用户必然决定了运营人员无法面向每个用户进行一对一的沟通交流,通过将运营机制产品化,可以实现对不同用户的精准触达,以达到对用户行为的引导与激励;很多时候并不是运营人员制定的策略有问题,而是在策略的触达层出现了问题。

二、运营策略及方法

(一)广域维度

针对体系的解释为泛指一定范围内或同类的事物按照一定的秩序和内部联系组合而成的整体,是不同系统组成的系统。

针对系统,著名科学家钱学森认为,系统是由相互作用相互依赖的若干组成部分结合而成的,具有特定功能的有机整体,而且这个有机整体又是它从属的更大系统的组成部分。

如果套用这个理论,则用户运营体系是由用户分层系统以及用户成长系统构成,其底层是用户激励,目标是提升平台的用户数与用户价值。

(二)私域维度

分类是解决问题的有效办法,将问题进行合适的归纳分类,寻找过去同类问题的解决方案,则问题的答案显而易见。针对用户运营而言,分层分类是最基础的工作。

分层与分类之间存在细微的差异,分层是一种纵向结构,不同层级之间的用户有递进关系且同一用户不会从属于两个层级;而分类是将用户划分成不同的类型,同一用户可以有不同类型的交叉,我们常说的用户画像,即是对用户贴上各种维度的分类标签,以更好地了解用户,分类也具有分层的纵向结构特征。

用户分类的目的是将不同特征的用户进行区分,以针对该特征制定差异化的策略;而用户分层的本质是价值分层,将用户划分为低价值与高价值,才能搭建用户的成长路径,实现低价值用户向高价值用户的转化。

另外,需要强调的是分层分类只是手段,最终目的是提升用户规模与用户价值。

三、运营人和工具的结合

平台运营需要多种工具来结合,目的就是通过新颖的玩法吸引新用户的关注度,以及通过多元化的模式让老用户增加对平台的黏性。

(一)优惠券

天视商城优惠券会通过多元化的渠道呈现给用户,主要分为以下几种形式:

(1)满减。平台与用户最直接的促销交互,主要面对新用户,让用户可以更加便捷地下单指定商品,不能使用红包,是拉升现金占比较高的一种手段;推广式工具可配合私域使用。

(2)领券中心。用户在平台自主领券行为,但受制于位置,操作便捷性的因素干扰,用户需要花时间进行操作,属于被动式领取工具,需要配合广域宣传链接使用。

(3)满赠。纯运营回馈行为,设置满额消费赠送的返券或实物的模式,比较适用于拉动用户一次性多单消费或凑单消费的模式。

(二)砸金蛋

大屏端观看节目时的随机奖项,随机金蛋在电视右上方出现时,用户按下遥控器按键的"确认键"，即可砸到相应的随机红包，红包可以按照天视商城的运营规则在商城中购买红包全开商品，当红包不足时也可以加现金和余额购买自己心仪的商品。因为曝光量和参与度较大，也可用作品牌方品牌宣传的广告行为。

砸金蛋是将用户主动互动行为、收视行为、广告行为，以及消费行为完美结合的工具。

（三）津豆

津豆等同于大屏端的用户积分，也是所谓用户消费后回馈的积分。津豆获取分两种渠道途径，消费获取，无论是订购各种节目包以及商城消费现金部分，均可获得津豆。另外就是任务获取，在大屏端连续签到、观看视频、浏览指定商城，以及观看点播节目，均可以获得津豆。

津豆在天视商城可以兑换积分商品，也可用于美食盛宴霸王餐、亲子嘉年华的课程，或者用户像追梦少年这种投票行为。

总之，用户行为是多样化的，思绪也是多样化的，后面的章节中，也会细数各项目对用户行为的影响。

第三章

选品:大屏电商如何选品定价

商品是连接用户和电商平台的桥梁,而选品和定价更是大屏电商是否能够得到用户的认可形成销售转换,进而实现盈利的关键。本章将从选品原则、定价策略以及流程规范三个方面阐述如何通过商品打动用户。

第一节　大屏电商选品原则

不同于小屏电商,大屏电商的商品更加注重精挑细选,特色鲜明,用最短的时间抓住用户的眼球,通过营销手段(视频、图文、促销等),激发用户的购买欲,最终成功下单。要达成这一目的,以下三点必不可少。

一、与商城定位相符

(一)以家庭为单位的消费场景

天视商城的消费场景在用户的客厅,有别于个人消费居多的小屏电商,大屏电商的决策场景往往是家庭内部,而决策过程往往需要家庭成员达成一致,最终形成家庭共识。根据商城2021年数据显示,销售排名TOP商品多为粮油米面、熟食肉类、副食调料等品类,在选品时要首先考虑商品的普适性和民生消费的特点。

（二）具有本地特色

大而全不是大屏电商的特点，想要在用户心中占领一席之地，特色化商品为主，差异化定位选品的原则是不可或缺的。例如：天津本地知名品牌（食品集团、桂顺斋、大桥道等），特色单品（盛斋元清真酱牛肉、沙窝萝卜、长城牌罐头），他们在主流电商可能算不上头部品牌，但在天津当地却有着深厚的群众基础，都应该是大屏电商重点推荐的商品，用这些商品加强用户与平台的黏性，提升复购率。

（三）官方媒体信任背书

官媒背书既是我们快速获取用户信任的法宝，同时也是要求运营人员在选品上宁缺毋滥，精挑细选的准则。只有通过对商品质量的把控，精心维护好官方媒体的权威性，才能逐步打造出大屏电商的品牌价值。

二、与电视人群特点相符

（一）一般为家中消费主力的角色

大屏电商用户对民生类商品的需求量较大，且对价格相对敏感，因此在选品上要注意尽量选择大规格，包装简约的产品，突出商品的性价比，为商城建立良好的价格形象。如：大米尽量选择5千克大袋装，避免选择过度包装的礼盒类产品，让用户产生"买到就是赚到"的感觉。

（二）对传统老字号品牌的认知度更高

由于大屏电商的人群特点，老字号品牌的商品对他们的黏性更高，交易成本也更低，品控更加稳定。如：桂顺斋糕点、迎宾老火腿、利民酱油等，通过推送此类商品，可以快速拉近平台和用户的距离，消除用户下单的顾虑。有了初次良好的购物体验，商城对于其他新品牌的二次推送，成功的概率也会大大增加。

（三）时间相对充裕，有沉浸式营销的基础

据广电总局《中国视听大数据2021年收视年报》显示，2021年电视收视用户每日户均收视时长5.83小时，这就为长视频沉浸式营销打下了良好的基础，大屏电商的选品应该充分利用好用户收视的特点，推送一些相对高客单价且需要展示和讲解的产品，如：家用电器、家装服务、健康养生类产品，通过专业团队制作好看实用的内容，取得用户的信任，提升用户的消费欲望。

三、与平台运营活动内容相符

（一）重点商户的整合营销项目

通过商城与众多商户多年的运营磨合，一些配合度高，被平台用户认可的合作方愿意在天视商城上投入更多的精力以及营销费用，与商城一起策划更加立体多元化的整合营销项目。例如通过平台宣推资源、促销工具、会员积分福利兑换、社群直播、微信公众号等手段，将信息准确送达目标人群，在短时间内形成品牌高曝光，利用平台"所见即所得"的销售闭环在商城终端完成转化。此类商户的商品我们会重点关注，优先选择该商户的商品进行合作。

商城案例分享——灏辰商贸

2021年6月，商城与灏辰商贸尝试新的营销模式，商城通过促销手段（满减、红包全开、津豆兑换）保证每月基础销量，通过平台直播弹窗、暂停登广告进行品牌宣推，广告可直接跳转商城形成销售转换。每当完成目标销量，商户就按照比例投放广告，从而形成良性循环，此项活动一直延续至今。目前已有更多的商户尝试这种营销模式与商城进行合作。商城因此也获得了更多的收益。

（二）重点宣传的垂直行业

大屏电商的场景下，需要家庭决策的垂直行业：如家装、汽车、健康养老等，是平台宣推的重点方向。这些分类往往需要家庭当中的每一位成员针对大屏播出的内容来发表自己的意见和观点，大屏内容的清晰度和公信力会成为推动用户转换的关键因素，打消用户的顾虑。因此，商城也会围绕这些行业进行选品和相关的营销活动。

（三）深度合作的购物频道

购物频道是大屏电商中重要的一环，但受制于线性播出资源的限制，单个产品的曝光无法得到充分满足，销售潜力还可以进一步得到释放，而24小时常驻的商城专区的恰恰弥补了这一不足。我们与部分购物频道深度合作，跳出固有的直播资源，在商城专区建立购物频道专卖分类，利用平台直播频道砸金蛋，广告跳转商城，社区推广以及日常直播，通过用户画像系统，把商品推送给有需求的用户，从而达到平台、购物频道、用户三方共赢。

第二节　大屏电商选品定价策略

大屏电商作为用户观看直播点播内容之外的补充服务，要更加珍惜每次与用户交互的机会，这就更需要在有限的商品数量下，合理规划品类结构和定价策略，从而高效快速地增加用户的销售转化，为后续运营打下一个好基础。

一、品类结构规划

（一）生活必需品

大屏电商服务的用户群体多为负责家庭采买的主力人群,民生性的商品比例要维持在60%左右。这是商城的基本盘,是维持每日销售,用户覆盖规模,用户黏性的重要品类。但大屏电商的民生品不要求在某一品类的深耕,更需要商品涵盖更多品类,粮油米面、副食调料、肉蛋奶水、纸品洗化,每个品类的商品尽量选择不需要教育用户的知名品牌,这样销售难度更低,用户对商城的信任度也会更高。

（二）本土化商品

仅仅经营生活必需品,大屏电商是无法从众多电商平台脱颖而出,让用户记住的。区别于主流电商,本土化产品是大屏电商差异化运营,影响消费者心智认知的关键,也是大屏电商的优势所在,依托电视台对当地风土民情的了解程度,开发当地特色产品的难度要小很多。而这部分产品的价格敏感度也相对较低,卖点也更加独特,应该是大屏电商重点运营的商品品类。

（三）爆款商品

民生商品和本土化商品经过长期与用户特性偏好的磨合,会从销量、复购、利润、覆盖用户数、客诉等指标参数中筛选出一部分TOP商品,它们经受住了市场与时间维度的双重考验,是大屏电商的爆款商品。爆款商品应该注意以下几个方面:①价格要相对稳定;②可以长年合作销售;③品控稳定,库存充足。这样才能将爆款商品与平台深度绑定,利于用户形成购买惯性,锁定用户长期稳定消费的价值空间。

（四）特殊商品

在经营好常规商品的同时，如果能时常适当增加一些特殊商品，会让你的用户感受到"意外的小惊喜"，这对大屏电商用户的日常活跃度很有帮助。比如商城在2021年10月上线销售了天津当地的车展门票，不到一周的时间销售了3 000多张，效果也是出乎我们的意料。再比如商城自有开发的柿饼子玩偶，作为我们大屏电商的符号也深受广大用户的喜爱，拉近了我们与用户之间的距离。

二、价格策略

《市场营销》的作者菲利普·科特勒曾经说过："价格是唯一与收益直接相关的营销组合要素"。对于大屏电商也是如此，大屏电商的不同业态，面对的场景不同，主推的商品也会有所不同，相应的价格策略也会随之变化。

（一）商城专区价格策略

专区作为大屏电商的主战场，承接的用户大多是从直播频道、点播节目流转而来的，他们进入商城的目的性不是很强，更多的人是抱着随便看看的心态进来的；所有此时专区首页推荐的，最醒目的位置，应该展现的是商城当天优惠力度最大的产品。可以给顾客留下一个良好的价格形象，为用户下次光临打下一个好的基础。

而同样的价格，通过不同的表现形式，得到的销售反馈往往会大不相同。我们应该注意以下几点：

（1）单价低的商品（如50元以下的）促销尽量用折扣来表示（五折优惠优于6元减3元），单价高的单品，促销表现形式可突出优惠金额的绝对值（立减30元优于100元七折），这会让顾客感受到更大的优惠力度。

（2）一张图片只推一个单品，只突出一个信息点，要帮用户把单位规格的到手价算好，缩短用户的决策时间，比如：东北五常大米5千克，原价

89元,现价69元,立减20元。和东北五常大米,今日限时优惠到手价每斤6.9元,通过实际销售的对比,后者的效果往往好于前者。

(3)尾数定价法:尾数为奇数比偶数在感官上更加便宜,如7.9元、27元、33元等。

(二)400轮播频道价格策略

轮播频道的场景在直播环境中,更符合用户传统的收视习惯,用户更愿意为感兴趣的内容付出更多的时间,这也为沉浸式购物,售卖高客单价产品(199元及以上)提供了便利条件。在定价策略上,需要注意以下几点:

(1)多买更实惠:由于轮播频道主推量贩式多组合产品,在介绍产品时要着重突出多组合价格比单买价格的优势,给顾客制造买到即赚到的感觉。

(2)主品+赠品的组合报价:赠品在整体报价中起到两个比较关键的作用,一是进一步放大用户的获利感,让商品组合更加实惠,配合购物视频助推用户完成下单;二是加入赠品之后,会打破用户全网单品比价的惯性思维,维护推荐商品的价格形象。

(3)在正确的时间显示价格:利用锚定效应,顾客会对最早接收的信息产生先入为主的印象,如果频道销售的是高价值产品(如家具、手表、首饰等),消费者更多地看重你的产品质量而不是价格,则可以在视频中先展示产品,再出现价格。反之,如果频道销售的是高频次快消品(食品、酒水、洗化产品等),当价格先出现时,消费者更有意愿购买,也更愿意去把性价比作为购买标准。

(三)微信小程序价格策略

微信小程序作为大屏电商的补充渠道,其便利性和传播性是与大屏电商所互补的,在定价策略上,小程序推荐的商品以小规格体验尝鲜装为主,以便降低用户销售转换的门槛,通过微信生态以及用户自发性传播覆盖到更多的用户,起到拉新的作用。相对于大屏电商,小程序主推的商品客单价也更低,多以 30 元以上的商品为主,如:小包装卷纸、单袋零食、小规格调味品等。辅助一些促销政策以最快的速度与用户建立联系,为后续的社群运营、二次购买做准备。

三、用价格驱动运营

从上节内容我们可以看到,价格策略的制定在大屏电商的各个渠道发挥着重要的作用。不仅如此,价格还可以通过时间、促销场景、用户特点这三个维度来影响和驱动大屏电商的运营动作,从而保证大屏电商的良性发展。

(一)时间维度

1.全年规划

首先,大屏电商的运营人员要对全年促销节点了然于胸,并且能够认识到哪些节日是大屏电商所要抓住的,哪些节日是要避其锋芒,避免没有效果的价格策略。比如:春节就是大屏电商全年价格促销力度最大的节日。春节期间,本土特色品牌的品类丰富度到达全年峰值(如面点礼盒、坚果套装、沙窝萝卜等),差异化优势明显,此时投入大力度的价格促销政策,往往能收获平日 1.5—2 倍的销量。而像"618""双 11"电商大促,和零售巨头在同一时间段拼价格往往没有优势,促销反而会适得其反,暴露自己的短处。错峰提前促销,往往可以花更小的成本得到更大的收益,留存促销预算投入下个节点再使用。

2.每月规划

每个月都会有自己的主题节日或活动,如女神节、端午、中秋、商城周年庆,价格变动和策略变化往往在节日前的一到两周就开始进行了,这时需要注意的是,每月最好只有一个主打活动,商品价格的促销力度为本月最大,其他时间段的价格制定要让步于主打活动期间的折扣力度,以保证效果最大化。这里还有一点需要注意:促销商品的选择上尽量主推新品或毛利空间较大的商品,避免民生商品(如米、面、油、纸等)的价格波动过于强烈,这是因为这类商品的复购率高,价格更加敏感,用户一旦养成只买促销最低价的习惯,会直接影响商城非促销时段的销售业绩。所以这一类商品的定价可以用一个比较折中的方法:天天平价法。一般来说,做促销会比正常价格要低30%左右,要不然顾客感受不到降价。那天天平价,就可以比市场价格低1%—15%,但又比起低价促销高1%—15%,取了一个中间值,但是一定要每天都保持这个价格。这样,顾客能感受到天视商城这一类商品价格比别的店要便宜,并且天天如此,他就不怕你会调回原价了,你也能比促销价多赚一点。

3.每天规划

根据央视索福瑞《CSM媒介研究2022Q1收视总结报告》显示,天津IPTV大屏场景下用户全天的收视高峰时段可大致分为11点—14点,以及18点—22点。根据商城后台流量数据分析我们可以知道,收视高峰前后的1个小时为商城流量涌入的窗口期,但商品安排和价格策略却是有所不同的:在收视高峰前,大屏电商主要以客单价低、促销方式简单、交易成本低的商品为主,如德州扒鸡、酱牛肉、海鸭蛋等,此时的用户注意力不够集中,要尽可能降低用户的决策时间,提升转换率。而在收视高峰后,用户的时间相对比较充沛,此时商城可以主推一些客单价较高、长商品视频为主的产品,如:家具家装类、养生滋补类、电器类产品。从而使得大屏场景下全天每个时段的价值产出达到最大化效果。

(二)促销场景

1.满减专区

作为商城最简单便利的促销手段,满减专区发挥着维持商城每日活跃、保证商城价格形象以及拉新用户的多重任务,满减专区的商品客单价控制在50—99元之间,折扣控制在6—7折,选择的商品多为在商城具有用户基础,被市场证明过的产品,这类商品是商城开拓市场,扩大用户覆盖,为商城树立良好价格形象的"主力部队",所以满减商品在做促销时,运营人员要明确想到达到的目的和效果:用最合适的价格吸引用户的注意力,用限时限量的规则制造稀缺性,营造饥饿营销的紧迫感,用单人限购1次的方式尽可能地普惠更多用户,扩大商城的影响力。

2.红包商品

砸金蛋作为天津IPTV平台在直播场景下与用户交互的利器,通过多年的运营,广大用户积累了大量的现金红包可以在商城专区进行消费,这就为商城推广新品和非标品降低了难度,通过红包+少量现金的模式,更多的用户愿意尝试新的品类、新的商品,而商城通过红包商品的促销场景,也能以最小的成本试验新品与平台的契合度,可以及时调整新品选品方向和后续促销的政策。

3.领券中心

如果说满减专区和红包商品都是以商城为主导的促销活动,那么领券中心则更倾向将选择权交给用户去决定购买哪些商品,而优惠券的金额设定是需要精心设计的,这样才能让顾客的获得感更高,平台付出的成本更低。第一就是优惠券金额尽量避免与某些商品的价格带一致,要尽量让顾客在优惠券满额的基础上多付出10%—15%的订单金额,如满100减30的优惠券,成交金额为100—115元是比较合理的,超过这个区间,顾客可能会放弃使用,反而适得其反。第二就是要避免多个活动重复叠加,造成促销资源的浪费。第三就是优惠券的周期尽量压缩到3天以内,提升顾客的重视程度,促使其及时使用核销。

(三)用户特点

用户是价格的直接受众,根据用户特点的不同,区分价格的不同和变化,无疑是非常有效的。这是一种精细化的价格运营手法,其基础是客户可以实现按照一个维度的分层。基于消费人群的定价和基于商品的定价都比较直观,易于理解和操作。我们以忠诚度和利润贡献率两个维度将用户划分为四种类型:新用户、潜力用户、优质用户、藤壶用户。

1.新用户

对于新用户来讲,快速与之建立联系,完成首单体验是大屏电商的运营人员优先要考虑的事情,用低单价高认知的品牌产品进行促销往往可以收到不错的效果。促销价格一定要足够优惠,才能给用户留下一个良好的价格形象。在完成首单之后,需要紧密跟进后续运营,逐步提供更多品类的商品,提供客单价,从而形成消费习惯,成为商城的忠实用户。

2.潜力用户

潜力用户对于商城具有一定认知,根据之前的消费记录做同类商品促销的通知,或者关联商品的推荐或许是一个不错的选择。由于潜力用户的忠诚度不算很高,在商品价格上还是以低价实惠的商品为主,同时可以加赠一些小额优惠券来增加复购的可能性,增强平台对用户的黏性。

3.优质用户

优质用户是商城利润贡献的主要来源,也是我们应该重点服务的对象,此类用户对商城的忠诚度较高,可以尝试推荐一些高客单价,多组合包装大规格的产品。突出买得越多,省得越多的购物理念。同时可以尝试搭赠一些新品小样作为福利回报,既能维护平台与用户的感情,也能从这些优质用户的回访中了解新品的反馈,挖掘用户更多的潜在需求,为后续商品开发收集有效的指导信息。

4.藤壶用户

藤壶用户,是一种精明的消费策略。但对商家来说,牺牲了引流品的利润后,藤壶用户却完全不消费利润品,无助于客单价和复购率。所以站在平台的角度看,在做定价策略时,如何通过巧妙的设计,吸引到复购用户,过滤掉藤壶用户,是一个重要课题。例如:商城的爆品不做大幅度促销,可以对毛利较高的价格不敏感的非标准品类(如小家电、酒、进口食品等)做促销让利,把爆品留给愿意花钱的用户。同时利用藤壶用户爱占便宜的心理设置一些商城的宣传推广任务让他们去完成,用时间和人脉换取等价福利。

第三节　选品定价流程规范

仅仅确立选品定价的策略还是远远不够的,我们需要将宏观抽象的内容通过建立流程规范形成制度,在每一位运营人员心中建立统一的标准,明确自己在工作中的角色定位,了解自身的工作内容,从而提升选品效率,科学客观地对商品进行定价。选品定价流程规范总体分为售前、售中、售后三个部分。

一、商品售前相关流程

(一)通过其他平台和媒体寻找商品

1.通过电商平台进行搜索

在电商平台上,不同产品的销售趋势能够反映市场情况及消费需求。热销的产品可以作为大屏电商选品的参考。比如:阿里巴巴是全球最大的电商平台,在售产品多达数十万种,大屏电商可以在该平台上分析不同产品的销售趋势,寻找爆款,还能够在该平台上找到合适的供应商。

2.时刻关注社交媒体的热点

社交媒体平台是电商公司选品的有效渠道。抖音、快手、小红书等社交媒体平台聚集了大量的买家,了解这些买家的需求并据此选品能够有效提高产品的转化率。以抖音为例,许多买家会通过短视频或直播购买产品,电商公司可以根据不同产品的销量选择热销产品。抖音每天都会更新"人气好物榜单",大屏电商能够通过该榜单了解不同产品的人气排名情况。

3.通过大屏电商热销品类反向寻找合适的产品

通过分析多年以来商城自身的数据就可以发现,用户对某类产品的偏好比较大,如天视商城的肉蛋奶类产品,如酱牛肉、扒鸡、海鸭蛋、酸奶等就是我们常年畅销单品,运营人员在选品时就可以优先选择这类产品进行补充和优化。

(二)通过广告业务的开展寻找商品

随着互联网智能大数据时代的到来,客户对广告的诉求,也从原来的"品效合一"逐步演化成"品销合一"。大屏电商通过打通每一个环节的数据,包括从用户触达到转化,从用户兴趣行为到商业行为,以及在什么内容、什么场景下转化高,就能很好地满足客户解决品销合一的诉求。通过广告业务的开展来寻找商品就是整体环节当中最重要的一步。

1.通过品牌广告热度选品

通过媒体监测及平台广告监测等途径,筛选出热度较高、投放时长较长的品牌,说明品牌产品较受欢迎,并且品牌实力较强或利润空间充足,商城合作可能性较大,并且后续广告合作概率也会较高。目前主要关注的行业包含民生食品、白酒、日用百货、家装、汽车以及健康养老等行业。

2.通过参考商城竞品广告选品

跟着优秀的行业竞争对手选品往往是高效准确选品的一个好方法,可以根据平台现有优质的产品,或空缺的行业品类,对标优质的竞争对手进行选品,可以扩大品类客户的选择范围,或者填补品类空缺。比如商城专区的奶制品一直是商品相对薄弱的品类,通过广域媒体广告的投放,我们成功锁定了君乐宝品牌,从官方网站到总公司市场部,再到电商渠道部,最终和授权代理商达成了合作,有效丰富了商城的产品多样性。

3.通过线下展会活动选品

线下场景选品具备以下几个特点:①集中度高,可以在短时间内快速收集商家信息;②可以直观地看到产品,通过产品包装以及相关宣传资料和展位的规模装修水平等,可以对客户以及商品的实力做出初步的判断,是否符合大屏电商的要求;③便于沟通,相比于线上交流,展会活动可以在现场面对面与负责人交流,更加直接地了解品牌方的诉求,也可以快速了解大屏电商的特点和价值,增加双方合作的可能性。比如:我们在每年两次的糖酒博览会上，成功引进了如贵州老板酒、迎宾酒、伍食家品牌入驻商城销售，并在后续的合作中逐步增加了广告业务的合作，向着整合营销的方向更进一步。

（三）商品提报审核

1.收集商品基础信息

包含商品名称、品类、规格、报价、商品卖点、商品授权、资质证明、检测报告，这些信息为商品上线的必要信息，缺一不可。

表3-1　天视商城商品选品定价审核表

2021年X月X日

商品名称	品牌	规格	供货商名称	包邮含税售价	包邮含税进价	营业执照	食品经营许可证	品牌授权	检测报告	说明	同款产品比价（可线上渠道，可线下渠道，标明渠道名称） 有同款产品比价同款产品，无同款产品比价同类产品，至少填写2个渠道	若天视商城为唯一销售渠道，请进行同类产品比价（可线上渠道，可线下渠道，标明渠道名称）
商品A	XXXX	XXXKG、XXX个、XXX颜色	XXX有限公司	100	85						100（淘宝）　102（自有商城APP）　101（华润超市）	同类产品B、100、（京东）

媒介组审核人确认：　　　　　　　　运营组审核人确认：　　　　　　　　风控专员确认：

推广组审核人确认：　　　　　　　　整合营销组审核人确认：　　　　　　综合业务部负责人确认：

2.商品样品体验

运营人员召开新品上线说明会，邀请商品评测人员参与试吃试用新品，并给予相关建议。这里我们要注意的是：评测人员的画像要尽量分散，性别、年龄、性格、偏好要有明显的差异化，避免给出的评测反馈过于一致，影响商品体验的客观性。

3.供货商能力评估

如货品质量的稳定性，库存是否充裕，是否经常出现断货的情况，送货时间能否保证下单后3天内送达，出现售后问题的反映回馈速度，是否愿意配合平台营销活动给予适当的补贴福利政策，这些都是选品时要同步考虑的因素。

4.综合打分评估

根据商品基础信息、评测人员体验反馈、供货商能力评估三个维度对新品进行打分评估,最终确定商品预上线明细。

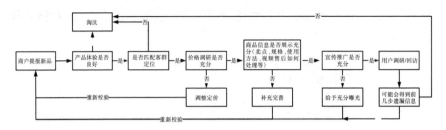

图3-1 建立完善的新品宣推和考核制度

(四)上线前准备流程

1.卖点提炼

根据商户提供的资料以及新品会体验后得到反馈,提炼出商品最核心的卖点形成文案,供商品图片设计以及视频拍摄使用。

2.商品培训

对于新品上线后顾客可能会问到的一些问题,要提前与客服人员进行商品培训工作:如产品的制作工艺、成分材料构成、安装使用说明、产品特点等,用最快的反馈消除用户的疑虑,形成销售转换。

3.营销预案

决定一款商品上线商城后,往往都要对新品进行一波营销推广,根据产品特性来确定主要推送的人群,要用哪种促销形式,促销的力度有多大,具体在哪个渠道加大推广资源,从而保证活动效果。

二、商品售中相关流程

(一)关注目标人群的反馈

商品上线销售后,要第一时间想办法得到目标人群的反馈,如通过商城浏览数据,放入购物车未支付数据,社群推送后用户的反应等及时收集用户的意见:是否对产品信息还有疑问,哪些上线前未考虑到的因素会影响用户下单购买,要在销售过程中及时完善改进。

（二）关注商品参数的变化

（1）时刻关注在售商品的库存变化，定期与商户核对盘点，避免出现断货的情况。

（2）已支付的订单要时刻关注物流进度，保证产品及时送达。

（3）产品包装更换，规格变化要及时更新数据，与商户保持信息畅通。

（三）关注同时段竞争对手的变化

商城当下主推的产品要保证价格的优势，保证商城良好的价格形象，根据竞争对手的变化做动态调整，如尝试加大促销力度或加赠产品或商城优惠群等。

三、商品售后相关流程

（一）销售数据收集

销售数据不仅仅包含销量、销售额、毛利这些基础指标，还应该收集更加多维丰富的参数，从而分析隐藏在销售背后更深层的问题。比如：销售渠道，是在大屏销售更好，还是小程序占比更高？订单的支付比例如何？红包、满减、优惠券，到底是哪种促销手段起到了关键作用？下单时间集中在哪个时段？流量来源于哪里？是平台广告，还是社群营销，抑或用户自发性惯性购买？只有掌握更多的数据，我们才能从细节中找到成功或失败的原因，积累出宝贵的运营经验，不断优化选品和营销方案，更加了解我们所服务的用户。

（二）用户体验反馈收集

及时关注用户对商品的反馈，鼓励用户收到商品后第一时间给予平台反馈，并可以给出适当奖励作为回报，无论是用户提出的好评还是建议，都是一次珍贵的和用户交互的机会，要及时记录、整理、归纳、分类，成为我们选品以及活动的参考意见和未来优化的方向。

（三）复盘

通过收集销售和用户体验的相关数据,我们就可以对商城在售商品做周期性复盘了。通过各类指标的对比,如:客诉率、动销率、周转率、妥投率等,及时做出相应调整,对销售指标不佳的产品及时查找原因,与商家共同协商解决,必要时做下架处理。对于表现优异的产品要及时跟进,加大宣推和促销力度,保证整体业务的良性运转。

第四章

商业模式

一切商业的起点,都是让用户获益。我们在前三章了解了什么是大屏电商,如何寻找大屏电商的用户,以及大屏电商如何选品定价。然而,怎么让用户获益的同时,平台自身也能成功呢? 本章我们将"找到模式",找到让"用户获益,企业成功"的"商业模式"。

第一节　大屏电商的商业模式

什么是商业模式? 商业模式专家,北大教授魏炜在《发现商业模式》一书中是这样定义的:商业模式,就是"利益相关者的交易结构";而将此概念转换为大屏电商的具体商业模式就是:一手抓商户,一手抓用户,通过运营手段持续赋能平台价值。具体场景可分为:传统购物频道,可以交互的购物专区,以及积分兑换私域运营。

一、传统购物频道

(一)优势

(1)传统购物频道作为大屏场景下最早出现的商业模式,已经发展了20多个年头,在互联网还不太发达的年代,可以利用电视节目的形式让主持人在20—40分钟内充分地介绍一款产品,体现产品的卖点和特色,确实是一种新颖独特的购物体验。

（2）400电话下单，送货到家之后再付款的支付形式也打消了用户的顾虑，从而在发展的过程当中形成了一批稳定的消费用户群体。根据《2015年中国电视购物行业白皮书》报告显示，全国整体市场规模在2015年达到近400亿的峰值，会员人数达到8 219万人。在为用户提供了便利的同时，为频道方以及平台方也创造了一笔可观的收入。

（3）一定程度上丰富了电视大屏的内容多样性，为用户在收视低峰时段提供了一个留下来的理由，增强了电视大屏的活跃度。

（二）劣势

（1）视频制作成本太高，由于每个商品都需要制作购物视频，人员费用、场地使用、后期剪辑制作等环节都需要耗费大量成本。

（2）送货成本太高，由于是400电话下单，需要配备专属的呼叫中心记录订购和后期退换货服务，而货到付款的模式使得用户妥投率只能保证在50%—60%，物流和客服的成本最终都会体现在价格上。

（3）为了覆盖高成本，提高转换率，购物视频的话术往往过于夸大功效，造成与用户买到现货与宣传内容不符的情况，从而影响整个行业的信誉度。

（4）各购物频道商品的同质化现象越发明显，市场份额竞争激烈，产品开始大打价格战，间接导致产品质量呈下降趋势。

（三）运营重点方向

传统购物频道与播控平台的合作关系非常简单，往往是按年为单位收取固定的频道落地费用，平台方除了保证信号能够正常传输之外没有投入其他精力与频道方共同运营。由于互联网电商的发展，用户可选择的渠道越来越多，这种粗放的合作模式显然不适合用户逐渐细分，竞争更加激烈的市场环境。平台要与频道方打破传统固化的商业模式，用更加多元化的运营手段去触达用户，深入了解用户的需求，才能为用户创造出更丰富的价值。

1.购物频道商品入驻天视商城

频道播出的购物视频为线性资源,非播出时段无法让更多的用户触达。而天视商城为24小时点播专区,购物频道的畅销单品可以沉淀到天视商城专区长期售卖,进一步提升了商品与用户触达的机会。目前,我们与快乐购频道进行了深度合作,在天视商城专区建立快乐购分类。既丰富了商城专区的品类,还增加了购物频道的多渠道增收,从而达到双赢的目的。未来,我们也会将这种合作模式复制到更多的购物频道中,继续开辟大屏电商的增长曲线。

2.平台营销工具赋能购物频道

IPTV平台具备丰富多样的营销工具可以和购物频道协同互动,比如:①在指定时段投放红包金蛋吸引用户到频道互动;②通过退出、暂停广告告知用户频道促销信息,即时跳转;③根据平台数据系统用户行为画像,对爱看购物频道的用户进行开机锁屏或弹出告知向频道定向引流,从而达到平台赋能购物频道的效果。

3.购物频道内容本土化改造

由于绝大多数购物频道的内容是全国统一的,这就造成了很多商品在不同的地区,销售效果良莠不齐,无法达到品效最大化的结果,由于现在大屏电商具备了积累本土用户的消费行为数据的能力,一定程度地了解了本土用户的消费偏好和购物习惯,这就具备了同购物频道联合优化节目编排和推荐商品的可能性,从而提升购物频道的商品转化率和单品的分钟产值比。

二、可以交互的购物专区

(一)优势

1.本地定制化服务

天视商城主要服务于天津IPTV平台300多万户家庭,我们根据天津本土用户收视和消费行为习惯的特点进行选品和定制化的增值服务,例如:增加本土特色品类沙窝萝卜、利民调料、桂顺斋糕点等,定期组织用户参与天津本地线下活动,如:沙窝萝卜采摘,小站稻原产地一日游,利民工业游等,为用户持续提供独特的平台价值。

2.打通平台福利资源

用户在大屏电商进行消费,会得到津豆积分可以换购福利产品,用户观看直播节目,可以参与砸金蛋赢取现金红包,在商城消费。用户购买平台其他增值服务如:视频、节目会员包,也会有机会获得商城优惠券。从而在大屏场景下打通了各类福利资源,形成良好的体验闭环,增强了用户与平台的黏性。

3.私域运营

运用微信群、公众号直播等手段,运营好既有的用户群,让新的爆款、新的活动、新的商品上线能够触达到用户。运营者通过手机号添加用户微信好友,一对一地解决订单、物流等问题;运营商城公众号"天视商城"以及每日与粉丝见面的直播活动,定期发布活动、爆品信息,供用户交流分享。

(二)劣势

1.操作便利性有待提升

大屏电商的浏览选购需要使用遥控器操作下单,相比于移动端在便利性上还有待提升。

2.获客成本高

由于大屏电商的本质还是点播专区,绝大多数的用户打开电视的第一选择依旧是进入直播频道观看节目,如何引导用户进入商城专区,如何利用好每一个活跃的用户关注商城、记住商城依旧是我们要攻克的课题。

3.与用户间的反馈机制还不完善

大屏电商虽然拥有自己的网络渠道,但信息只能由平台方单向传递给用户,用户到平台的信息反馈,以及用户和用户之间裂变传播目前是无法实现的。

（三）运营重点方向

1.爆品思维

好的商品是大屏电商的核心资产,大而全不是大屏电商的特点,通过不断增加特色爆品的占比,根据用户特点持续进行本地化改造,逐步形成不同于其他电商平台的定位。用特色爆品加强与用户与平台的黏性,提升复购率。

2.视频化推送

大屏电商天然适合视频化内容的推送,视频呈现的效果要好于小屏移动端,我们要利用好媒体平台视频制作能力的优势,不断提升大屏电商商品视频化占比。用卖点鲜明、画面生动的商品视频提升用户下单的转换率。

3.提高用户触达率

商城要结合平台的宣推工具,去触达平台流量更大的场景,主动出击去寻找目标用户。比如通过人群画像将平台用户分层运营,利用广告系统,直播推荐系统向用户推荐与用户行为标签特点相关性强的单品,精准营销形成转化,后期通过社群加微信好友进行沉淀,便于下一次更方便地触达到用户。

三、津豆积分商城

（一）优势

1.用户基数大

津豆积分商城相比于天视商城,辐射的用户范围更广,平台的用户不可能都成为商城的用户,而津豆商城是有可能做到的:每一位在大屏场景下活跃的用户,都可能通过观看直播,购买增值服务,完成平台设置的任务,以及在线活跃的行为产生相应的津豆积分。更加广域的用户基础为津豆商城产生稳定大量的流量,并通过运营手段将流量变现提供了可能。

2.兑换产品更灵活

用户积分可以兑换 IPTV 平台的相关福利。比如,商城专区产品、满减优惠券、天津本土餐厅免单券、儿童话剧门票等,及时兑换,及时领取,方便快捷。用户聚集的越多,可兑换的品类就越丰富;可兑换品类的越丰富,又会促进更多的用户关注津豆商城,聚集更多的用户,从而形成正向激励反馈,逐步提高了平台和用户的交互频次。

3.成本可控

积分作为一种"虚拟"的货币,它的发行和消耗规则,都是由设立的平台方来制定,平台完全可以根据自己在实际运营情况中,获得的效果,做出相应的调整。而且所有的营销成本控制权,完全掌握在平台自己的手中,包括积分兑换的比例,这样就可以极大程度上杜绝预算超支的情况发生。

(二)劣势

1.缺乏获取积分的及时反馈

用户虽然在平台上通过各种行为产生了大量积分,但平台缺乏对用户获取积分的及时反馈,大量的积分在用户无感的场景下默默地给到用户,用户也不知道积分的作用和价值,最后到年底只能白白浪费,平台也没有换来预期的效果。积分冗余过多,影响运营策略,占用预算资源周转。

2.停留时间短,进入频次低

大多数用户都是在积累到一定数量的积分之后前往积分商城,兑换结束后马上离开,停留在积分商城的时间较短。

3.积分的价值稳定性

运营的时间越久,积分通货膨胀的情况就越严重,积分的价值感维系就越困难。

（三）运营重点方向

1.及时反馈

要及时反馈用户是由于完成哪些动作而得到津豆积分的,指引用户目前拥有多少积分,可以到积分商城换取哪些产品。信息通道保持畅通,抓住获得积分后的黄金时间段,否则用户对津豆积分的感知将会大打折扣。

2.促使用

提升津豆商城可兑换的产品丰富度,增加异业联盟的数量,如:线下餐饮娱乐服务核销、各类门票、洗车券、体检卡等,让用户有兑换使用的动力和理由。

3.产出与消耗的平衡

要保证津豆积分整体存量的合理性,通过多倍积分和平台任务等手段控制津豆生产速度,通过平台兑换以及积分清零规则控制津豆消化速度。同时还要监控平台整体用户津豆的分布情况,保证多数所兑换的产品可以满足大部分群体参与互动,从而保证津豆商城的活跃度。

四、私域运营

（一）优势

1.获客成本低

在公域里,流量都是一次性的,虽然有购买行为,但是并没有更多的互动,而私域里的消费者因为有信任度加持,平台后续推出新品、做活动的时候,私域流量便是平台免费且高质量的推广渠道。

2.转化率高

在私域流量池子里,通过社群互动、直播等形式,可以让平台与用户之间不再是单纯的产品买卖连接,而是一种情感连接和互动。在信任基础上,身边的朋友、亲戚分享转化过程中,任意时间、任意频次的触达,都可以让客户对企业的忠诚度大幅度提高,同时复购率也会明显提升。

3.有助于打造个人IP

互联网在带来流量红利的同时,产品同质化、内容同质化的现象日趋严重,平台想通过流量变现的难度越来越大。而私域运营的优势,就是能够有助于打造个人IP。比如:天视商城每日都会有不同主播与粉丝进行互动,每个主播的特点都有所不同,擅长销售的产品品类也是各有特色,这样一来,就可以将平台上的流量充分利用好,最终,根据个人特色吸引不同类型的人群,和主播长期保持联系,持续为平台创造利润。

(二)劣势

1.负面消息容易扩散

往往一些个别的负面消息,如:商品质量问题、物流问题等,在社群中容易被过度放大,造成不必要的运营和公关成本。

2.内容储备要丰富

要保持社群的活跃度,以及粉丝的稳定性,日常需要提供丰富的内容和福利做支撑。很多社群往往都是刚组建的几天很热闹,随着时间的推移,逐渐萧条,周而复始。

3.对运营人员要求较高

运营人员要对粉丝提出的问题及时回复,对平台各业务模块的内容都非常了解,能为粉丝提供切实可行的解决方案,这样才有可能赢得粉丝的信任和长期的关注,这其实对运营人员的业务能力要求很高。

(三)运营重点方向

1.用户分层

根据用户的消费行为和偏好打标签,将现金支付比例高,不依赖优惠券的用户逐步分层运营,将运营精力放在这类高价值用户身上。

2.内容运营

根据用户偏好和兴趣将其划分到不同群组当中,通过文章、笔记、短视频、直播等优质内容,不断和用户建立"兴趣连接"。比如我们的《老田厨房》系列主要针对美食爱好者,定期发送烹饪视频在群里交流互动。而商城福利群则会聚焦当天促销力度最大的商品,通过图片、视频以及主播文字介绍等手段第一时间触达目标用户。

3.打造个人标签

每个主播都有自己独特的风格,擅长推荐的内容也各不相同,通过打造个人IP可以吸引到不同类型的用户,主播直播时所表现的专业性以及对产品的了解程度是提升转化率和客单价最好的手段,通过多次持续的互动,在为消费者提供好每一件产品,做好每一项服务的过程中,去积累信任。

第二节　天视商城的商业模式

一、天视商城专区

(一)目标用户的特点

1.更加关注品牌性,对新品的教育成本更高

天视商城的主要受众群体在购买产品的过程中,第一步往往要考虑的是产品的品牌自己是否熟知,这类用户已经在来到商城前形成了一定的购物习惯和品牌偏好,我们要做的就是找到他们平常关注的品牌引进合作,降低用户的认知门槛。

2.对民生商品的价格敏感度高

由于大屏场景的特性,商城的用户基本是家庭主要消费的决策人,他们接触民生商品的频次很高,对民生产品的价值也是极为敏感,在运营商城时要注意这类产品的价格形象。

3.可支配时间充裕,有更多触达的机会

天视商城的用户可支配时间较长,且消费行为规律,每天会出现三

次消费高峰时段,运营人员可以利用这个特点提前布局,挑选好要推送的内容和产品,利用大屏广告、私域社群等方式创造出更多触达到用户的机会。

(二)运营用户所需的核心能力

1.能持续提供用户感兴趣的商品和内容

商品和内容的维护是保证用户每天进入商城浏览的关键要素,除了要满足用户的基本民生购物需求外,还要提供新品和新内容持续为用户提供价值,给顾客每天来天视商城逛一逛的理由。比如,我们每天上午的粉丝见面会就是一个很好方式,主播会推荐当天促销的商品,同时也会推荐商城近期上线的新品,整体电视平台上的一些内容更新也都会通过直播第一时间分享给用户。

2.能持续保持与用户间的有效交互

仅仅有好的商品和内容还是不够的,在用户从触达到最后形成消费转换这一过程中,往往会出现各种影响最后下单决策的问题,比如产品规格确认、送货周期、使用说明、售后解决等,每个问题如果不能及时地得到解决,都会影响商品最后的成交。所以要保证平台与用户之间信息反馈通道的畅通是至关重要的。比如24小时400客服电话、私域微信小助手、直播场景现场解答都是天视商城与用户保持有效交互的重要抓手。

3.常变常新的营销活动

天视商城的营销活动不仅仅局限于线上促销,多种模式的营销活动可以有效与用户之间保持新鲜感,影响用户心智,比如:组织优质用户进行沙窝萝卜产地采摘最低价直供,前往与商城合作的优质厂商车间进行工业游宣讲,每年一届的粉丝节线下活动回馈用户的持续关注。用常变常新的营销活动持续为天视商城制造话题,吸引更多的流量。

（三）如何利用平台资源为用户提供有价值的服务

1.根据用户特点针对性地提供服务方案

用户的需求都是千差万别的,而平台能提供的内容又是包罗万象的,如何在最短的时间内,帮助用户找到自己最想要的内容,最想买的产品,降低用户的决策难度是非常关键的。而作为平台积累了大量用户数据,通过大数据和智能分析是有能力为用户制定针对性服务方案的。比如:通过分析收视数据,我们找到了一批喜爱观看家居装修节目的用户ID,后期我们将商城相关的装修视频推送给他们,很多用户在看到装修视频后给我们400致电咨询相关业务,从而为客户提供了有价值的内容和服务。

2.根据用户所处场景进行关联推荐,调动全平台资源

每个用户在平台上都会逐步形成一条相对固定的行为路径,而平台大部分的内容和资源用户是没有机会触达的,这就需要运营人员在一些特殊节点和场景增加与用户的信息提示和交互,进行一些关联推荐,让用户可以在平台上停留更长的时间,创造更大的价值。比如:我们的津豆积分商城由于流量入口较深,不容易被进入直播或点播的用户发现,发现这个问题后,我们就优化了津豆提示功能,在用户退出直播和点播场景时主动提示用户的收视行为产生了多少津豆,能够兑换哪些产品,并提供入口连接,降低用户主动寻找的门槛,对津豆商城的引流起到了促进作用,调动了更多平台的资源。

3.具备为用户提供物超所值产品的能力

用户购买产品或服务,只达到用户的预期往往是不够的,要想在众多平台和场景下脱颖而出,需要平台给予用户更多的意外之喜,有更多的价值溢出。比如在商品快递中加赠商城新上线的产品小样,既能够为用户提供增值服务,也为商城新品进行了宣传,为下次复购打下一个好的基础。还有,不定期地为商城优质用户发放满减优惠券,或定制文创产品(如台历、玩偶、水杯等),为用户营造一种被尊重被重视的感觉,让用户对平台产生更多的感情连接,产生更深厚的信任。

二、轮播频道

(一)目标用户的特点

1.没有明确的购物目标

在轮播频道进行消费的用户,往往拥有较为充裕的时间,民生刚需产品不是这类用户首要关注的重点,他们会更加关注提升生活品质的商品,如厨房锅具、家用电器、养生保健产品等。

2.决策更加感性

轮播频道的用户对品牌的依赖性不强,他们关注的重点是购物视频对产品的展现力是否充分。这些用户的决策更加感性,容易冲动消费。

3.消费能力高,对价格不敏感

轮播频道用户的购买力都是比较强的,有一定的经济基础,对商品的价格的敏感度不高,且愿意尝试高客单价、多组合大包装的产品。

(二)运营用户所需的核心能力

1.视频制作能力

由于轮播频道的是在收看直播频道场景下的购物形态,绝大多数的用户都是在换台的过程当中与商品"偶遇"的,如何在触达用户后的30秒内让用户产生兴趣停留下来,视频的可看性起到了尤为重要的作用。轮播频道的视频要尽可能地保证在视频的任何阶段进入都有足够的信息密度,包含:产品体验效果的演示、特写镜头的运用、主持人的话术、商品信息的充分展示等,这样才能提升用户的转化率,将流量变现。

2.选品能力

由于轮播频道属于线性播放的资源,所以一天当中能够向用户展示的产品数量是有限的。因此,为了使销售和利润最大化,就要在单位时间内尽可能地提升销量,不符合销售预期的产品就会被及时替换掉。这对于选品的准确性以及商品储备能力都是不小的考验,也是轮播频道能够长期吸引用户关注,行稳致远的关键能力。

3.能够保持与用户持续连接的能力

大屏电商平台所能触达的流量是有上限的,这时就需要平台通过运营手段来促使已购买过产品的用户进行复购,平台需要通过400外呼、公众号、社群等手段与用户保持长期的互动,建立用户会员档案,了解用户的消费习惯,适时推送合适的产品和活动给到用户。

(三)如何利用平台资源为用户提供有价值的服务

1.技术赋能——直播推轮播功能

由于大屏相对于手机移动端,操作互动性上有一定的劣势,平台上许多需要点播交互内容由于入口过深,步骤烦琐不能有效地触达到用户,造成资源浪费。通过技术开发,在用户多次直播换台的场景下,通过行为分析,推测用户正在寻找感兴趣的内容,此时利用用户画像与平台内容做关联,第一时间向用户推送。利用技术赋能降低用户的搜索门槛和教育成本,为用户提供便利的同时,也增加了平台更多内容的曝光。

2.场景互通——24小时商城专区沉淀

直播场景下,同一时间段,一个购物视频最多只能展示一到两款产品,节目结束后,商品就无法被用户找到。而天视商城专区很好地弥补了轮播频道的不足,我们将轮播频道内在售的产品沉淀到商城专区,24小时在售,而且支持视频播放。用户如果在频道内此时没有想买的产品,可以直接按数字键8888跳转到商城专区挑选其他产品,不用受播放时段的限制。通过场景互通,为用户提供了更多的可能性和主动性,进一步提升用户的购物体验。

3.短视频——颠覆传统电购模式

由于抖音快手等新媒体平台多年的推广和渗透,越来越多的用户养成了收看短视频的习惯。而大屏作为传统电视购物的主战场,我们也在主动拥抱变化,尝试用短视频的形式在大屏场景下销售产品,用更加多元的表现形式吸引更多的用户群体参与到大屏电商中来。

三、联合全国兄弟媒体落地商城模式

由于大屏电商对于技术对接的难度较小,商业模式也更加清晰,普适性更强,联合全国兄弟媒体落地商城也就成为可能。由于聚集了更多的用户,平台释放的价值也就会更大,因此对于运营人员的要求也会更高。

(一)商品如何挑选

由于各地用户消费习惯的不同,在选品时要尽量挑选适用范围更广南北差异化较小的产品为基础盘,如锅具、厨房清洁、家用电器等,保证销量的稳定性。在此基础上可以根据各地特点适当添加特色化产品,丰富品类的多样性。

(二)根据各地特点进行内容编排差异化

由于不同地区用户的收视行为会有较大差异,在内容编排上,运营人员要注意符合当地用户的收视习惯,尽量将优势商品视频安排在收视高峰前后两段,避免与强势节目争夺流量。

(三)服务如何保证

B端:要始终与兄弟媒体间保持信息畅通,了解兄弟媒体的诉求,如销量、利润、客诉率等关键指标,根据兄弟媒体诉求的变化及时调整运营策略与其保持一致。定期交流分享大屏电商的经验,保证大屏电商生态的健康。

C端:售前做好商品品控,保证用户"所见即所得",售中做好物流跟踪,保证货品2日内送达,售后提升解决速度,收集用户诉求和痛点,及时反馈运营调整策略。

第三节 如何赚钱

一、前台毛利

(一)商城合作商户分佣

通过对不同分类的产品制定不同的分佣扣点,保证大屏电商的利润最大化,不同品类利润利率大致分布为:进口食品>酒水>非食类产品>零食类品>粮油米面。比如粮油米面等民生产品作为商城引流品来吸引用户进入商城选购,这类产品往往价格竞争激烈,利润率也较低。而像进口食品,非食类产品(锅具、电器等)购买频次较低,价格不敏感,往往是为商城创造毛利的关键。作为运营人员要学会合理分配商品结构,使流量销售和利润三者之间达到平衡。

(二)整合营销推广费用收取

除了销售分佣,大屏电商还可以依托平台资源,为合作商户提供更加多元化的整合营销方案。如广告宣推(换台、音量、暂停等),联合参与平台线上线下活动(粉丝节、美食盛宴、亲子嘉年华等),拍摄自制节目等方式,在为合作伙伴创造品牌溢价的同时,收取营销费用,实现共赢。

(三)传统购物频道落地费用

传统购物频道的落地费用也是大屏电商毛利的重要来源,但只是单纯地收取落地费用无法激发平台和频道之间的积极性,我们采取了更加灵活的方法:设立频道年销售额最低目标,未完成按保底金额支付费用;超过目标销售额,在保底费用的基础上额外收取超额销售的利润。同时频道方开发后台数据,平台和频道共同分析交流业务,激发双方的主观能

71

动性。比如：利用砸金蛋功能在频道大型活动期间（如周年庆、"双11"）为频道导流，同比可以增长20%—30%的销售金额。

二、后台毛利

（一）商户与平台共担促销费用

与平台合作的商户大多都会有一定的营销经费用于扶植新渠道，完成既定销售任务以及清理剩余库存等业务动作上。这样一来就可以和商城的营销活动相结合，一是能减少平台方补贴的成本。二是由于商户自己也付出了成本，这样一来就可以充分调动商户的积极性，利用自身的渠道与平台一起宣传。三是可以通过商户承担费用的力度和频次判断商户对平台的重视及配合程度，将众多商户进行分层运营管理。

（二）销售返点以及赠品提供

除了承担促销费用外，与商户的合作方式可以更加灵活和多元，比如可以与有意向的商户签订销售对赌协议，按照销售完成情况分为多个量级，完成的销售量级越高，对应的销售返点就越高，将平台与商户利益诉求深度绑定。

商户提供的赠品也是用来分担平台成本的另一个有效手段，由于赠品多为实体产品，更加直观具体，用户接受度更高，交易成本更低。对于特定场景下，如线下活动引流、粉丝回馈等，相比于发放优惠券、商品降价等手段更为有效直接。

（三）商户新品上架的特殊补贴

为保证新品上架后能尽快被市场认知，厂家对新品都会有一定的扶植政策，这也是平台和商户的一个合作契机，既可以丰富平台商品的多样性，避免用户产生"审美疲劳"，又可以发挥大屏电商平台的传播作用和信用背书，帮助商户打开市场，从而收取相应的推广费用。最终达到用户、商家、平台三方共赢的结果。

三、压缩成本,合理节约资源

(一)通过数据分析,将用户分层,合理分配促销费用

通过长期的运营,天视商城积累了大量用户的消费数据,通过对用户订购构成(实付金额比例、优惠券偏好等指标)将用户进行分层,将平台的营销费用更多地向新用户和对平台产生的高价值的用户倾斜,从而保证营销费用的使用效果,优化用户结构。

(二)建立完善的商户管理制度,明确商户应该承担的维护平台形象的责任和成本

经过多年运营的摸索,商城已经初步建立一套较为完善的商户管理制度,对商户的产品质量、客诉处理速度、物流反馈,与平台的配合度等指标的要求上做出了明确的规定,每个商户在上线天视商城前都需要交付一定量的保证金,用户处理运营过程中,如赔付、延迟结账、客户公关等紧急情况,合作商户也有责任和义务和平台一起维护好天视商城在用户心中的形象。

(三)集中平台资源,提升目标品类销量,获得议价权,压低成本

销量是平台和商户共同关注的重要指标,大屏电商甄选重点品类和单品进行培养,给予足够宣传资源进行曝光宣传,提升销量,从而获得更大的议价权,压低成本,保证主推商品的价格优势及一定的利润空间。

第四节　什么是好的商业模式

一、能为客户提供独特的价值

(一)特色的平台福利

由于本土化官方媒体的特殊身份,我们对服务的用户特点更加了解,平台自身也能结合当地的资源来为用户量身打造一些平台特色的福利。比如我们举办多年广受欢迎的"美食盛宴"活动,联合了百余家天津当地人气餐饮上线IPTV平台,通过用户账号中的津豆积分就可以免费兑换一次吃霸王餐的机会。而津豆积分是通过完成平台任务或购买商城产品以及增值服务获得的,这样一来平台就通过特色的平台福利带动了用户的活跃度,让平台具有了独特的价值。

(二)真诚用心地交流互动

大屏电商为了更加贴近用户的距离,了解用户的诉求,每天都会安排与用户交流互动的机会,如:每天上午1个小时的粉丝见面会,主播们在推荐商品的同时,也会给用户答疑解惑,耐心细致地回复每一位用户的问题。让用户感受到平台的人情味。我们还会定期在线下举办各种活动,如一年一届的融媒体粉丝节、冬季沙窝萝卜采摘活动、利民调料工业油等,和用户建立起深厚的感情基础,长期持续,真诚用心地交流互动,提升用户和平台的黏性。

(三)精选优质的商品

天视商城的选品定位坚持特色精选的路线,利用自身制作的优势,深挖产品的卖点,为大屏用户量身打造专属的购物视频。针对操作性的不足,加快新老产品的更迭速度,主动为用户提供灵活多变的商品选择,给用户一个天天来商城逛一逛的理由。

二、在用户心中占据独特的位置

(一)大屏专属地位,拥有不可夺取的用户资源

大屏电商拥有得天独厚的媒体地位,在大屏场景下具有明显的竞争优势,可以畅通无阻地触达到用户。

(二)官方媒体背书,拥有天然的信任堡垒

大屏电商依托于官方媒体背书,在用户认知中占据先天的信任优势,对用户的教育成本更低。推送内容的接受程度更高,也为我们进一步推荐相关商品打下了良好的基础。

(三)本地化内容深耕,更贴近用户生活

大屏电商主要服务本地用户,平台围绕的内容也是与本地用户的衣食住行息息相关。比如,《医生来了》就是根据用户关注的健康问题请到相关医生来介绍健康常识和预防办法,受到了观众的好评。而我们的商城专区则更是根据用户的习惯,增加了本土特色的沙窝萝卜、天津非遗盛斋元牛肉、本土知名品牌食品集团的相关产品,用户所见即所知,所知即所得,尽可能地贴近民生,解决用户最关心的问题和痛点。

三、商业案例分享——Costco火爆的秘密是什么

Costco(开市客)是一家超高效率的收费会员制连锁仓储超市。它从来不在媒体上做广告,也没有专门的媒体公关团队,却成为世界第二大零售商,第一是沃尔玛。而且要知道,Costco比沃尔玛晚出生20年,虽然销售额也仅是对方的零头,但它的客单价是沃尔玛的2倍以上。在2017年《财富》美国500强排行榜中,Costco名列第16位。它还是沃伦·巴菲特的

75

黄金搭档——芒格最想带进棺材的企业。小米CEO雷军曾说,是Costco,让他了解如何能够将高质量的产品卖得更便宜。

(一)Costco的4个特点

1.商品非常便宜

这也是它最大的特征,中国的Costco价格到底有多便宜:现烤鸡,37.9元一只;两瓶1.892升味全冷藏牛奶,32.9元;30枚草鸡蛋,25.9元;一盒28个小牛角面包,42.9元;5.73升洗衣液,特价111.90元;30毫升Chloe香水,399.9元,而丝芙兰天猫旗舰店卖660元;4瓶贝德玛卸妆水,449.9元,算下来112.5元/瓶,而天猫旗舰店单瓶168元。

2.包装非常大,专卖XXXXL号商品

Costco经常凭借超大号的商品,像杯子、玩偶等,刷爆外网。你可以在文稿里看到这些超大号的商品图片。比如,大袋的薯片与国内5千克大米的袋子一样大。巨大的一包牛肉大概是一整只牛腿的量。

3.品类少,不过也足够选择

基本上一个品类只能找到两到三款产品,但这些产品都是口碑超好的人气爆款。因此Costco即便品类不是很多,但销量依然非常不错。

4.会员服务堪称一流

比如它的退货政策,简直宽容到"令人发指"。不问原因和购买时间,你购买的任何商品都可以全额退款。曾经有一位外国网友,在Costco买了一棵圣诞树,过完圣诞之后,圣诞树死了,Costco二话没说,给退了款;甚至连咬过一口的饼干,也可以无理由退款。

(二)运营的5条关键秘诀

1.25%自营商品+75%品牌商品

Costco的商品中,有25%是自有品牌的商品(比如它著名的自有健康品牌科克兰Kirkland Signature),剩下的75%是其他品牌的商品。为什么这么分配呢?因为它要用25%的自营品牌,来倒逼其他75%的品牌降

价。Costco 有经营自己品牌的能力,因此它就有底气跟大品牌说:"你要是不降价,那我就用自己的品牌做了。"这就导致了大品牌愿意降价来给 Costco 供货,Costco 也因此能给用户提供比别的渠道便宜得多的商品。一开始,很多大品牌是不愿意和 Costco 合作的,因为它们其他的零售店要保留高利润。但是当 Costco 越做越大,越来越多的大品牌愿意来 Costco 了,比如劳力士,比如爱马仕。

2.Costco 一开始其实是面向中小企业的

很多人觉得 Costco 就像是沃尔玛旗下的山姆会员店,其实,Costco 一开始更像麦德龙。Costco 最初本来是打算做中小企业生意的,大包装仓储商品直接卖给企业,而不是卖给个人消费者。但是因为覆盖面太小,Costco 差点死掉。之后 Costco 才转型,决定面向个人消费者。

3.Costco 为什么非常重视肉类商品?

Costco 为什么非常重视肉类商品?因为肉是非常有黏性的。Jay B. Smith 告诉我们:消费者非常喜欢 Costco 的肉类,肉类商品会吸引消费者一而再、再而三地来 Costco 购买。不像可口可乐、薯片这种标准化商品,肉是非常差异化的商品,你在不同地方买到的肉,质量肯定是不一样的。你只要把肉类这种差异化的商品做到极好,就会积累消费者的信任,增加消费者的黏性。所以 Costco 非常重视肉类商品的质量。

4.Costco 为什么可以把东西卖这么便宜?

第一点,是因为它的包装很大。包装越大,就能卖得越便宜。

第二点,是因为它的品类很少。沃尔玛有 13 万(数据由 Costco 在 1 月份提供)SKU(品种),而 Costco 只有 4000 个。因为品类少,单个品类的销量就可以做到极高,Costco 就拥有了很强的与供应商议价的能力。

第三点,是因为它很多商品是自营,可以自己控价。比如,Costco 有自己的养鸡场,它砍掉了所有中间环节,最终一只能够喂饱全家的烤鸡,只卖 4.99 美元。一只烤鸡 4.99 美元,35 人民币,这在美国是极其便宜的。很多用户因为买到质量这么好的烤鸡,简直幸福感爆棚。

5.Costco最不愿意做的事情就是扩张

Costco每年在全球范围内只扩张25家门店,相对来说,扩张速度算是比较慢的。因为Costco最不愿意做的事情就是扩张。为什么啊？高管史密斯(Jay B.Smith)告诉我们:扩张,是最好的让客户失望的方法。扩张太快,非常带来用户体验的下降,这是我们最不愿意看到的事情。因此,对于扩张这件事,Costco一直是非常谨慎的。

第五章

大屏电商产品设计视角

第一节　电商新物种：大屏电商

一、现有电商桎梏

（一）用户流动率高

电商时代，流量为王，有流量才会有转化。正是因为如此，电商才会对流量如此地痴迷，才会把流量当成是生命线。无论是对于传统电商而言，还是对于新电商来说，无论是从商业模式的打造上，还是从生态体系的构建上，流量始终都扮演着相当重要的功能和作用，流量始终都是它们赖以生存、发展的不二法则。但即使有了流量，仍会面临着缺少核心竞争力，难以留住用户的问题。

（二）本地化服务缺失

现有电商多存在生活服务缺失现象，即使是如美团之类的头部O2O平台，提供的依旧是广撒网式的本地服务，缺少主攻餐饮、文化旅游和生活服务方向的本土化团队。

二、大屏电商产品机遇

（一）家庭智慧视听场景延伸

IPTV拥有百万级用户流量红利，用户忠诚度高，作为家庭智慧视听平台，本身具有丰富的内容，有别于现有短视频电商模式，IPTV可以通过制作精良的沙发沉浸式的长视频抢占用户注意力留存时间，将流量转化成收益，切切实实地让内容与电商形成商业上的闭环。

（二）本地化服务丰富

艾媒咨询数据显示，截至2021年上半年，国内本地生活服务市场渗透率仅为12.7%。进入本地生活的玩家有不少，但是真正能把这项业务做起来的并不多。

IPTV作为本地主流媒体，可以依托主流传播渠道本地化、区域化的优势，充分挖掘本地化价值，内容多元化，主动变重，连接各方资源，通过内容下沉、运营下沉、数据下沉、产品下沉、用户下沉，打造本土生态，构建差异化核心竞争力，树立良好的质量口碑，整合线上线下资源，开发全新的家庭服务产业链，构建起连接人与服务的商业生态。通过为用户提供相关产品、便捷服务，获得商品交易分成。如，与汽车媒体、本地4S店共同打造车主权益，在购车、养车、用车等方面为用户提供便捷和实惠。通过打造电商盈利模式，在模式运营成熟的基础上，依托IPTV流量价值和家庭消费场景，在短时间内将本地服务触及大量家庭用户，快速聚集目标群体，攻占消费者心智，进而吸引更多商业和品牌关注，有更多B端变现的可能。

三、大屏电商产品破局瓶颈

在工业设计领域，主张设计不应只是花瓶，应该做到好看又实用，这句话同样适用于大屏产品设计。无论是建筑大师路德维希·密斯·凡德罗提出的less is more,又或是工业设计之父——迪特·拉姆斯提出的less but better,无不说明一个观念——产品功能丰富很吸引人,但复杂的产品需要考虑的场景过多,用户很难找到自己真正需要的功能,学习成本过高,只能服务于少数专家用户。一个产品附带的复杂说明书,大多数用户都不会去精读;为产品设计一个互动向导,又可能会给用户造成被牵着鼻子走的不使用感。小米之家售卖互联网产品附带说明书多是简单一张纸,扫码下载App,连接Wi-Fi即可使用,对于传统产品是降维打击——就像现今傻瓜修图的美图秀秀市场占有率远高于功能丰富的Photoshop。

主流用户群体不会去研究所有功能,使用产品的目的就是完成某个任务,打开电视机就是为了看电视解闷,用户不会去研究电视怎么装App,就如同专家用户手机到手会首先设置自己的偏好设置,而主流用户的需求只是能用微信。

依然拿实物产品举例,简单并不意味着简陋或不注重装饰——装饰应该紧密贴近设计本身,剔除无关要素,回归产品。于大屏电商产品而言,则是回归用户的任务:购物。大屏电商产品在设计中主要存在以下三点限制:

(一)黏性机制

互联网产品用户黏性与留存(活跃度)的重要性已尽人皆知,电商产品更是不言而喻。电商运营,离不开用户需求,用户需求自然不同,运营策略也随之存在差异。用户的需求大致可分为三类:

(1)不可激发的需求:用户暂时无需求,只有在产生需求时才会使用产品。该类产品典型为京东,提供了详细的商品品类目录,能为有明确需求的用户提供丰富选择,用户产生需求的时间点根据所需商品周期而定,比较难控制——需要提供核心资源如某老字号酱牛肉,不在本章论述范围。

(2)可激发的需求:用户本身并无此类需求或需求度不高,但是通过一些运营手段便可激发出来,这一类产品的运营手段较多,范围也广。其

81

中最典型的就是淘宝,淘宝在早期和京东运营策略类似,在更多平台入局后电商竞争愈发激烈,淘宝主动求变提供了主动的推送推荐机制,通过算法参考用户的搜索历史、商品查看历史,在 App 首页为用户推送大量内容,几乎每天都给你一个花钱的理由,大力营销促进用户购买欲。

(3)无需激发的需求:大多为生活服务类的刚需且高频的需求。不用太多激发,用户会自发甚至主动寻找相关产品。如:外卖类、社交类、娱乐类(视频/新闻资讯)等。

IPTV 本身具有很大的用户基础流量,在电商拉新过程中,如果运营推广人员缺乏目标用户群的洞察甄别,在拉新活动后通常都会出现"拉新断崖"——搞个拉新活动,本身效果流量其实还不错,但是真正主动复购、成为核心用户的群体,往往是一片惨淡,呈断崖式下跌。其实原因很简单,由拉新促活"拉回来"的用户,往往还是没有需求的用户,这类用户可以说是真正的"看完即走,薅了就跑"。

因此,做电商类产品,要想在面对同质化越来越多、竞争愈发激烈的移动互联网上有一席之地,用户黏性是需要首先攻占的一点。

(二)交互操作

有别于其他互联网产品设计,基于电视机的界面一般被称作"十英尺界面"或者"3 米界面",即用户同机顶盒间的交互,是通过遥控器来进行的,用户一般是坐在屋子里,手持遥控器来操作电视,在系统导航和操作控制中,上述这些情况都是有效进行信息显示设计的难点和约束:

(1)遥控器按钮繁多,学习成本极高。如构建一套传统家庭娱乐系统,用户需要了解系统的拓扑之外,看电影这一行为可能需要三到四个遥控器完成:打开电视、打开播放机、电视输入源选择为播放机、打开有源音箱……过于复杂的功能只会让用户尤其是老年用户望而生畏,现在的新影音系统遥控器则采用了不同的方式:同一生态下仅需一个遥控器,按键精简围绕着用户活动来组织控制,看电影只需按下"看电影"一个键则对相应设备发出指令,这种方式虽然使开发过程变得复杂,但如果设计得

当,对用户显然就是成功的;

(2)交互受限只能通过四向键上下左右多次移动焦点到指定内容,无疑增加了用户的行为路径。用户打开电视多属于无目的性的解闷行为,即可激发的需求,试想我们用户群体:早上送走孩子准备中午饭的半小时空隙看电视解闷,当用户前往直播频道的过程中注意到了运营人员在精心布置的推荐位,却因为交互困难放弃,或是因为需要多次移动焦点,过程中干扰:其他推荐内容、孩子哭闹、手机信息等,造成了注意力的转移。

(三)场景限制

在大屏上做电商产品,容易受到各种场景的限制,如家庭观影场景如何在不打扰用户收视的情况推送商品;通过精妙的运营策略刺激用户复购时,用户需要处在有机顶盒的家庭环境才能完成下单;口碑传播的新用户下单前提需要有一台IPTV机顶盒……亟须将大屏各场景做到互联互通,产品也不应仅限于大屏场景。

第二节　天视商城前端:沉浸式场景

一、购物专区宜人化设计

(一)购物场景化

大屏电商产品不应盲目模仿主流短视频电商模式,避免同质化,需要扬长避短,充分利用IPTV本身的家庭场景优势,用户消遣溜台的行为,本质与短视频推送机制类似,不感兴趣的节目跳过即可。IPTV通过自身的强大制作能力,打造丰富的沉浸式长视频资源,如美食、家装节目,通过营造场景,调动用户对产品的强烈需求,从节目到购物,从广告到消费,依托视听优势,利用用户收视消遣空档巧妙推送消费场景完成转化。

　　再丰富的商品品类,再大的推荐位广告,再频繁的外呼,只会让用户渐渐无感,甚至感到对硬广不适,高级的运营玩法应该是通过场景调动用户情绪:先了解用户基本需求,产品品类特点,再针对性通过场景给用户种草,让用户自我说服,提高产品的购买转化。

　　用户打开电视切换到美食节目,证明该用户此时对美食有兴趣,节目里的食物非常诱人,能够勾起用户的食欲,此时在屏幕边缘弹出弹窗"按OK键即可了解更多",进而打开详情页完成下单,这其实就是营造一种场景,来唤起用户的需求,让用户感到自己在掌控一切,不会像铺天盖地的广告那样抵触,应该放大这种感受,让用户自信做出了正确的选择。

(二)操作人性化

　　产品的设计应基于十英尺界面原理,因为用户是在比较远的距离观看,因此都要尽量考虑实际场景:

　　(1)字体:使用较大的字号。标准的小字体字号为14sp,在720p上大约为19px,在1080p的屏幕上相当于28点的字号,避免纤细字体或者有过宽、过窄笔画的字体。使用简单无衬线字体并选用抗锯齿功能来增加易读性,标题加粗,其余选择常规字体,深色背景上的浅色文字比在浅色背景上的深色文字更容易阅读。

　　(2)布局:基本原则"清晰、简单、直观",布局设计需要简单和清晰,信息密度低,限制屏幕上的设计元素或UI组件(菜单、按钮、图像)的数量,并确保这些元素足够大且间距足够,以便于从远处浏览。不建议使用长文本,用户不会阅读,可以选择把文字通过截断的方式隐藏起来,点击查看更多,固定操作按钮的位置,或者选择吸底的方式露出必要的操作区域。

　　(3)焦点:大屏界面一个至关重要的元素,没有触摸和鼠标,用户必须移动焦点到他们想要选择的元素上。焦点的设计不能是扁平的,因为那样不能够提醒用户焦点状态的位置,焦点的设计应该是放大的、夸张的、可以带边框,投影外发光、z轴或几种混合来呈现选中状态,确保能够给用户足够的清晰位置。应用程序中常用的状态(包括纵向导航器、横向列表导航),选择及焦点和选中,这些状态中,尽可能地做到足够的突出明显,且要在应用中保持统一。

(4)导航:导航遵循十字交互规则,导航规则需简单易用,选用常见的横向导航栏、纵向导航栏,导航上需清楚指明用户应如何在应用的用户界面中进行移动。用户应立即看到清晰的上下和左右方向,且每个可操作的屏幕元素都可以使用方向键进行访问。因为 TV 是通过移动焦点来进行选择和操作,因此在状态上比常规会多一个次焦点状态,也就是焦点移动到空间上但未按下 OK 键的状态,在电商产品中常用在商品分类导航,在电商产品中建议取消次焦点设计:焦点在分类导航上移动时,内容也要跟着滚动,减少确认操作。同时在长列表页需要设计返回机制,按下返回键使焦点能够快速回到导航位置。

(三)路径精简化

用户要在复杂的场景观看电视,大屏电商产品的操作体验应该简单到不受干扰影响,能够在人们被打断的间隙中生存,产品设计应明确专注于让用户快速完成下单转化。以拼多多举例:没有购物车,商品详情页拼购倒计时,有效缩短用户思考时间,简化了下单路径。当用户坐在电视机前,他们不想做额外的工作,需要提供足够简单的体验:用户看到推荐位显示酱牛肉正在满减活动,根据图片提示按下呼号 8888 直接进入酱牛肉详情页,点击下单,微信扫码完成支付——尽量简化层级结构,避免过深层级的进入和操作,用户在体验时不容易迷失当前位置,在遥控器操作上也会方便很多,建议不超过 4 个层级(因为人们看电视时比使用计算机、平板电脑或手机时更为放松)。

(四)寻找收视与购物的平衡点

播控中的广告与弹窗需要考虑使用场景采用不同策略,在不影响用户收视体验的前提下尽量做到立体全覆盖:

（1）专注场景：观看球赛即将进球时屏幕中央弹出广告会极大降低收视体验，甚至造成投诉，应尽量在屏幕边缘展现，用户互动后展开或跳转相关详情页或结合特定节目内容在特定时间展现。

（2）非专注场景：在用户主动结束收视行为如暂停、退出时，可以使用大尺寸图片、视频的形式霸占画面中心，为刚刚结束收视任务暂无目的的用户提供沉浸式内容。

设计广告与弹窗时跳转机制是必需的，应当提供明显但不影响广告内容的提示，引导用户按下对应跳转键从视听场景跳至消费场景。

引导至消费场景后应专注让用户快速完成下单，将一些必要但不紧急的动作后置，尽量减少漏斗路径：如在用户点击下单有明确下单意向后才提示需要登录及收入收货地址。

二、丰富机制确保用户黏性

（一）互动让用户上瘾

互联网时代人们都会查价格，做电商不能靠一味地去压低标品利润甚至补贴留住用户，需要理解用户情感需求（解闷）设计巧妙的机制——如看直播砸金蛋，用户收视过程中随机在播控右上角提示有金蛋可砸，只需要轻点ok键就能收到可以在下单时抵扣现金的红包。

尼尔·埃亚尔与瑞安·胡佛指出，上瘾行为遵循B=MAT模型：行为（Behavior）=动机（Motivation）+能力（Ability）+触发器（Trigger）。在一次砸金蛋行为中，用户消遣解闷为动机，屏幕中出现的跳动金蛋图标为触发，按OK键操作足够简单降低学习成本，完成了用户上瘾的驱动。金蛋金额可累计，在沉没成本的驱使下，有效起到了商城拉新及促复购作用，将单向看直播变成主动互动。

（二）积分不脱离用户主流行为（津豆）

用户在IPTV平台完成大多数关键动作如收视节目、节目包订购都会积累津豆,津豆作为平台的积分体系,本质上是忠诚计划,可以将用户的收视行为沉淀,进而提升用户忠诚度、增加用户黏性,促成更多价值变现。津豆商城可供兑换的礼品包含实物商品及天视商城优惠券。锚定效应指出,人们在对某人某事做出判断时,易受第一印象或第一信息支配。通过控制优惠券的价值高于实物商品,引导用户兑换优惠券,完成转化,通过控制商品价格及优惠券面额,可以有效提高订单实付比。

(三)在关键节点发通知

与用户发生连接主要有3种形式:

(1)平台内被动展示:通过优化用户资产展现位置,提高用户对自有资产(优惠券、津豆、金蛋)的感知度。

(2)平台内主动推送:同时在用户资产达到一定金额时,在不打扰用户收视的非播控界面弹出非模态弹窗,如提示用户"您有1 000津豆可供兑换一瓶酱油",实物相较积分更易让用户了解价值。

(3)平台外:引导用户关注公众号、加入企业微信私域群,定期推送商城商品。

此外,在刺激用户完成下单后,应当在下单支付完成界面为刚完成下单任务正处于迷茫期的用户提供多个明确选项:其他人都在买(商品推荐位)、下单获得津豆(跳转至津豆商城),继续浏览商城(商城首页),多单有礼(复购任务),为用户下次复购蓄能。

第三节　天视商城后台:精细化管理

商城前台设计精妙,促成了用户首次下单,但运营工作还没有结束,下单之后的服务全靠后台系统进行支撑。后台产品设计需要把业务中每一部分的步骤进行细致梳理,设计中要保持业务和系统相互支持性和协调性,从而实现业务支撑。

一、各模块独立管理，又互联互通

(一)天视商城后台模块架构

(1)系统管理：包含菜单管理、发货设置、推送设置等，是整个系统的最基本功能。

(2)账号管理：用于管理相关操作人员账号权限。

(3)商品管理：商品维护、商户管理、品类管理等。主要用于维护商品的基本信息，以及日常上架、下架等数据。

(4)搜索管理：纠错词、敏感词、搜索跳转、搜索词统计、权重设计等。主要负责搜索功能控制和统计关键字流量信息。

(5)运营管理：日常活动运营、商品活动运营、裂变等专题页灵活创建。不论是日常活动还是商品活动都包含多种营销玩法，对电商来讲无疑是最重要的功能模块。

(6)订单管理：完整记录订单信息、提供订单分析能力。是衡量整个业务收入的指标。

(7)售后管理：订单审核、工单管理。主要用来处理客户订单反馈问题、订单赔偿申请，是企业与用户沟通的桥梁。

(8)商户管理：商户基本信息、商户合同。主要用来管理商户的入驻、基本信息维护。

(9)财务管理：订单核销、采购核销等。凡是涉及账款、现金、票据的功能，都需要经过财务核算。

(10)用户分析：对用户历史消费行为进行分析、打标签便于运营、路径行为分析等，用户是长期运营的关键，同时涉及大量敏感信息，天视商城将用户数据分析独立为一个新的系统，只有有权限的才能访问。

(二)模块独立存在

各模块设计中需要围绕运营人员实际需求，设计独立的展示页，各模块是不同的筛选分析维度,进而有效避免表头过长,将操作人员注意力更专注于当前任务。如,结算管理更关注每个订单的结算状态,而不关注用户信息;订单管理则无需关注结算状态。独立的模块设计能极大提升操作团队工作效率。

(三)模块间互联互通

订单,在整个后台系统中起到一个非常关键的桥梁作用,它将整个系统中各个独立的模块关联了起来,串联形成了一个完整的电商业务线,如果说模块间相对独立是为了专注当前任务,提高工作效率,模块间的互联互通则是提供了立体的分析架构,能够结合多维度快速洞察数据异常,进而优化运营策略。如售后系统若仅关注某一订单存在物流异常,告知用户进行退款,则可能忽视该用户最近十条订单都是物流异常,造成用户连续收到十次退款电话,体验差甚至用户流失。通过各模块直接相互联动,能够及时对该用户致以歉意及补偿。

二、自动化维护

如运营计划每月为实付高于客单价且下单次数大于十次的高价值用户发放优惠券,只需通过在系统中设定周期30天、奖励发放优惠券发放次数1次,在该周期内用户只要满足条件即可自动发放优惠券。

自动化的维护运用在触发性行为中,既满足了及时性的需求,又可以减少人力中重复性操作的部分,省去人为周期性分析总结,然后手动通知和发放的流程,提升了工作效率,还能将错误率降至零。实现自动化后能获得最显著的效果是可以淘汰任务,将之从工作流程中移除,让操作人员可以转移到更有价值的事务中。

三、给运营留足空间

电商产品中,营销与商品同等重要,本节不再枚举主流繁多的营销手段,主要关注营销工具三项注意要点:

(一)配置项详细

产品设计时应充分考虑到主流全部的使用场景,提供详细配置选项,如优惠券需要考虑发放方式、发放时间、发放人群、优惠券类型、面值、有效期、可用商品等,通过丰富功能颗粒度,去满足运营人员更多的使用场景。

(二)可预约

诸如满减专区之类的活动需要能够定时上下架,降低运营人员值守维护成本。

(三)可修正

活动进行中应在保证不破坏整体数据的前提下尽可能支持实时修改活动配置,满足运营人员灵活运营需要。

四、数据分析

(一)支持运营策略

根据运营需要将后台相关数据构造一套完整的数据分析模型,为运营工作给出有效数据支撑,同时也便于及时洞悉现有业务模式和系统漏洞进行策略调整。

(二)推进前台优化

后台与前台是相辅相成的。通过在各关键路径埋点,通过监测流量来源进行漏斗分析,能够及时发现前台设计的不足之处,进而推进前台优化。

第四节 小屏:补齐大屏电商短板

一、补足场景局限

(一)家庭到个人

大屏作为家庭场景,通常会有多个使用者,不利于商品精准推送,用户间也难以管理自己的订单;手机则多为个人使用,通过甄别手机号及微信号,可以在小程序针对用户购买习惯推荐相关商品,私域管理也更为便捷;同时小屏的引入亦可满足无机顶盒用户使用的需求。

(二)客厅到室外

CSM2021年第一季度数据显示,全国电视收视市场中平均每人每天收看电视128分钟,即每人每天仅两小时。如何增加用户使用时长,提高用户侧的展现机会,有必要将电商产品延伸至小屏,实现从客厅场景向室外场景的延伸。

(三)大小屏联动

用户在收视过程中砸蛋,可能会因为节目进行至关键节点,造成遗忘使用红包,产生的消费冲动会随时间拉长而降低。通过砸蛋后屏幕边缘弹窗需要手机扫码领取的形式,既保证了不中断用户当前收视主进程,又实现了在手机浏览天视商城,进而完成下单。

二、补足互动局限

（一）操作便捷

传统电视用户与电视机之间只能通过四向键及数字键完成交互，在手机号登录、输入收货地址等复杂输入场景难免捉襟见肘，与其专注于优化大屏，可以采用引入小屏补足交互短板：

（1）大屏快捷登录：通过微信扫码拉起运营商授权手机号一键登录，缩减了用户操作步骤的同时亦能建立用户手机信息与机顶盒间的联系，便于后续运营。

（2）将手机延伸为第二个遥控器，实现多屏互动：在大屏下单界面收货地址、搜索商品等复杂输入场景可以通过手机快速填写；同时可根据运营策略提供灵活的按钮或推荐位，如手机遥控器内提供天视商城按钮，点击后大屏直接跳转，点击酱牛肉推荐位，大屏直接跳转酱牛肉详情页。

（3）语音控制：受制于机顶盒性能及更换成本，语音控制难以推进，通过手机可以实现语音控制"打开天视商城今日满减"，进一步降低用户学习成本；同时语音控制可通过声纹区分不同用户，反馈给大屏进行精准推送。

（二）互动自然

分享功能可以说是所有产品必备的一个基础功能，每一次分享都是一次价值的传递，对用户而言，分享是用户刚性需求（看到一个好的商品，一次拼团，希望分享到自己的圈子进行传播，让被分享者购买到同样优质的商品，或许是大多数用户发起分享的初衷）；对平台而言，分享是一种站外传播的有效手段，用户通过分享功能能带来更多的回流用户。其中带来的新用户是自然新增的重要组成部分。

在分析分享功能链路过程中，大屏折射出了很多问题：作为家庭场景难以区分用户个体；大屏端页面内元素应尽量精简，过多的元素会造成注意力分散且元素过小,需要多次移动焦点等,通过引入小屏,用户在手机上可以轻点分享按钮拉起微信,完成分享行为。

小屏端的分享高级玩法可以延伸至拼团、裂变,通过提供足够大的奖励诱饵,借助小屏分享足够简单的操作,达到病毒式传播效果。

第五节　数据分析:运营优化与产品迭代

一、定位:从运营中来,到运营中去

数据分析在各行各业的重要性不言而喻,离开数据支撑,分析只能凭借直觉,太过苍白无力——数据不会被观点打败,数据只能被数据打败。在电商运营中,数据从运营中来,通过一系列的数据沉淀、处理和分析找出机会点做决策再回到运营中去,借以提升用户使用体验,带动订单增长,此即数据驱动业务。

二、方法论:有原则指导,也有具体分析

对于数据分析来说,往往关心的并不是最底层一行一行的明细数据,更注重分析数据的角度,关心的是数据的总体特征。

(一)从抽象到具体回到抽象

一次完整的分析首先需要梳理清楚分析的初衷,将抽象问题拆解成多个问题,延伸到详细的业务数据指标,最终将延伸分析收束,回答最终的问题,并输出数据分析建议。

(二)范式模板和具体问题挖掘结合

数据分析中不应想到什么是什么,需要将问题以一定模板思路拆解到对应业务数据指标,如GMV可以拆解为新客GMV加老客GMV,或者拆

解成成交用户数乘以客单价,新客GMV又可以基于不同渠道来源拆分成广告、直播等,具体的拆解方式需要根据具体问题来进行。

三、呈现:价值信息高效传递

(一)视觉化呈现

尽可能通过可视化的图表去呈现数据,可以使听众直观找出机会点或者异常。

(二)结论化呈现

数据分析信息量很大,但呈现不应简单地罗列数据,需要适当删减一部分明细指标,把整体数据与明细数据区分开,变描述为分析,给出明确结论:数据是否有问题、反映了什么问题。

(三)实操性指导

分析结论应提出切实可行的解决方案,具有可实操性,以数据驱动决策,帮助运营人员用最客观的方式将资源投到最有价值的事情上,指导后续运营。

第六章

促销:给用户多一点理由

第一节 认识促销

在零售环境中,促销作为一种营销职能发挥着越来越重要的作用。消费者无论去超市、商场购物,还是打开电脑、打开邮件,各种各样促销信息扑面而来,促销无处不在。同时,促销方式也变化多端,同一种产品今天价格促销,过一段时间可能会变成赠品促销。促销作为企业吸引顾客、刺激购买的有效工具,是如何对消费者发挥作用的,不同促销方式对消费者的选择偏好和购买意愿会产生什么影响,这就需要对相关促销理论进行深入研究和探索。

促销是一种营销者提供的外部刺激,消费者受到营销刺激后,对刺激进行评价和选择,最终产生购买行为。促销可以减少消费者购物花费,使消费者获得享乐型和实用型收益促进重复购买;促销也可以使消费者偏离购买目标,吸引消费者产生冲动性购买也有利于零售商促进成熟品牌的销售,推出新产品,提升产品知名度,完成销售目标,促销作为一种营销工具深受零售商和消费者喜爱。

促销(promotion)起源于拉丁语,原意是"前进"的意思。促销有广义和狭义之分,广义促销指促销组合,如广告、销售促进、人员推销、公共关系等;狭义促销指销售促进。促销兴起于20世纪60年代,到80年代时促销有了进一步发展,如今促销已成为企业最主要的营销工具之一。不少学者根据自己对于促销本质的理解,纷纷给出了自己的定义。具体如表6-1所示:

表6-1　学者们对于促销概念的代表性定义[①]

学者	年份	定义
Daviset al.	1971	对消费者购买行动的短期诱导
Haugh	1983	是一种对销售人员、渠道商、顾客提供的额外价值或激励,目的是产生产品购买,创造及时销售
Blattberg & Neslin	1990	促销是聚焦于行动的营销活动,其目的是影响消费者购物行为,增加销量
Shimp	2000	是一种营销刺激,被制造商或零售商使用以激发消费者做出期望的购买行为,这些刺激可以暂时性地改变该品牌的感知价格或价值
柯明斯	2003	促销是在战略框架内设计的一系列战术性营销技术,为产品或服务增加价值,目的是达到特定的销售和营销目标
韩睿	2005	是一种营销手段,通过提供短期诱因增加销售
郝辽钢	2008	是指企业通过提供各种短期性的刺激,直接影响消费者对产品或服务的价值感知和购买行为,从而促使消费者做出即时购买行动的一种营销活动
Belch et al.	2011	提供超过某种产品原有利益的额外诱因,使他人购买该项产品的活动
Kotler et al.	2015	是一种短期性的营销工具,通过对消费者刺激而使其对特定的产品或服务产生购买或增加购买动机

第二节　促销的设计

促销策略(promotion tactics)是一种促进商品销售的谋略和方法。有各种不同形式,如按照顾客在购买活动中心理状态的变化,适时展示商品以刺激顾客的购买欲望。

---

① 郝辽钢:《消费者对促销的反应及促销效果研究》,西南交通大学,2008博士学位论文。

一、促销形式分类

(一)单品促销

对于单品促销,本节给予其定义:以单品为最小颗粒度,活动商品不与其他商品共同享受优惠的促销形式。单品促销活动,其本质就是资源的聚焦,集中精力、人力、财力形成强大的冲击力突破一点,使促销对象没得选择,聚焦于某一点,引起冲动性的购买欲望,从而达到促销效果。单品促销主要有6种类型:普通直降、限时优惠、预售、打折、团购、砍价。单品促销源自线下,但在线上、电视商城能够更容易发挥其威力,真正的单品促销不是简单地做特价推广,而是对该单品包装销售,提炼亮点、打造概念,并将客户引导到这个专门的单品促销页面,促进其产生购买行为。单品促销主要有以下3个作用:

(1)迅速提升该单品的销售转化率。

(2)带动其他产品的销售,提升整体销售额。

(3)增加商城人气,提高商城品牌知名度。

(二)专区促销

专区促销通常以某个特定热点事件或产品为噱头,基于天视商城自身及广告图片,通过精美的图片、经典道白等形式吸引访问者,试图引起用户的共鸣。点击专区后可以看到几十个甚至上百个商品,具有提高浏览和激发购买的重要功能。专区有多种类型,包括价格促销、清仓甩卖、季节甩卖、买 X 赠 Y、特色商品和特定目的,可以在如下场合使用专区:

(1)作为滚动促销和日常促销的展示方式。促销不仅能吸引现有来访者的点击,增加专区内商品浏览次数和商城整体的流量,吸引更多的访问者。

(2)重大节日的促销和提示购买。如春节、情人节。

(3)利用畅销商品带动相关商品销售。专区不仅包含有绝对吸引力的畅销商品,还应包含相关的周边商品,能够增加一系列商品的浏览和销售。

(三)全场促销

从运营上来说,全场促销是主体性营销,基于主题进行全场满减或者进行全场优惠券的发放,其特点就是在短期内吸引消费者大量买进商品,以促使销售额快速增长的目的。从价格定位上,可以利用价格的"杠杆"作用,爆破(或牺牲)某个或某些产品,从而带动整个产品线的销售。从产品定位上,可以让销售规模分摊成本(费用),销售结构决定效益(毛利)。

二、促销的工具

(一)优惠券促销

优惠券作为促销的常用方式之一,其优势在于发放渠道多样且不会改变消费者对产品原有售价的认知,即参考价格。这是由于比起直接进行折扣促销,发放优惠券是一种只有获取到该优惠券并使用的消费者才会享受价格优惠的促销方式,具有一定的资源稀缺性,未获取到优惠券的消费者只能依照原价购入,而折扣促销是一种降低既定售价的、所有消费者均可受益的减价手段。因此发放优惠券可谓是一举两得的效果,既能体现促销活动的价值,又不会压低自身参考价格。

一般情况下,优惠券的折扣金额愈大,就意味着消费者可以以更少的花销购入产品,消费者对优惠券的价值感知就会显著提升,那么也就会提升其对用券产品的购买意愿。但实际情况中,折扣力度并非唯一影响消费者使用优惠券购物的因素,有学者指出,消费者使用优惠券意愿的影响因素不仅仅是用券后价格上的降低幅度,操作流程的简单性、使用过程的愉悦性以及消费者个体特征都会对使用优惠券的意愿有显著影响。同时有学者发现,优惠券使用意愿会受到消费者在购物平台中的历史行为影响,给浏览过商品详情页的用户发放该商品优惠券能够显著提升消费者购买意愿。学者们比较了优惠券促销设计对消费者价格感知的影响,研究发现对于新推出的低端产品而言,比例折扣效果更佳,而高端产品则是金额折扣效果更佳;对于现有的高端产品而言,金额折扣效果更佳,而低端产品则均可。

相较于直接发放优惠券,商城通过签到发放优惠券会显著提升消费者的感知价值和预期后悔,进而提高消费者的购买意愿。当优惠券发放方式为直接发放时,由于消费者获取优惠券的努力程度不高,且非常容易获得,故对于优惠券的感知价值也较低,如果不使用优惠券购买也不会有很强的预期后悔心理,进而对购买意愿的驱动也较弱;而当优惠券发放方式为签到发放时,由于消费者获取优惠券的努力程度较高,是通过自身的付出才换来的,故对于优惠券的感知价值明显会更高,也更容易对放弃优惠券的使用机会产生预期后悔心理,进而对购买意愿的提升更加强烈。

直接发放的优惠券若适用于实用品购买,消费者会具有更高的感知价值;而签到发放的优惠券不论适用于实用品还是享乐品购买,消费者都会有较高的感知价值。当优惠券发放方式为直接发放时,由于实用品作为能够满足人们日常基本生活需要的产品,具有重要的功能价值来帮消费者达成某种目的,而享乐品提供的是精神上的无形收益,且购买享乐品会产生负罪感,因此会令消费者对实用品优惠券的感知价值更高。但当优惠券发放方式为签到发放时,消费者对于两种产品类型的优惠券之间无显著感知价值差异。由于消费者前期的签到行为投入了大量时间精力,优惠券的获得令消费者更有参与及奖励感,因此也就会对使用优惠券购买享乐品的负罪感抵消或极大程度上削弱,进而对可购买实用品和享乐品的两种优惠券之间并无显著的感知价值差异。

(二)满减促销

作为促销的衍生概念,满减促销的目的同样是诱发消费者的获利心理,以求消费者产生增加即时购买的主动行为。满减促销是应用于在网络营销环境下的特殊促销形式,国外相关研究中与满减促销最为接近的概念是附加赠送。附加赠送体现的是产品的变化而非突出货币价值,因此附加赠送不会像价格折扣一样降低消费者的内部参考价格。正式提出附加赠送式促销理念的研究者将其定义为商家通常在普通价格的基础上为消费者提供额外数量的产品来进行促销的方式。与附加赠送理念相同的是,满减促销的重点也是强调产品形式的变化同时弱化货币价值。国内学者将满减促销和满送促销赋予了同一种定义:"在促销活动中,顾客消费满足一定金额后返给顾客一定的现金、礼品、代金券或商品赠送等方式,来促进消费者购买行为,以达到快速销售的目的。"

就促销诱因类型而言,满减促销属于"降低成本型"促销,就诱因获得时机而言,满减促销属于"即时获得型"促销。而且受制于某些条件的限制,满减促销与以往的打折和减价有着较大的区别。作为一种在网络环境下尤为合适的促销方式,尽管满减促销试图弱化货币价值为消费者带来的内部参考价格降低而减少的价值感知,但由于线上平台呈现给消费者的信息有限性以及同类信息易获性(不同卖方提供的信息),消费者最后还是容易陷入金额计算之中。因此,满减促销可以定义为由商家发起的,为刺激消费者获利心理,顾客消费满足一定金额后(单品或全场),在原价基础上降低价格或者将降低的成本以其他产品或服务呈现给消费者的一种促销形式。

(三)红包

红包发放是指电商在购物节期间特定的时间点通过网络平台、商城发放红包,以此来刺激消费者参与的促销活动。消费者可以把购物需要花费的金额直接用红包抵减,这对于消费者来说是一种实实在在的价格优惠。

红包在不同的场景中使用方法也不一样,大致可分为3种类型:

1.新客获取

一般来说新平台、新商城都会给予顾客一种吸引力,人类的好奇心往往都是很强的，不管是否有购物需求，都会进入商城看看，此时未成交并不代表之后不会成交，进店领好礼（红包）是为了让每一个进店的顾客增加对商城的印象，形成一个记忆点，如果下次需要并且正好有红包，就会成为成交顾客。

2.激活沉睡会员

当商城运营一段时间之后，会有一定的老客户存量，也会有部分老顾客就此沉睡，或者流失成为其他商城的顾客，这个时候就可以开展红包促销活动，给历时一个月未消费的顾客批量送红包，可能会再次拉来一部分即将流失的顾客，或者激活一些已经沉睡的顾客。

3.拉人享优惠

当商城有了老客户存量，并且都已经在商城购买过商品，则这部分顾客已经解决了初步的信任问题，此时可以策划一些老带新的活动，开展奖励一定金额现金红包等活动。

三、促销策略的确定

确认促销策略，首先是要了解国际上普遍认同的4P营销理论中的4种分类。所谓4P营销理论指的是4种基本策略的组合，即产品（Product）、价格（Price）、渠道（Place）、营销（Promotion）。4P营销策略自提出以来，对市场营销理论和实践产生了深刻的影响。至于后来的4C和4R等都是概念的演绎，对企业最有用的还是这4个P。

4P的本质是4个营销决策，首先要根据自己的实际情况和优势选择一个适合自己的营销决策。

（一）以产品为核心的营销策略模式

4P的第一个P是产品，品牌的定位的核心落地载体是产品，产品是品牌定位消费者最直接、最直观的体验对象，产品策略首先是产品结构，也就是如何设计品牌的产品业务组合，这个业务组合至少要做到以下3条：

(1)最能强化及传达品牌定位的(与品牌定位不符合的需要砍掉)。

(2)对消费者具有强大购买理由的。

(3)最容易相对于竞争对手取得优势的。

符合以上3条的产品就应该保留下来,加入业务组合中,不符合以上3条的产品就应该剔除,把有限的资源投入最能够凸显品牌定位及积累品牌资产的产品上;投入最能够在市场上攻城略地,赢得消费者的产品上;投入最能够建立及积累自身优势的产品上。

以产品为核心进行营销策略组合,要能满足市场需求变化。这种营销模式的特点就是要求产品更新速度快、销售渠道响应速度快,新产品推出后,旧产品立即跟进降价。此类企业营销费用大多用于新产品推广,而不是渠道和包装等。

以产品为核心的营销模式,最能让大众感同身受的产品莫过于智能手机,智能手机各品牌间竞争激烈,产品更新速度更是令人瞠目结舌。大多数人都能体会到,今天刚买了一部新款手机,也许在下个月,就会有别的新款手机推出了。近两年,以产品为核心的竞争模式中,最引人注目的当数小米手机的“饥饿营销”。小米手机借助互联网的传播速度和爆发力,迅速建立起自己的品牌。

(二)以价格为核心的营销策略模式

4P的第二个P是定价策略,价格问题也是个核心的运营配称落地问题。价格不仅是对消费者核心购买驱动的研究,还有品牌价值的塑造,和营销体系的整体利益链条设计。

与产品配称策略相同,价格配称策略也是要品牌定位一脉相承,价格能促进消费者购买决策,并且从长远而言在竞争中取得竞争优势。

价格是品牌利润结构的顶层设计,因为价格设计决定利益分配,决定了有多少利益可以分配,以及如何分配。

价格定位是营销最重要的核心之一,影响价格最大的因素第一是你想卖多少钱,第二是你选择哪些渠道商以及如何和他们分配这些钱,第三是你如何让消费者同意你的产品值这么多钱。

对"价格战"这三个字，大家都不陌生，价格战实际上就是以价格为核心的营销策略组合，产品、渠道和营销策略都以价格战为核心。价格战最明显的一个特点就是降价，企业在产品降价的背后，都隐藏了哪些策略呢？

例如，××空调过去卖4 290元一台，现在卖2 790元一台，还附送许多礼品或服务。这种情况，就是非常明显的价格战，价格战的另一个特点就是降价幅度非常大。实际上，用来打价格战的新产品在技术上差异不大，多数都是将产品功能重新组合，从而人为制造差异化，目的就是配合让用户以为这就是我们平台的价格战。而且产品广告也是围绕价格为中心展开，价格战也是典型的以价格为核心的竞争模式。

（三）以渠道为核心的营销策略模式

根本而言，品牌销售包含两件事情：

（1）品牌拉动——让消费者向我们买。

（2）渠道推动——渠道推给消费者。

品牌的作用是让"产品好卖"，渠道的作用是"把产品卖好"，一推一拉间形成的营销闭环。过去企业营销往往是"渠道为王"，随着"互联网+"时代的到来，传统营销渠道受到强有力的冲击，线上渠道与线下渠道有机融合成为未来营销渠道的发展趋势。

围绕以渠道为核心展开的营销策略组合，最典型的是深度营销，简单地说，就是集中优势兵力，打那些散兵游勇。目前，我国市场既有传统渠道，又有互联网渠道，多渠道混杂并存。在这种复杂情况下，只有使渠道协同作用才能取得优势。

采用以渠道为核心的营销模式，主要有以下4点要求：

（1）需要对营销本土化有非常深刻的理解。

（2）需要对渠道结构、消费者特性深刻了解。

（3）需要较强的组织管理能力，有清晰的战略。

（4）需要有快速研、产、销一体化响应能力。

产品要凭借渠道取胜,营销组织重心就要放低,遵循就近及对等原则,也就是谁代表市场谁拥有权力,谁配置资源谁承担责任。由于市场形势瞬息万变,因而还要有一支拥有洞察力和执行力的团队。

例如,在应用以渠道为核心的竞争模式中,最典型的莫过于娃哈哈品牌,娃哈哈在与可口可乐长期竞争和较量的过程中,就是凭借其优秀的渠道营销,才做成了国内优秀品牌。

(四)以促销为核心的营销策略模式

促销的本质是让产品好卖。

促销组合:人员推销、广告、营业推广、公共关系。

像保健品、药品、化妆品等产品,一般都采用这种营销策略。例如,安利采用的就是这种围绕以市场推广为核心展开的产品营销策略组合,最明显的特点就是广告不多,渠道也看不见。

采用这种模式要求企业有较强的企划能力、品牌传播能力、管理能力以及激励能力。通常,采用这种营销模式需要对产品目标消费人群定位精准。比如,脑白金将目标消费人群定位为中老年,安利将目标消费人群定位为白领等。以促销为核心的营销策略模式具有多样性,营销重心较高,需要企业统一策划,执行重心则比较低,营销组织简单,但对人力资源质量要求较高,对组织管控体系的要求也较高。

任何营销理论无论怎么变,终究脱离不了4P,先有使命,后有战略,根据战略开发产品,包装是对产品的再开发,还是产品。之后是价格和渠道,这决定营销模式和利益分配。之后是建立品牌的话语体系和创意。最后是媒体组合。

第三节　促销的实施

一、广域推广——广告

对于电视广告来说：

优势：传播迅速，到达面广；形象直观，冲击力强；播出频率高，强化信息内容；选择性和灵活性。

劣势：线性传播的瞬间性；干扰多，到达率差；制作复杂，成本高；缺乏可选择性，不够精确；观众注意力有限；不信任何负面评价。

数字化、智能化时代，不仅令移动终端兴起，也改变着大屏传输渠道，以 IPTV、OTT 为代表的中国电视新媒体受到越来越多关注。在电视智能化、互动性驱使下，用户回归大屏之势渐显，用户点击互动行为进一步加深，智能大屏营销价值日益凸显。

对于我们 IPTV 来说，电视广告对我们来说有天然的优势。电视广告是一种经由电视传播的广告形式，它将视觉形象和听觉综合在一起，充分运用各种艺术手法，能最直观、最形象地传递产品信息，具有丰富的表现力和感染力，因此是近年增长最快的广告媒体之一。电视广告播放及时、覆盖面广、选择性强、收视率高且能反复播出以加深收视者印象。

二、私域推广——微信

微信群营销是今年最火的营销推广方式，随着互联网下半场的到来，大家都逐渐认识到搭建自己流量池的重要性。把用户聚集在大平台上，太没有安全感，因此需要慢慢学会在微信生态上做营销，通过朋友圈的打造来增加转化率

朋友圈营销秘诀一：定位

首先，把自身定位明确下来，才能彰显身份，很好体现在客户面前。

简单来说,就是要让别人知道你到底是干什么的。记住千万不要弄虚作假,有什么就说什么,做生意,做营销最重要的就是诚信。

若是你连身份都伪造,没有丝毫的真实性可言,那么是绝对无法获得客户信任。

朋友圈营销秘诀二:提供价值

(1)在朋友圈营销时,要给自己和产品打好标签,做好定位,这是基本的前提。

(2)要尽量突出产品效果和产品质量,以及自身的专业性。只有足够的专业,才更容易取得他人信任。最好是做到不可代替,这样营销的效果会最佳。

(3)设计个人属性,比如具备怎样的功能——能帮客户解决什么问题?

当分享的内容,所打的产品广告真正切入了客户的痛点,能够满足他们需求的时候,那么的营销才是真正成功。

朋友圈营销秘诀三:分享生活

在分享生活的时候,也就是朋友圈的打造,这是生活氛围的部分,目的是让广告显得更加真实可靠。

即便是分享生活,也有一定的技巧。

(1)要有缺陷。若是你发的每一张图片,每一个文案都无比完美,那么只会显得太假,有一种很刻意的味道。生活分享,要注重真实,毕竟谁都不是诗人,也不是专业摄影师。

(2)形象好。塑造一个积极向上乐观开朗的形象,如天津IPTV柿饼纸。

三、与积分联动

会员积分并不是新事物,它已成为各行业中普遍使用的一种常见营销手段,也就是常说的会员积分营销。

但许多情况经常会把会员积分当成是一种附加彩蛋的行为,并没有把它用作一种有效的营销方式，如果能把会员积分整合到日常的营销活动中，那会员积分营销会为企业带来更好的价值，策略执行得当，将大力提升已有客户的忠诚度，提高对新客户的吸引力，帮助商城调动会员积极性实现高转化。

第四节　促销的复盘

一、判断是否满足预期

首先要回顾活动开始前的活动预期，当时定的目标是什么？现在做到什么程度？现在的结果和目标对比处于什么状态？

通过以上三个问题，理清我们目标达成的现状怎么样，找到结果和目标之间的差距。有效的复盘，要以最初的活动目标为参照物。比如，一场活动，最初的目标是预计有多少人参与活动，计划新增多少用户，留存多少人，实现多少转化，活动预算是多少，等等。

（一）数据是否满足预期

在复盘时把与活动目标相关的数据结果呈现出来，通过数据来分析活动是否成功。

（二）判断未满足预期的原因

对获取的数据结果进行分析，比如这次活动，销量增加了多少，而这样销量增加的时间段分布是怎样的，增长最多的那个时间点有哪些事件发生，大部分用户是通过哪个渠道来的；反过来，也可以把宣传资源投放的时刻对应的增长变化提前呈现出来，看是否有哪部分是没有执行到位的。

深入地分析导致成功或失败的根本原因，根据现有目标和结果的差异,提出部分假设,比如:是否活动形式不够诱人? 或者是投放的时间点没有选择到最佳? 还是宣传文案出了问题,没能打动用户?

(三)是否有提升的空间,如何继续提升

判断未满足预期的原因之后,就需要去验证,常用验证方法有3种:

(1)通过数据验证。

(2)改变变量,再试一次(可以小量试)。

(3)用户调查,了解用户转化过程中用户的经历和困惑,找出转化率的瓶颈。

二、是否有逻辑漏洞

分析用户的极端数据,是否有用户抓取逻辑漏洞,导致促销活动的促销价低于成本预期价格,进而及时调整。

三、观察用户行为,为下次活动提供数据支撑

复盘的核心目的在于从行动中学到经验教训,并将其付诸后续的改进。因此,确定导致行动成败的关键原因,找出解决方案也是复盘整个过程中最重要的步骤。除了解决当下找出来的问题,还需要防患于未然。活动过程中总会充满变数的,规避掉所有错误也不一定会成功,复制所有的成功经验也并非万能的。

积累和学习足够的经验,确保在任何运营场景都能游刃有余,也为下一场活动能做得更好。毕竟,我们能学习的套路都是参考而已,自身的经验积累才是最重要的,而活动复盘,绝对是最有效的经验积累方式之一。

第七章

私域运营:如何培养用户交情、卖出商品

第一节　私域——解决用户黏性和转化的不二法门

一、私域

(一)私域运营的本质

私域就是属于自己的、直接拥有的、可重复、低成本甚至免费触达的用户。而私域运营就是人的运营,对用户做的精细化运营。

私域运营的核心理念就是:成为用户的好朋友。通过线上线下一体化运营,给用户提供更好的产品,更高效的服务,更体贴的人文关怀。通过抢占用户心智来快速圈地抢人。

(二)私域与公域的区别

公域流量:需要付费,且一次性使用,流量属于平台。

私域流量:可以反复利用,免费多次触达,用户流量属于自己。

私域与公域的差异点:

1.流量来源

公域主要方式为购买,私域分为买入和导入。

导入指的是平台自身已经拥有很多流量,可直接将已有的公域流量通过一些方式导入自己的私域池子。

2.流量的属性

公域流量:一次性。

往往通过平媒或线上媒体投放广告获得流量,最终这些流量还是会回归公域池子。

私域流量:反复利用。

这些流量已经被划分在自己可控的范围内,能够多次触达。

3.购买因素

购买因素是指客户购买产品的原因是由什么决定。公域大家好理解,例如在天猫上买东西,先搜索品类,再看一下销量的高低、评价的好坏。在公域中,更看重广告的吸引度、价格的高度以及评论。但是私域更在乎的是信任感,也可以称之为口碑或粉丝效应。

4.产品忠诚度

私域流量忠诚度高,公域流量忠诚度低。

如果放在电商行业来看,已经多次复购过的客户,与平台的黏性必然很高,信任感也很强。如果某个人是拉访来的,或者通过别的渠道了解的,来平台浏览一下就走了,他与平台几乎没有黏性,更别说客户的忠诚度了。

5.交易环节

公域属于陌生人的交易,私域属于熟人或半熟人交易。在私域交易中,客户至少先是"认识"你,通过不断地接触,不断地建立信任感产生联系,最终交易成功。

6.触达的频次

公域流量触达的频次是不可控的。就算是外呼或者地推等,也是受到天气、人员的影响。但私域不管是手机,还是微信,客户都是可控的,想发信息就发信息。当然,这是理想状态下。但是我们不能随便发朋友圈或者信息,过多杂乱的信息会浪费这种信任。

7.所有权

公域的所有权,客户只是来你这"参观"一下,你最多拥有使用权,但没有所有权。这些流量你不能随意处置,因为这些流量属于平台。但有人会说,流量导入私域之后不就是我的吗？不对,起初进入私域的用户必须通过运营手段变成私域流量,才能牢牢把握在自己手里。

8.转化的质量

公域流量转化,比如通过做地推、外呼,在线上投放广告,成单率普遍较低。但是私域流量的成单率可能相对较高。

9.精细化运营

公域流量是没有办法运营的。比如在淘宝买东西,可能会接到过很多电话,让客户加微信、福利群,一般人都不会加。但私域就不同了,我们自己做平台,跟用户说："我们现在有个群,给你提供一些支持和服务,比如告诉你有什么好的商品,有什么价格合适的商品……"用户加群的可能性就会更大。总之,公域是用完即走,私域是长期经营客户。

10.成本

公域成本越来越高,因为需要投广告。反而私域成本会越来越低,这也是必然的趋势。

让用户对我们产生信任感,才能产生复购和裂变。

(三)私域对用户的价值

私域流量给予平台的好处我们已经大体都知道了。但对用户而言,本质上是存在两种功能价值的。

起初,私域流量还是小众玩法,在粉丝和网红里默默生长。那时,社群里的"私域味"没那么浓,大家是因为共同的爱好聚集一起,顺带一起买与爱好相关的东西。

现在,对平台方而言,私域流量是"有效多次快速触达用户"的渠道。如果站在用户的角度而言,私域只是"购买渠道"之一,便于"想买某产品"时可快速找到。这是平台给予私域流量的第一个用户功能：一种购买渠道。

而作为一个购买渠道，最关键的在于其基于一个前提：当消费者在想要购买某样商品时，先想到的是去这个渠道查看是否有优惠。

对用户而言，这是第一个功能——销售渠道里所获得的价值：低价。

私域流量对用户来讲的第二个功能是：客服渠道。

随着通信技术的进步，客服方式也在发生变化。过去，我们要找到销售方，是亲自去店里甚至写信，后来我们打电话。在那些年代，品牌是"抽象"的，是"符号化"的，我们很难获得一种平等的交流。

进入互联网时代后，大家逐渐变为在手机上与客服沟通。技术的进步带来了一种更平等的感觉。

私域流量出现之后，假设产品出现问题，我们可以迅速通过社群/企微找到品牌方，进而较为直接快速地获得反馈。

这意味着，通过私域流量，用户获得了一种新的"平权"——尽管大多数时候只是一种感觉。

在这个层面而言，对用户来说，"客服渠道"的价值比"购买渠道"的价值要稍微大。毕竟在过去，享受到价格的低廉是较容易的，但"获得尊重"并非那么容易。

私域流量本质是社交。

私域流量的载体基本是几种：社群、公众号、企微等。而在这些载体中，其中最常见的便是社群的经营。

而对用户而言，社群其实没有什么特别新的价值，是一种同好阵地。

无论是为了"便宜""好吃/好用"，还是"价值观""爱好"等，用户进群背后的驱动力都是一样的。

一言以蔽之，线上的俱乐部。本质上，用户是基于某种共同的"好/利"聚集/汇集进到这个私域流量里。

这也是这两年各类品牌发力"兴趣电商"的逻辑之一。同一个兴趣背后，可以聚集起一群人。只不过，新技术得以将无论多碎片的"兴趣"背后的人都聚集起来。

在各类私域运营的技巧中，我们看到运营能力和内容能力被大大提高,甚至摆到了销售转化能力的前面。而其中的一个关键能力是——议程设置能力。即,如何通过话题的设定,有效提升群内的交流活跃度。

因为在整个私域运营的玩法中,交流氛围前置于销售转化。私域运营中最害怕的局面是,社群拉起来了,但没有交流。而交流的前提,便是对"同好"的认同。

因此,私域运营真正给用户创造的价值是,以折扣/精神/文化,连接聚集起一群有同样价值观的人,找到归属感。

毕竟,无论是"销售渠道"还是"客服渠道",都有别的替代,而"同好阵地"的替代性门槛更高。

我们就会发现私域流量出现了一个巨大而容易被忽略的矛盾:品牌想要的是卖货,但用户想要的是社交。

我想找人聊爱好,但你竟然想做我生意?

实际上,现在的用户已经越来越清楚品牌方的意图了,"加群来寻找同好"的可能性在逐渐降低。

在实践中,已经出现过不止一次"用户自己拉了个群自己聊"的情况。这都是对私域运营提出的越来越高的要求。

因此,品牌需求和用户需求的矛盾,要解决!

品牌方需要在自己的营销体系中做好渠道定位。私域流量究竟在整个营销体系中扮演什么角色? 是作为主力营销渠道还是完全不承担营销功能,只是给予用户附加值的一个体验式社群。

之后,需要从品牌与用户之间最核心的精神连接,进而深化和延展内容。无论选择的是"每天发福利",还是"每天讲故事",只要与用户需求匹配,就能在此基础上进行议程设置,进而为用户提供一个"同好阵地"。

比如2021年,泡泡玛特在小程序上的收入是8.9亿元,而会员收入是41.4亿元。

怎么做到的?

他们将一些尖端的、珍藏款新品,通过小程序限量发售,采用抽号的方法购买。

因此,在小程序这一私域场景中,就非常容易聚集一群泡泡玛特重度粉丝或者喜爱收藏的人群,他们可以充分发挥私域的社交功能,分享、讨论,形成更强的黏性。但前提是,这些用户都属于"同好",即使没有私域,泡泡玛特品牌本身已经有相当多的狂热追随者,私域只不过是利用这一点将品牌利益放大化了。

在"言必称私域流量"的今天,其为用户创造的价值其实是有限的。但同时,也需要清晰地对其进行认知,在实践中不断找到适合自己运营的方法。

总结如下:

私域流量给予用户的价值是有的,但很小。

私域流量给予用户两个功能性价值:购买渠道带来的低价和客服渠道带来的"尊重"。

私域流量给予用户最大的价值在于"同好阵地"。但这跟品牌方的需求是矛盾的。

二、私域用户引流

(一)通过什么渠道将用户引向私域?

关于引流私域的常见方法和渠道大体有以下6种:

(1)营销渠道投放,如广点通、dou+、粉丝通或其他信息流和展示投放。

(2)各平台KOL/KOC投放,如小红书、抖音、B站、微博、公众号,等等。

(3)自建自媒体账号,通过内容输出引流,常见的内容平台除了上一条所提到的几种以外,还包含头条号、百家号、搜狐号等。

(4)线下引流。

(5)转介绍裂变。

(6)公域流量导入。

(二)通过什么方法将用户引向私域?

私域引流分为三个方面:

其一是曝光渠道,就是你想让用户添加微信,在哪里能够让用户看到你的微信号或联系方式。

其二是引流话术,就是和用户交流的时候,和用户说什么? 他为什么要信任你。

其三是引流诱饵,就是引流福利,就是用户添加微信,可以得到什么?

把诱饵(福利)分为以下4个部分:

1.优惠券引流

这应该是最常见的引流福利了,不仅是淘宝上常用,就连现在的外卖里面也经常收到。一种是添加微信直接领券立减,一种是添加微信好评立返。当然设置优惠券福利的时候,要注意两点:其一是使用的金额,不能太小,这样动力不强。其二是使用的范围,无门槛或者满减都行,但设置类目、仅限新会员这种效果都会大打折扣。

2.实物引流

就是添加微信免费领实物礼品。做实物引流,其实最重要的点在于用户领取之后,怎么做转化,这是要思考的点。其实不怕送不出去,就怕回不了本。这和送优惠券是不一样的。

3.机会引流

如果是在线下做抽奖相关的活动,就可以设置添加微信获得抽奖机会。

机会引流还有一种形式就是名额引流,比如限量多少份福利,先到先得。

4.流服务引流

主要分为三个方面:

其一是业务服务引流:对于想要购买特定商品的用户,只有加了微信,才可以享受一对一的咨询服务。

其二是咨询服务引流：对于做公众号、抖音等平台自媒体的博主来说也是一样的，你给用户一些免费答疑的名额，只要你的内容获得粉丝的认可，也一定会有引流的效果。

其三是售后服务引流：对于许多品牌的售后来说也是如此，尤其是电商相关的平台，售后引流也是刚需。

三、私域运营

（一）相识

用户初次进入私域，不论是对运营人还是平台可能都比较陌生。首先要思考用户需求，所以私聊的用户数量不要太多，因为要首先确认下人家是否想和你聊，所以私聊也是收集用户需求的好机会。

通过思考和收集到的用户需求，要梳理和沉淀出共性的部分。

接下来再通过前面的梳理和沉淀，会积累一定量的问答素材，把这些东西形成知识库，并纳入你日常用的体系里。

最后一点针对如何表现自己一直都在，这就非常简单，把私聊回答变成在群里回答，只要不涉及隐私方面或不适合在群里提的问题，都可以通过群聊回答，一方面显示运营人一直在，另外一方面就是让具有同类问题的用户也同时获得答案。

（二）养成

超级用户是私域流量中应重点培养的目标。超级用户符合"二八定律"，即20%的超级用户为企业创造80%的价值。罗振宇说，"他们是活生生的具体的用户，他们是你的衣食父母"。他们除了拥有"爸爸"的身份外，还有另外一个称呼"铁粉"。

只要有活动或新品上线，他们会冲在第一线、第一时间参加活动或购买新品，甚至会介绍给身边的好友。正是这些"爸爸们+铁粉"，养活了我们。

因此,不管是实体门店还是其他企业运营私域流量,不应该盲目扩张或追求所谓的流量,而是沉住气用精细化运营的思维建立高价值用户,用VIP服务思维培养超级用户,为他们提供更好的产品和服务。

那么如何养成超级用户呢? 基于在"活跃度"这一指标,培养超级用户的过程中,一定要让用户有"仪式感、信任感、参与感和价值感"。

仪式感:打造仪式感,当与用户"初相识"的时候,欢迎语要重视起来,不要一上来就推销产品给用户发优惠券,而是让用户成为"上帝",告诉她在你这里可以获得什么,快速锁定并邀请升级会员,然后进行标签分层分群,针对性运营。

信任感:打造个人号人设,拉近企业与用户之间的距离,快速获取用户信任。我们根据用户喜欢的人设形象,打造一个诚实、可靠的人设形象和用户成为朋友,来运营用户信任关系,让他们知道在我这里可以获得更好的产品或服务。

参与感:内容共建,建立有效的奖励机制,激励用户分享内容到公众号专栏。社群活动共建,打造系列品牌IP活动,让用户参与其中,感受到品牌的温度。

价值感:打造私域会员体系,设计相应的会员权益:折扣优惠、专属商品、生日礼物、分销特权、赋能活动等;在会员社群内,打造系列会员专属活动,赋能用户共同成长,定期邀请会员加入学习计划,品牌与用户一起共创美好生活。

(三)收获

经过私域运营的过程,私域让我们收获了什么? 或者说带来了哪些价值呢?

1.复购价值

首先,用户复购是我们做私域流量最重要的价值。提升老客户回购频率,缩短回购时间,提高回购转化率,将用户转化为忠实用户,是复购价值的意义。

其次,毛利也很重要。

私域流量运营的过程需要一定的人力和资源投资。如果企业的毛利率不够高,那么获得的收入价值就不足以支持投资成本。

2.口碑价值

同时每个企业都需要做品牌声誉。为防止老客户流失和优质客户流失,需要宣传个人品牌和企业品牌、售后服务和口碑维护。

所有行业都需要做品牌口碑,而且非常重要。对于每一个购买产品和服务的用户,引导企业微信沉淀,然后进行重点维护,可以保证良好的品牌声誉。

3.拉新价值

拉新不仅是电子商务,也是各行业商家做私域最想要的效果。但是如果私域想做大量的拉新,首先对品类有非常高的要求。选择只需要高毛利、低客户订单的产品和服务,否则即使进行裂变和组合,效果不会太大。其次,必须在自己的私域流量池中有一定数量的用户,才能进行拉新活动。因此,拉新实际上是私域运营中难以获得的价值,对类别、私域运营阶段和活动运营要求较高。

第二节　信任、交情、转化

一、交情源于信任,如何建立信任?

(一)微信号建立信任

在行为心理学中,人们把一个人的新习惯或理念的形成并得以巩固至少需要21天的现象,称之为21天效应。这是说,一个人的动作或想法,如果重复21天就会变成一个习惯性的动作或想法。

21天效应适用我们的习惯养成,同样适用在微信好友的沟通交流!

人与人之所以会成为好友，一般都得经历认识你、喜欢你、相信你的过程！

新来一个潜在客户，不要急于马上就成交。其实客户是需要时间去了解我们的，21天只是建立信任度的一个时间段。

这期间一定要给客户提供价值，慢慢培养，建立良好的信任度，让对方慢慢地喜欢上你。

让对方觉得认识你这样一个朋友，是很有价值的一件事。他才会对你所卖的产品（或服务）有进一步了解的欲望。

如果刚认识的客户一上来就推销自己的产品，那样一下子就会被人家看穿，后面的成交那就更谈不上。所以我们应该把更多的精力聚焦在自己身上。

如何让自己强大，如何让自己拥有更多的专业绝活。你可以去帮助别人，给别人提供价值，这样才有可能把自己的生意做大做强。

那我们做微信营销，当加了好多好友之后，我们不要直接立刻成交，你必须贡献给他你的价值，让他们对你产生信任。这是至关重要的一个环节。

但是我们做微信营销会有非常多的微信好友，有很多的粉丝。如果每个都要一对一沟通交流，会很累，而且还是不能带来自己想要的结果。

如果有一套简单的模板就好了！因为简单的事情可以重复做，简单就可以规模化。

首先，我们加一个人为好友后，最少一个月内，避免对他进行成交销售。一定要去培养信任这个环节。

其次，把你所在领域的，整理提炼出21个知识点，编辑成一个简单的文案，可能只有几十个字，每天群发给新加的好友一次。

他每一次看到，都觉得有启发，他就会持续关注你，并且会养成看你分享内容的习惯！

没有人喜欢看广告！但是所有人都喜欢看到有价值的信息！

每天在朋友圈分享一个知识点，同时艾特(@)给重要的新好友，甚至主动私信发给他,希望这一点知识对他有帮助。

那么他就会觉得你与众不同,从而觉得你是有价值的人,甚至他会给你置顶!

这是一个超级简单的行为!

一旦对方持续关注你,认可你,对你产生信任感,成交只是时间问题了!

(二)微信群建立信任

首先通过微信群名建立信任,比如做某平台社群,微信名可以设置为"××平台粉丝福利群",让用户看到这个群属于平台社群,更有归属感,容易产生信任。

做社群一定要有一个主题,兴趣、养生、知识等,不定时分享一些有关的干货知识,或者找大咖做分享,同时可以在群里找KOC做分享。

(三)直播建立信任

从网红主播到品牌自播,直播已经成为企业标配,也成为消费者主要的购买方式。比起落地页的图文介绍,直播更直观,更能互动,更有场景性,也更能调动消费者的情绪,更能形成成交和抢购氛围,转化率更高。

对于品牌方来说,直播间不是单纯的销售渠道,而是一个新形态的用户互动阵地。通过这个窗口,品牌可以和用户实时对话,令用户感受到更真诚的交互,因而更容易与品牌走得更近。而这本身也与品牌经营私域的DTC理念不谋而合。

直播让"内容+社交+交易"链条中的"交易"环节更加完善,用户一键下单支付更便捷,私域种草的效率和转化率都有明显提升。

(四)线下建立信任

通过线下去做私域流量的积累是一个可行的途径。因为面对面的氛围下,对于口碑积累其实是更有利的,不像冷冰冰的线上,只能通过海报和宣传文案去了解,你的产品和服务,能真实地展现在用户面前,能够让用户更加信任。而且在线下欢乐的氛围下,无论是参与活动的还是路过的围观群众,很难不留下一个好的印象。而且举办活动时,基于"抽奖"的属性,很容易形成裂变——大家会喊上亲朋好友一起来参加。

所以线下活动其实是一个大有作为的完美流量池,同时能够更好地建立信任。

二、建立交情

(一)利益建立交情

企业和用户之间有一条巨大的鸿沟,分开彼此,各有各的"世界"。企业在追求经营利润,从用户口袋里赚钱,才是真实的目的。用户则追求解决方案,从企业那里获取最大的利己的价值,花钱才花得有所值。

企业和用户有各自的利益取向,而且常常背道而驰,所以营销工作的重中之重,在于创造价值,使企业和用户连接起来,形成交集,共享价值,企业从中可以取利,用户从中可以得益。这样一来,企业和用户做起生意来,自然而然没有算计的意味,而是信任的互利。

(二)需求建立交情

用户需求就是用户需要你的产品为他解决的本质问题

因为用户有社交需求,所以QQ、微信就来解决这个问题;因为有安全归属感的需求,所以房子就来解决这个问题;因为有生存的需求,所以才有五谷杂粮来解决这个问题。

哪里有需求,哪里就一定有问题;哪里有问题,哪里就有商业机会。

当你了解了用户需求的本源,不仅可以解决用户的直接需求,还可以创造新的需求,让用户更满意,从而与用户建立起更深厚的交情。

(三)个人建立交情

现实中,以个人身份与用户建立交情必须由之前提到的"利益""需求"做支撑,没有这两点,个人交情基本上是不存在的。

而我们与用户建立交情实际上就是一种双方认知关联、互相需要与帮助。

回归到产品,我们"和用户交朋友"。

我们拿产品和用户交朋友,产品是我们的桥梁以及媒介,代表着我们的某种理解和认知上的表达,通过这种表达和服务,我们筛选出一批认知关联、心理认知相符的用户来,进行互动,用户通过使用行为来跟我们互动,我们通过改进来跟用户进行深入的交流。

我们会迎合用户,就像迎合朋友,同时我们也会有对产品的坚持,就像坚持自我。

三、提升转化率,卖出商品

(一)选择营销玩法

每个行业都会有属于自己行业的私域流量,也会有其私域流量营销玩法,但在整片大局中来看,每个私域流量营销玩法是一样的,我们只需要将这些营销玩法套路熟悉清楚并将其玩转起来即可。

1.个人号矩阵

矩阵模型一直是引流营销最常见的运营思路,我们利用矩阵管理方式去大批量地管理客服或者销售、讲师的个人号,以塑造人设的方法来打造个人IP,细分粉丝人群,以此达到精准营销。那个人号矩阵一般常见的渠道有哪些呢?

(1)IP人设。

每个行业我们都可以看到有不同的名师与网红老师,其每个人都有自己的特色与人设IP,我们会根据这些老师发出来的内容来判断这个老师的专业性与人设定位，以此形成固有形象。比如英语领域的老师可以塑造成一个英语口语或者商务英语特别厉害的人设；画画领域的老师可以塑造成一个色彩或者素描专业很厉害的人设。

（2）定期福利。

定期福利是我们在任何留存转化环节中必须去运营的活动策划。在私域流量池里想要运营得很好，在设置福利这些东西的时候我们要以这部分用户为主，不管是活动力度还是促销文案，都可以针对这类型的用户人群去运营策划。

2. 社群矩阵

社群是私域流量成交的主阵地，我们将个人号获取的流量搭建至社群体系内。在运营社群时，我们可以安排一些小助理与主运营号互动，群内每日再发布一些产品活动与限时特价，再晒出一些购买清单，慢慢带动群内消费。我们的运营号在社群内可以用一种花哨的画风和表情包互动，主要以社群基调风格为主。

3. 小程序

IP、用户、社群KOL、产品都有的情况下，我们缺少的就是购买场地。在私域流量池内，小程序是最为便捷的成交场地。我们可以根据产品特性打造成一个或多个购物商城。

4. 公众号矩阵

公众号矩阵是最常见的矩阵模型，我们可以根据产品相对应的客户人群或细分类目单独打造公众号，在公众号内做好内容精细化运营，用心经营好每一个模块的用户人群，以此达到最好的裂变效果。

我们在做营销裂变活动时要配合我们自己的产品调性，以此达到最佳的营销效果。

我们利用在个人号、社群、小程序、公众号多端打造私域流量池时，可以多参考一下同行中做得较好的案例去进行分析与借鉴。再在运营过程中逐渐提升用户的打开率，产生使用习惯，最后实现留存和多次转化。

（二）推荐合适商品

塑造人设的目的在于我们想要对自家产品的宣传和推广,所以在我们的个人号中一定要每日发布对于自家产品的推荐。像常见的品宣内容都是基于产品自身,但我觉得也可以转换一个思路,可以把自己打造成一个使用者,去分享自己使用产品的心得,扩大产品的价值以及产品给消费者带来的美好体验,再展示产品的使用场景,引导用户产生购买的行为。

（三）提供好的服务

售后、指导、问题解决,这些都是服务的最低要求。只有提供独一无二的信息服务,才能牢牢拴住用户的心。

有一家卖猫粮的,叫原本猫粮,私域上有 30 人左右的养宠顾问,包括医师专家团、行为训练组、营养学专业组。医生有来自线下知名宠物连锁医院的管理人员和临床医生,有着丰富的宠物医疗专业知识和临床经验,24 小时在线上为用户解答宠物轻医疗问题,提供免费的远程诊断⋯⋯

传统渠道,没办法直接接触用户,所以就没办法做服务的升级。要知道用户不是一串串数字,或 KPI 上的一个个指标,背后站着的是一个个活生生的人。用心才能赢得真心。

第三节　精准运营

一、用户属性运营

（一）红包用户

对于在电商平台消费的客户来说,很多时候不是因为单纯的喜欢而购买,而是同时掺杂了一些"低价"的因素,让这份喜欢变得不纯粹。各大平台的初心是希望客户能够"始于折扣、终于品质",但现实往往事与愿违。不少客户仅仅对"低价"感兴趣,而不是商品本身,他们尽情地享受着平台优惠所带来的快乐。"我走了99步而你却不愿意走最后的一步",对于只使用红包购买商品的客户,他们对企业来说实际上是无价值的,相应的企业的营销策略也是无效的。因此识别这些客户并对他们的行为特征进行分析对企业有很重要的意义。这些客户也有一个特别的称呼,他们称之为"薅羊毛"用户。

(二)满减用户

针对平台热衷于购买满减商品的用户,其实是属于消费习惯较为健康的用户,虽然这一部分人群内心肯定仍是"折扣"至上,但谁又不爱便宜呢?可喜的是,该类用户只要在平台政策上没有大幅度调整的前提下,均是可控的。给到用户一个可接受的满减折扣,即可保持一个稳定的销售。可一旦商品价格上调,越过了客户能够接受的价格红线,又势必会对销售有所影响。

(三)津豆用户

津豆类似于积分,津豆体系就是最主要的运营手段,津豆对于平台的作用就是增加用户在商城里面的活跃度,提升用户留存率。津豆能够激励用户,还能够吸引新用户的增加。

津豆商城比较理想化的一个运营模式就是,平台给用户提供多样化的津豆获取方式,用户刺激用户的消费行为,平台也可以通过更新津豆商城里面的产品方便用户去兑换,进而达到消耗用户积分的目标。吸引用户,用户获取积分,兑换产品,平台更新产品,吸引用户,实现了这个循环,那么这个积分商城就能实现良性发展。同时,津豆商城的用户黏性相对较高。

(四)现金用户

现金用户,其实也就是我们所谓追求的超级用户,相对来说对平台极其认可,在不考虑价格的情况下仍能进行持续复购,但毕竟现金用户还是占少数。对于现金用户我们在运营中其实更应注重的是给这类用户带去的体验感,从商品、质量、服务到完美的活动都要给用户最优秀的体验,这样才能保证用户的留存以及后期的复购。

二、用户分层模型

(一)金字塔模型

金字塔模型实则是一种纵向的结构,通过某一用户价值指标,将用户进行划分,从而针对不同层级的用户制定不同的策略,以及建立低价值用户向高价值用户转化的路径。典型案例是内容平台依据创作者粉丝数量进行层级划分,并进行分层运营。

(二)用户指数模型

决定用户价值的指标较多的情况,往往在4个以上。

指数模型首先需要确定衡量用户价值的指标有哪些,然后对各指标赋予不同的权重,最终计算不同用户的指数值,进而针对不同指数值的用户制定不同的策略,典型的案例是早期今日头条 App 头条号的指数系统。

(三)用户生命周期模型

用户生命周期是依据用户在平台的阶段进行划分,分为引入期、成长期、成熟期、沉默期、流失期五个阶段。分层后需要针对不同阶段的用户建立成长路径,实现引入期、成长期的用户逐步向成熟期迈进。沉默期的用户需要进行唤醒以及建立流失预警机制,提升用户留存。进入流失期的用户则需要进行重新触达与召回。

（四）波士顿矩阵模型

波士顿咨询公司以相对市场占有率为横坐标、销售增长率为纵坐标建立二维直角坐标系，将公司业务分为明星业务、问题业务、金牛业务以及瘦狗业务，并制定相应业务的战略对策，此种分类方法可以借鉴到用户分层中。

（五）RMF模型

RMF模型常用于电商的用户分层中，通过Recency：最近一次购买时间间隔，Frequency：一段时间内的购买频次，Monetary：消费金额，三项指标建立三维直角坐标系。每个指标又可以分成2个等级，则用户共被分成8类，进而针对每一类用户制定不同的策略。

第八章

外呼:传统而高效的沟通手段

外呼其实就是和人(用户)沟通的一种途径,什么是有效的沟通,郭德纲曾经说过"你也会说话,我也会说话,那为什么别人可以花钱买票听我说话?"这其实就是沟通的技巧所在,这一篇章题目虽然是外呼,而真正所要学习的其实是"人与人"之间的沟通,更是用户心理学的一部分。

第一节　与人沟通

一、初识外呼

(一)外呼是积极的工具

外呼是主动沟通的工具,也是和用户直接从陌生到熟悉迈出的第一步,其实这挺难。好比业务的"陌生拜访",对于不熟悉的领域被拜访的一方都自然会有防范之心,这就会阻碍项目的推进,况且这是面对面的沟通。

外呼"陌呼"的难度更在"陌拜"之上,因为见不到面,没有准备的情况下给用户打电话很容易被怼了,那么就应该考虑是不是话术有问题或是自身的外呼态度有问题。外呼是一个不折不扣的心理战,而且是必须打胜的心理战,心理战打久了,也会有挫折,难免累得慌!人都会有烦的时候，再有兴趣的事也有不愿意做的时候，这是正常的表现。

所以"积极"是外呼人员的需要自身具备的必要条件，他能够调节自身的心态，把积极向上的一面展现给需要外呼的用户，谁又想跟天天"负能量"的人打交道呢。

（二）外呼不是告知工具

外呼并不是单纯的告知工具，更是架起和用户之间沟通的桥梁。通过外呼我们可以了解到用户对平台、对项目、对活动，对商品品质的态度以及反馈，仅此通过数据的汇总和整理，来判定下一步对用户的行为分组和运营举措。

（三）了解各项业务链

我们的平台承接着各种业务链，也是IPTV各项业务链下沉落地的核心。例如砸金蛋业务，需要通过在大屏端砸出金蛋累计金额，在天视商城进行消费。又例如津豆商城业务，是消费者通过现金订购付费包，购买天视商城商品从而获得的积分，在津豆商城兑换商品。还有美食盛宴、亲子嘉年华、满减满赠、领券中心、周末活动、超级星期三、每日直播、线下活动等多重业务线。所以了解相关的平台业务，是外呼人员需要掌握的第一要务，否则有可能在外呼时遇到用户的问题，只能疲于应对，而由主动变被动。

二、外呼准备

（一）外呼的目标锁定（数据来源，精准地触达）

在营销规划阶段，需要通过数据对外呼目标人群做判定，通过预设的推广内容，而预设需要达成的目的。而外呼目标的选择方案是能对企业和客户之间日常的文本和语音会话数据以及其他结构化数据进行整合分析，起到决定性作用，而形成客户触达阶段的最优呼叫和对话策略。

（二）把目标转化成方案（外呼话术，打动用户的触点）

首先成熟的外呼会综合成单率、座席信息、客户信息等业务信息，对会话数据进行聚类并生成不同路径的流程节点，并最终选取最优路径作为主线流程；其次对每个节点上的会话也会进行深度挖掘，归纳出成单率最高的话术并进行人工审核后，作为金牌话术；最后系统能在客户会话数据中提取客户特征，丰富客户画像，并根据不同标签客户，总结不同的最佳话术，实现"千人千面"营销。

（三）成熟阳光的心态（外呼者为什么会有压力，对缝的外呼就是骚扰）

目前凌乱的市场环境和一些不守规则的企业，甚至诈骗团伙，就是会利用外呼或短信对相应的目标用户，编造虚假信息，设置骗局，对受害人实施远程、非接触式诈骗，诱使受害人打款或转账的犯罪行为，通常以冒充他人及仿冒、伪造各种合法外衣和形式的方式达到欺骗的目的。

外呼的工作其实风险性很大，我们是以合法合规的形式给用户传递正能量信息、福利宣导、线下邀约。但是由于外部环境的影响和一些外呼人员的不专业性，用户会对陌生不熟悉的远程、非接触式的外呼会存在一定的戒备心理。这在外呼中就是初期阻碍，而且如果是对用户没有价值的信息，不能帮助用户解决问题的信息，对缝的信息，很可能会被用户当作垃圾信息处理。在用户情绪不佳的时候，还有可能被骂，甚至受到威胁。长此以往，对外呼者的信心会受到严重打击。所以外呼者一定要有成熟阳光的心态，积极开朗的态度和面对不冷静用户的问题随机应变的能力，这也是对自身业务水平提升的一大考验。

（四）外呼时长的掌控（调节用户心理承受，最合理的交流时间）

外呼用户是千人千面的，不同的性格，外呼时不同的心情，会产生不同的情绪变化。外呼人员需要对外呼时长进行掌控，对用户即时情绪的判断要有掌控及应对预判。因此在对用户不完全了解和熟悉的情况下，在前30秒内表明身份，简述要传递给用户的主要信息，根据用户回应态度判断用户情绪。整理最优的外呼时间，整体话术，除用户提问之外尽量控制在120秒之内，传递给用户最直观、最易理解的信息。

第二节　信任的声音

一、成为可信赖的声音

（一）从陌生到熟悉（不烦）

不管是生活中，还是生意中，建立关系都是一件循序渐进的事情，我们从认知、认知、认可到认同四种状态，来诠释与用户构建关系的过程。

认识：迈出第一步是最难的，要给到顾客认识你的机会，即通过你的内容去触达用户，根据消费者的画像去判断受众群体的接纳度，并通过一次或多次的触达，加深消费者的印象，让他对你有一个基础的好印象。

认知：在顾客初步认可你的同时，一定要把握住和消费者了解的机会，通过和顾客的沟通掌握对他的基本了解，也让他对你留下印象，下次再沟通的时候，可以有相近的话题。可以有一些日常化的寒暄、关切等，来拉近彼此关系；如果够真诚，至少不会让用户讨厌。

认可：等到了彼此亲近一点，就可以进行尝试性的销售交易，但切记不要为了成交而不顾顾客的需求一直强推产品，而是要加入对顾客的了解，根据顾客的喜好推荐产品（这里需要预判用户可能会购买商品的契机）。例如，最近新到了一些小站稻这样知名的品牌，这两天刚好打折，你可以看一看……或者有一块品质非常好的酱牛肉我们自己已经试过了，推荐给您试试……这样通过你为用户角度着想的角度，来加深彼此之间情感。

认同:这是非常重要的一点,所谓认同,在相处当中,使彼此的关系变得更加紧密,延伸双方的身份角色范围,从销售与顾客的关系,转化成私下朋友的关系。从走近顾客的生活,到走进顾客的生活,让亲密关系再度升华,顾客不再是你顾客,而是你圈子中铁瓷般的好友。

总之,与人产生信任最为关键一点就是亲密关系的建立,绝非你对顾客的单方面的付出,你关注她,了解她性格喜好,是为了能更好地与其沟通交流,但是要成为朋友,如果你不向他敞开心扉的话,别人也无法与你真正交心。相反只有你一味地付出,对方不买账,也是不能达成相互信任的关系。

(二)数据的引导

数据是可以在初期判定不熟络用户的初始保障。完全版的外呼数据管理,其实是应该结合用户行为、消费数据、支付数据、开机数据、浏览数据、互动数据等动作捕捉,形成的大会员分组系统数据。而外呼是会员系统的一个渠道,大数据筛选出相应符合外呼标准的用户体系,形成呼叫中心大数据管理的基础用户,通过外呼回馈的用户信息将补充进用户行为体系当中,形成新一轮的用户行为沉淀。

用户的行为是瞬息万变的,因此外呼不仅仅是带动销售,而是在带动销售的同时,捕捉用户新的行为信息,形成沉淀,从而布置新一轮用户营销的方案。

(三)专业过硬的基础知识概念

在天津行规里有句老话儿"干什么,吆喝什么"。我们既然做了这项业务,基本的专业知识点就要过硬,就要全方位了解各项业务链的构成、特点、链接节点,整理出相应的话术。在外呼与用户沟通的同时,我们通过对各项业务的掌握,以及对相关流程、处理时长的精准了解,在客户面前也会彰显我们的专业性,给客户安全感,增加客户的信赖度。

相反在外呼的过程中,由于自身知识点不过硬,用户一些基本的问题都无法解答，反而会在用户心理起到负面影响。因此，"这个我不清楚，我给您问问吧"（也没有回复时间，最后不了了之）。这些都是在外呼过程中给顾客造成伤害的禁忌之词。所以只有我们掌握过硬的基础知识，面对用户的一些刁钻问题，我们才能得以应对。

（四）推广的话术（谈话的艺术）

想要建立亲密关系，也是从你的谈话开始，如何说话其实是一门艺术，我们要做的是不说官话，不说好话，只说真话。

官话：换位思考，一开始就将顾客设定为你身边熟悉的人，不要用官话去与其沟通，不要一味告诉他你的品牌，你的产品如何好，这样会让顾客很反感，觉得你只是为了销售而不诚恳。就像生活中一样，你也不会喜欢别人一直用"我为你好"的句式来和你说话，同理，顾客也一样。

人话：讲顾客能听懂的话，很多时候为了渲染产品的价值，为它增加很多专业性的词语，以凸显产品的"高大上"，但顾客实际上没有心思去理解你的话，他们只想关注与自身密切相关的实际功能。你要讲解的并非产品的优点，而是产品能如何满足顾客的需求；也就是产品的特点如何可以和顾客的需求相结合，真心地将商品推给有需求的人。

真话：不要为了卖货而卖货，强推不是买卖，这样很难让顾客日后继续光顾你的店铺，不要为了一时的利益，不管合不合适都一味对顾客进行夸赞，这样的套路在当代消费者身上早已经不适用，不可能做到任何商品都适合的情况，所以我们一定要对他们说真话。

什么是真话呢？就是在对顾客有一定的了解时，给出合理的建议。例如（为用户着想型），"三婶（称呼也是可以拉近距离感的），现在利达面粉正打折，比超市便宜10块钱了，你要囤两袋吗？"不要有卖产品的思维，而是真实考虑顾客的需求，解决顾客需求。又例如（对比举例类型），"王姐，最近看你工作挺累的，推荐你一个相对提高免疫力的产品，你可以先试试。我先生也是你这种状态，吃过比之前好了很多"。这样从关切的角度介入用户的生活当中去，帮助用户合理范围内，买到便宜的东西，培养他对你的信任和对品牌忠诚度。

（五）二次推广的空间

上述全部的内容,其实都是在为"熟络"做铺垫,只有通过有效的沟通,和用户逐渐熟络起来,我们的外呼才能有"续航力"。而对用户而言一次或多次的满意服务,才能促进平台和用户友善交流,促进双方长期发展,打下坚实的基础。

友谊的果实种下了,我们才能有二次运营的空间,二次或多次运营的用户才有资格成为我们的潜在发展用户,外呼的价值才能最大化彰显。

二、成为受欢迎的声音

（一）从熟悉到亲昵（喜欢）

人与人之间的相处是门学问,近则不逊远则怨。人际关系有主动和被动之分,主动结交的人际关系是我们精挑细选下最终留下来的,被动的人际关系是因为种种原因必须待在一个圈子里相处的。

外呼也是一样的,从陌生式外呼这个时候,对方的戒备心会比较强,第一个阶段,要尽量表现得礼貌、客气,顺着对方的话沟通,顺着对方的脾气与之相处。

在没有大额金钱支出的前提下,能帮忙的举手之劳尽可能去帮。这是因为在舒适的状态下,大多数人都会不自觉地拉近距离,不自觉地推进熟络感。

（二）聊天式营销

沟通是销售成功的立足之本。对话式营销强调与潜在客户的直接沟通,比如为网站访问者提供随时与公司的员工进行联系的机会。客户对企业回复速度的要求越来越高,更加凸显这种营销方式的重要性。

即时性是最明显的优势,外呼人员可以向访问者打招呼,并向潜在客户指引需要的产品和服务。如果展开直接对话，员工能够为客户提供有价值的信息，帮助他们解决问题或下单购物。而这种模式并不以硬性推销为主，而是通过随机性沟通，获取用户需求后，对症下药。

（三）瞬间触动人心

当代消费者，尤其是年轻消费者已经步入体验式场景消费，产品除了具有售卖的基本属性之外，你还要好玩。只有这样才容易吸引大家的关注。

举个例子：麦当劳曾经做过一个活动，在某日某时"顾客使用带金色属性的容器可以免费到任意麦当劳门店获得容器内可最大限度容纳的冰激凌"。此消息一出，瞬间触动用户，奔走相告，大街小巷的人相互转告，全部拿着金色容器去麦当劳排队，一时间麦当劳人满为患。这种瞬间爆发式的推广，虽然付出了一定的成本，但是对门店的品宣起到了非常有效的作用。而用户也会念念不忘某商家举办的这次活动，对某商家的期待程度则会大幅提升。

思考当外呼执行活动告知时，用什么样的语境能够将活动话术包装得更加有效，更加吸引用户的关注，这需要长期思考，积累经验来完成。

（四）化解顾虑（触达内心消除疑虑）

换位思考，任何人在不熟悉的环境下，接触不熟悉的事物，都会有戒备之心。如何帮助客户消除心中的疑虑，则需要更深层次地触达用户的内心。一般情况下用户会分为几种类型：

当用户考虑时候，外呼人员需要利用"询问法"知道用户在何处出现疑虑，心中清楚该如何帮助用户解决。也可以用"假设法"来促进用户下决定，比如现在下单参与可以得到什么样的优惠，错过这次机会要损失什么利益，等等。

当用户觉得贵犹豫不决时，也可以在商品绝对自信的情况下，用"对比法"对比出产品与众不同的特性，比对商品的优势在哪。

其实方法有很多,"拆散法""赞美法""诚信法"等,关键是在什么时候,用什么方法,能得到我们想要的结果。

(五)惊喜福利

用户通过从陌生到熟悉,从信赖到欢迎,这样才能有归属感,即会及时光顾我们。而惊喜的福利是给用户的"加餐",生活中需要不断的"小惊喜"刺激,这样外呼者、营销者和用户之间的距离才能更亲近,让用户更能接受。

注意这种惊喜是偶然的,如果形成常态化,惊喜就会变成应该,而"斗米养恩,升米养仇"的故事会给我们更多的启示。

第三节　沟通的方法

口才好不等于沟通力强

直言有讳、口若悬河的沟通相反会把人推开

开放性、目标感、建设性才是沟通的重点三要素

一、外呼沟通的三大原则

(一)开放性:学会说我们

开放性不只是一种态度,更是一种能力。沟通是以"获取对方的所有信息"为起点的。

开放性=扩大共识+消除盲区

乔哈里窗把人们的信息划分为四种类型:

第一种,我知道、你也知道的消息,这是沟通中的共识区,双方享有的信息完全对称。

第二种,我不知道、但是你知道的消息,叫作我的盲区。

第三种,我知道、你不知道的消息,叫作你的盲区。

第四种,我们都不知道的消息,这是特别"可怕"的一类,因为它是沟通双方的盲区。

乔哈里视窗的作用,是让你在沟通中能一直保持开放性。

图8-1 乔哈里视窗

(二)目标感:掌握沟通主动权

目标感=方案力:目标感的本质就是方案力。"我有一个目标,通过沟通让你知道,这是我们共同的目标;而我已经为此准备了一个完整蓝图,咱们一起干吧。"

目标感就是要把"我的目标"转化为"我们的目标"。

用一个标准句式来说:"我们有一个目标要达成,对此,我有一个方案。"

另外需要注意的是,沟通中不能被"带跑偏"要有极强的目标感,有了目标感就会掌握沟通的主动权。

(三)建设性:外呼的持续性和连贯性

沟通的最大原则就是"建设性"。

可以说,建设性是一个人人都有,但多少又有点模糊的概念,为了搞清楚它的准确含义,我们试着从它的反义词来体会。

建设性的反义词,不见得是"破坏性",而可能是"停滞不前",欠缺建设性的沟通,不是不沟通,而是不行动。坐而论道,拒绝行动,是最没有建设性的表现。

关于建设性,还有一个容易混淆的词,叫创造性,我们经常把建设性和创造性混在一起,如果说创造性追求不断推陈出新,建设性则会着重考虑方案能不能落地。也就是说,只要沟通可以推动事物向前发展,将问题解决一点,把共同目标往具体落实一点,那它就是具备建设性的,这个过程未必一定要标新立异。

了解完建设性的概念之后,我们发现,建设性是一项把沟通导向行动的能力,只有落实到行动,我们的沟通才不是说空话、套话,才能产生真正的价值。

这里有一个把沟通导向行动的公式,它可以拆解为3个关键动作:

建设性=可执行的最小化行动+可持续的行动阶梯+每个节点的即时反馈

找到立即可执行的最小化行动,是我们把沟通导向行动的起点。有了第一个推动力还不够,我们要把方案拆解成接下来可持续行动的阶梯,在各个节点不断反馈,及时调整,让沟通对象对接下来的每一步都产生掌控感。

沟通过程中,如果不能马上想出行动方案,还有两个技巧可以用:

第一个技巧是一句话:来,我们抓抓落实,当个行动派。

第二个技巧也是一句话:请您再给我提点要求。

这两个技巧对于销售沟通有显著的推动作用,我们探讨的建设性,主要还是抓行动和落实,千万不能当成话术来用,不能把客户提的要求忘得一干二净,让客户觉得你在糊弄他,要把自己的承诺看得特别重,这样双方才能结成行动的共同体。

建设性不是要给别人提供什么方便,而是为了你自己把事儿做成。

二、全力以赴地沟通

怎样全力以赴地进行有效沟通？全力以赴的沟通不是"拼尽全力"地去说，而是先听后说。有效沟通的头号秘诀：学会倾听，了解时事，积极回应，你的沟通就成功了一半。

（一）先听再说，倾听对方的情绪

专注对方说的：在听的时候，对对方积极关注。就是专注于对方说的，先暂停让自己分心的事，全身心地去关注到对方说的事情上，尽量不要打岔，在对方停顿的时候可以鼓励对方再多说一点，当他把所有的情绪释放之后，心情也得到了舒缓。而且你的倾听会给到对方一种你默默陪伴他的感觉！

（二）听话听音，了解事实

抓住倾诉者要表达的重点。在我们倾诉的过程中，一开始会先表达自己的不满、伤心、痛苦，但我们也要了解到，对方和你倾诉也许不仅仅是为了告诉你他遇上了多么糟糕的人，释放情绪可能是一部分，还有一部分面对眼前的困局他很无力。我们要做的，不要针对字面底下所隐藏的想法与感受，试着让自己设身处地去感受，试着了解对方要说的。在给到一些引导式的提问，你觉得？你认为？或者呢？这类引导式的提问，也是在帮助对方理清目标，走出眼前的困境！

（三）积极回应，判断对方的期待

外呼人员要有"同理心"。同理心是先放下对自己的过度关注，进入他人的经验世界，才可能达成。同理心有一部分是先天的直觉，而有一部分则要经过后天的努力，其是人际关系的诀窍。倾听者的同理心，是领会他人说的是什么，再表现出这种理解。它建立起了解的桥梁，让我们与愿意倾听和关心我们的人相连，由此证实我们的感受是合理的，是被认可的。同理的倾听就是改变关系的力量。那些我们深有感触而又没有表达出来的感受,用言语说出来,在收到明确回应后,我们就会心生宽慰,觉得有人理解我们,并产生一种"人性相通"的感激之情。

第四节　学习盘点

一、什么是有价值的外呼(外呼项目制盘点,通过外呼留下了什么)

有价值的外呼,不仅仅是和用户通话、告知、推广,而是从和用户沟通的一点一滴中将用户行为进行分层,新/老用户和潜力用户会有不同的话术,以及接待方案。通过建立用户表单(后期应该是用户会员系统)来记录用户行为,通过外呼可以给用户形成什么样的标签。

无论是新老用户或者潜力用户,我们都应该遵循一个标准,"人情和生意"之间的区隔,通过不断地复盘和优化,给我们后期运营方面打下一个良性的用户标签,以下说一下分几个层面对用户不同的规则所产生的化学反应。

(一)新客户开发,要淡定

新客户由于是初次合作,还缺乏深入了解,互信度相对来说也不够,大力紧抓是不合时宜的。因为缺乏比较,如果一开始就是较大的力度紧跟,他还可能形成习惯性的依赖。

新用户的开发从源头就要严要求,我们和用户之间从情感上是交情,从实际触发点其实是生意,你认可我的商品、我的价格,不是强迫性购买,这就是生意。如果一单一味地贴补降价,从用户养成的角度讲势必会造成不良的影响。

（二）老客户的维护，要视情而定

有经验的老业务都知道，客情关系太熟，有时候也不好处理，因为他把你看成朋友，什么大小事情都找你。怎么办呢？常规事务，能帮就要尽量帮他，不然怎么配称朋友呢；非常规的事务，有时你要学会打太极，往上级推一推，不是客户的任何要求都应该落实和满足。对确实合理而又必要的事，你当然也不要怕麻烦，要尽力为他争取政策和条件；超出常规的事务，那已经超越了你的权限，适当地加大力度是应该的，不然很可能影响客户对你的信心，也会影响合作。

外呼也好，私域也罢，超出规则的事情，无论是新老用户，都要主动说"抱歉"，可以引导至其他福利渠道，或安抚客户再等一等后面的福利。千万不能擅作主张地决定一些事情，否则会影响整体业务的推进与合作。

（三）对有潜力的用户，要视发展而定

根据营销学原理，开发新客户的难度是挖掘老客户的8倍。所以，扩大就是促使他在原有合作项目的基础上，再增加我司的其他产品或新产品的深化。当然，这不是客户单方面的事，所以我们也必须看准市场、选好客户，加大扶持力度。对好客户，就是要下猛药，才能立竿见影，起到树立样板市场和打造优秀客户的表率作用。

潜力用户更像鱼塘里的鱼苗，我们鱼塘只有各种各样的鱼是远远不够的，因为池塘里的鱼会消耗，会流失，所以我们需要不断培养我们自己的小鱼苗，让其成长为我们需要的那个样子。能够和我们执行交互，完成任务，成为天视商城的忠实伙伴。

二、交互记忆点形成分层（根据外呼数据记录，进行用户二次外呼唤醒机制）

前期外呼如果交情不深，一般来说是最浅层次的沟通，相对应地在繁杂的环境当中，用户能记住你，也是千难万难。在外呼中如何能让用户记

住你,这是一个深度课题,这个"度"应该怎样掌握。

外呼次数过多会引起用户投诉,传递没有价值的信息等同于骚扰用户,所以我们应该对外呼中用户交互记忆点进行分层处理。

第一通电话非常重要,用户在接通第一通电话后接纳传递信息的态度,以及后期跟进行动方案。对于用户是否进行二次外呼,唤醒其第一次通话的友善记忆,以及对应二次外呼要推广的策略将起到至关重要的作用。对于第一次未接通或挂断的用户,多长时间进行二次激活式外呼,通过什么方法能够和用户之间进行触达,再通过深层次的交互形成转化。

三、关注用户反馈(外呼回馈的信息及时调整)

在外呼中用户传递的信息是非常有价值的,用户的回馈代表一部分人的心声,外呼人员通过什么样的技巧,能够让用户充分地反馈内心的东西,让我们更加能够判断用户的需求,对我们后期运营的方向进行调整。首先外呼人员应该做到以下几点:

(一)抓住客户的心

摸透对方的心理,是与人沟通良好的前提。只有了解掌握对方心理和需求,才可以在沟通过程中有的放矢,可以适当地投其所好,对方可能会视你为他们知己,那问题可能会较好地解决或起码你已成功一半。

(二)记住客人的名字

记住客人的名字,可以让人感到愉快且能有一种受重视的满足感,这在沟通交往中是一项非常有用的法宝,记住客人的名字,比任何亲切的言语起作用,更能打动对方的心。

(三)不要吝啬你的赞美的语言

人性最深切的渴望就是拥有他人的赞赏,这就是人类有别于其他动物的地方,经常给客人戴一戴高帽,也许你就会改变一个人的态度;用这种办法,可以进一步发挥人的潜能,使戴高帽的人有被重视的感觉。

(四)学会倾听

在沟通中你要充分重视"听"的重要性。你能善于表达出你的观点与看法,抓住客户的心,使客人接受你的观点与看法,这只是你沟通成功的一半;那成功的另一半就是善于听客人的倾诉。会不会听是一个人会不会与人沟通,能不能与人达到真正沟通的重要标志,做一名忠实的听众。同时,让客人知道你在听,不管是赞扬还是抱怨,你都得认真对待,客户在倾诉的过程中,会因为你认真倾听的态度所感动,会对你的人格加以认同,这才会为你下一步的解释工作奠定良好的基础。

(五)付出你的真诚与热情

人总是以心换心的,你只有对客户真诚,客户才可能对你真诚。在真诚对待客户的同时,还要拥有热情,只有拿出你的真诚与热情,沟通才有可能成功。真诚是沟通能否取得成功的必要条件。

(六)看人下菜碟

不同的沟通场合需要不同的沟通方式,对不同人也需要采取不同的沟通方法,要因地制宜,随机应变这样才能保证沟通的效果。

(七)培养良好的态度

只有你具有良好的态度,才能让客人接受你、了解你;在沟通时,要投入你的热情;在沟通时,你要像对待朋友一样对待你的客户。

四、不断学习(借助经验资源为我所用)

山外有山,人外有人,社会上有经验的企业和人很多。电话营销,外呼系统是一门学问,是对外呼者工作精细度的考核、心态的考核、心智的考核、情商的考核、反应力的考核。

管理也好,营销也罢,表面上都是技巧,都是工具。深层次上看却是人的心智,是气场。本质上更是人的修身、修心、修为!"销售表面是技巧,内在是关系,更是心智和心境"和"管理表面是技巧,内在是能量,更是磁场和气场",一针见血地阐述了我们在销售和管理过程中更应关注的点和修炼方向。所谓技巧性的东西,管理表单、销售例会、随访随查、沟通辅导、述职谈话等,而这些技巧性的东西是承载在销售团队的巅峰文化氛围,文化很大程度上都折射出领导或团队领导的性格和价值观。看似虚的组织文化,从长远的角度看却对团队带来本质的影响和改变。而对管理销售团队则是将这些文化与技巧相结合,演变成可以真正落地实施的方案。

要建设和管理好销售团队,就需要我们有意识地去细细琢磨我们团队中的每一个成员,琢磨成员的性格、优点、弱点、心态等。销售也好,管理也罢,其工作的重点都是人的工作。选人、育人、用人、留人的前提和基础应该是识人,识人不是靠感觉,更不是靠运气,而是靠仔细地观察和系统地了解。

那么团队和团体、团伙之间最本质的区别是什么呢?有人说是有明确的目标、严明的组织纪律、领导、分工明确等。其实,我认为三者最大区别在于成员之间是否相互信任。团队成员是以团队利益至上,而团伙和团体成员则是以个人利益至上。

外呼虽然是一个看似很基本、很简单的工作,其实他是真正考验营销者是否具备真正的耐力、智力、反应、情绪、口才、心态,把自己打造成"六边形战士",成为全方位的复合型人才。而不断学习纳新,是成就后期续航力的重要保障,很多工作贵在坚持,一时的英雄主义是没有办法成就真正的英雄,只有在不断地学习优化中,积累经验,不断给自己充电,才能完善自己,成就企业。

第九章

宣推：广域的触达如何触动用户

第一节　大屏宣推：如何选择大屏流量

一、大屏电商宣推特点

据国家广播电视总局2022年全国广播电视行业统计公报中披露，全国交互式网络电视（IPTV）用户超过3亿户，互联网电视（OTT）平均月度活跃用户数超过2.7亿户。根据勾正2023年5月IPTV数据月度报告显示，2023年4月全国IPTV总用户数达3.89亿户，月度新增用户166万户。IPTV用户的日活率50%，数据证明互联网电视用户的数量不可小视。中国老龄化人口的加剧，大屏用户也在逐年增长。市场的数据也反映了同样的趋势，中国市场上广告主的预算正在向着智能大屏迁移。根据秒针系统媒介智库数据分析，整体数字媒体硬广流量中，品牌通过智能大屏投放的广告流量占比23%，甚至有部分品牌的智能大屏广告投放已经达到了30%—50%的份额。海外市场也有同样的趋势，根据加拿大蒙特尔银行金融集团（BMO Capital Markets）华尔街股票研究团队发布的报告，2021年美国的联网电视（CTV）广告支出预计将达到近210亿美元，此后将以每年约23%的速度增长，到2030年时达到约1 000亿美元。

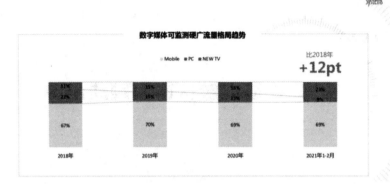

图9-1　数字媒体可监测硬广流量格局趋势

数据来源：秒针系统媒体智库2018.11-2021.2.28。

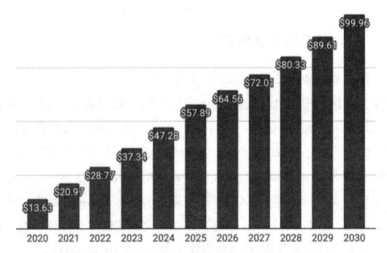

图9-2　联网电视（CTV）广告支出（单位：十亿美元）

数据来源：蒙特利尔银行金融集团。（BMO Capital Markets.）

　　如今，电视机已进入智能数据化时代，智能主要是由于接入互联网所带来的改变，内容呈现方式、互动方式、数据与技术能力都相比传统的直播电视有大幅度的升级，具有双向、智能、人机互动功能。大屏展示声光画一体表现力强，广覆盖触达高，可多频次触达。但同时也最易被忽略，转化低。

智能大屏因聚焦家庭核心人群、汇聚家庭成员此功能为信息而成为品牌、销售的出口渠道。

二、大屏电商宣推形式

应该说大屏宣传是品牌宣传的主阵地，视频能够全方位展示。如今电商遍野，各家利用自己平台推销产品、促销产品达成销售目的。常规是品牌和销售融合在一起的传播。目前IPTV平台常用的大屏宣传模式有：开机、直播换台、点播贴片、暂停、退出、音量广告等。

用户的行为习惯以及与IPTV交互时所获得的信息，是IPTV作为大屏电商平台得天独厚的数据资源，如何根据我们从不同入口获得的信息而有的放矢地利用起这些资源，去为电商引流，成为我们流量密码的重点。

智能大屏在中国乃至全球的快速增长已经成为重要的流量来源，在流量市场上，移动端目前呈现高度紧张状态，流量红利见顶，多样化形式竞争激烈导致价格不断上涨。因此品牌追随着用户的脚步，提前把握趋势入局蓝海，预算向智能大屏倾斜已经成为趋势。

成熟的头部品牌虽然拥有着广泛的受众认知，但是智能大屏的独占触达能力仍然可以帮助他们覆盖更多受众，家庭大屏是获取增量的成熟入口并可巩固品牌认知基础。互联网品牌选择大屏投放实现拉新，同时视觉创新、结合内容等创意营销方式也可以发挥更多优势。

品牌性宣推：开机、贴片、暂停、退出、直播弹窗广告图片尺寸大，可呈现高表现力，流量大。

知性宣推：换台广告，高频次，信息简单明确。

换台广告：天津IPTV平台换台广告是16个频道为一组，每日展现次数在1000万次左右。无论是在广告展现数量还是覆盖人群数上，都是具有绝对的高曝光。

转化性交互：专题、专区、浮窗广告等可互动跳转或跨屏，可详细说明规则，并邀请用户采取一定行动。

专题:锁定特定专区制作专题,面向精准客户,更有针对性,并且穿插多样化内容,精细化满足用户收看需求。

专区:二级菜单特定主题专区,配合当下实时热点及线下活动,聚焦主题方向,精准引流重度用户。

浮窗广告:在指定时间段及指定频道,弹出一次长达30秒直播浮窗广告,可跳转链接,甚至完成大小屏转换体验,极大增强了用户互动性。

三、大屏电商宣推要点

(一)内容:强调用户获得,聚焦商品

根据秒针系统研究表示,浮层、闪屏、变形、3D等非常规视觉效果形式广告,更能吸引观众注意力。当前创意开机、3D霸屏等广告形式在智能大屏端广泛应用起来,在用户视觉体验上提升了新的高度,吸睛效果明显,用户更容易对品牌形成印象。

大屏电视具有媒体权威性特质,可以使用公信力营销,做产品质量第三方鉴证,推出产品质量鉴定官,拉动用户黏性,引起爆品购买效益。

选品是个长期、技术和博弈的工作。企业发展在不同时期对市场的需求也是不一样的,充分了解企业发展在哪个阶段诉求点是什么。用整合营销的思维,聚焦商品。在拉动销售的同时,满足品牌文化建设消费价值服务。突破图片、品牌广告的曝光次数展示,增加长视频聚焦商品多元化、多角度推荐销售模式,满足用户消费获得。

(二)形式:画面为主,诉求单一

大屏电商基本是视频化,因为大屏就是看视频,我们也可以寻求到大量的视频商品。尽管最终目的都是实现转化,从商品的招商、筛选到订单、物流,以及IPTV的内容审核,最终呈现在用户面前。

我们可以呈现更多媒体化:静态高清图片,动态视频播放,九宫格预览,分屏技术,配合体感遥控360度旋转、放大、缩小这些呈现方式,可以

让用户在大屏上对商品进行更不一样的视角、视觉体验。

(三)媒介:追踪用户习惯和收视轨迹

随着市场日趋饱和,从规模经营到深入运营,IPTV进入到下半场。截至2023年7月,IPTV用户总数已达到3.93亿户,IPTV已成为大屏端规模最大的主流媒体。面对IPTV这庞大的用户群体,从业务的普适性到运营的针对性,我们在挖掘单个用户的价值最大化的同时,也在转变关注点,更加关注不同群体的不同需求,以及由此带来的消费改变。得用户者得天下,无运营不营销,了解用户、服务用户、运营用户永远是制胜之道。

用户画像——新零售普及让用户画像的使用更加细化。用户画像是指根据用户的属性、用户偏好、生活习惯、用户行为等信息而抽象出来的标签化用户模型。通俗说就是给用户打标签,而标签是通过对用户信息分析而来的高度精练的特征标识。通过打标签可以利用一些高度概括、容易理解的特征来描述用户,可以让人容易分析用户,并且可以方便计算机处理。用户画像是对现实世界中用户的建模,用户画像应该包含目标、方式、组织、标准、验证5个方面。目标:指描述人、认识人、了解人、理解人。方式:又分为非形式化手段,即使用数据的方式来刻画人物的画像。组织:指的是结构化、非结构化的组织形式。标准:指的是使用常识、共识、知识体系的渐进过程来刻画人物,认识了解用户。

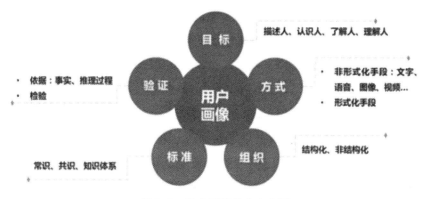

图9-3　用户画像的几个方面

图9-4　了解用户

第二节　电商宣推:
从广而告之到品效合一、品销合一

一、精准:如何找到目标用户(筛选用户)

企业在向用户提供产品和服务的时候,必须深入探查用户对于产品和服务的感受是什么,你所做的是不是能够满足用户的价值主张。如果能够满足他们的价值主张,你就可以实现对用户的转化,你就会创造超乎寻常的经营效果。

目前,家装行业用户初步数据筛选:①观看IPTV平台播出的家装视频的重度观众;②喜欢看天津地面频道以及央视和其他卫视的家装节目的观众;③进入天视商城专区,收看家装产品的详情页介绍的观众;④进线咨询过家装产品的业主。汇总成不同ID组,与天视商城购物用户信息进行对比筛出手机号。

通过传播,对ID组进行广告(弹出广告、浮窗广告、生活圈广告)信息告知。了解用户,人工外呼对消费者的需求进行求证,并告知产品活动信息(当举办落地活动时,就是活动参与的邀请)。验证用户需求,如何满足用户需求。

二、触达:发挥广告产品的优势,将广告传给有需要的人

电商时代让我们足不出户,想要的物品送到家,更是价格优惠多多。淘宝、京东的时代也即将过去,即将迎来"新电商"模式。什么是新电商呢?我理解为大数据作支撑的营销。举个例子:对于周六和周日中午经常来店里购买咖啡的顾客,麦当劳会给客户发送"周末早晨的咖啡免费券";对于经常来店里购买套餐的顾客,它会送给你额外的小点心,比如苹果派的优惠券;对于那些常客,它会发送新品,比如新口味的汉堡包的优惠券。如果前面的优惠有奖励性质,或者推销性质的话,那么下面这个优惠券就有唤醒的性质了。对于有一段时间没有来店里买东西的顾客,麦当劳会发送这位顾客过去最常买的那款商品的优惠券,刺激你的怀旧感。IPTV大屏推广,可以分时间段、分内容、分人群、分产品匹配不同人群价值主张,达成销售通路。

在数据层面,智能大屏突破了电视的传统属性,可寻址、可画像功能让品牌营销实现受众的精细化筛选,也让大屏程序化得以实现。

智能大屏基于用户标签可有效触达母婴人群、购车家庭、银发一族等特定目标家庭用户,基于屏幕尺寸、用户住宅小区等标签筛选可触达高端人群,针对教育行业还可定向投放有孩家庭实现决策者与使用者的同触达……随着智能大屏端链条逐步完善,智能大屏不再仅仅作为补充触达的新兴媒体,而是营销媒介组合中的重要一环。

三、转化：发挥大屏联动优势，全链条宣推保销量

快速引爆市场

除了不同品牌的多样营销诉求，品牌在特殊节庆、新品上市、主题活动期间需快速引爆市场，智能大屏可高频次全量覆盖市场，再配合其他数字化媒体资源组合，是高效率的投放方式。像四年一度的奥运会，作为顶级体育IP，其赞助商们自然会在奥运期间全力触达品牌曝光的阶段性顶峰。此时智能大屏一定是品牌的重要选择之一，全链路广告曝光、高频次触达、更契合赛事观看场景，真正做到了"集中力量办大事"。

例如：在东京奥运会期间，作为奥林匹克全球合作伙伴的可口可乐与多家智能电视达成合作，通过开机广告、主界面换肤、霸屏广告等多点位营销资源，品牌与奥运观看场景强关联，快速提升奥运期间品牌声量，并深化用户记忆点。

大小屏联动，手机便捷操作方便，领了红包就可以购物，直播带货用手机更是当今热点。天视商城每天上午直播带货，已经沉淀了不少观众和用户，再结合消费者的价值诉求，开展系列活动。类似娱乐节目"七天乐"，购物也是一件快乐的事情，既享受了优惠的价格又有娱乐的体验，阶段性的活动可以拉动销售还可以沉淀观众。

【案例】快乐购：从品牌宣推到提升销量

尽管电商市场潜力巨大，但已是巨头林立的红海厮杀。IPTV进行营销手段、模式的创新，打造出新颖玩法才有望分得一杯羹。湖南IPTV发挥内容制作和本地化等优势，打造不同的带货方式，成为其脱颖而出的关键。

首先，湖南IPTV基于内容制作优势，创新体验式、服务式业态，深度连接消费者。目前湖南IPTV上的购物频道和电商活动不局限于演播厅或者固定场所的带货，而是走到原产地、生产工厂等地进行体验式带货，丰富内容呈现维度，进一步拉近用户和产品的距离，比如"新鲜菜"活动中

用户能云监工蔬菜采摘配送过程。同时,开辟出"综艺+电商+直播"跨界新路径,《砍价大作战》节目每期聚焦如"婚嫁""婆媳"等社会热点话题,探讨不同的消费观念和生活方式,并通过服务型内容关联用户的消费场景,用内容引发共鸣,打造边看边买的购物体验。

其次还充分利用芒果生态下的IP资源、艺人资源,撬动粉丝经济,为品牌站台。快乐购主导的"云撸串"直播节目邀请芒果娱乐的艺人冯青和热播剧《上古密约》的主演章煜奇一同互动。《砍价大作战》中,芒果TV新生代李莎旻子成为节目主持人,芒果TV艺人喻美壬、艺达、罗予彤、苏眉月成为"砍价团"成员。

再者IPTV基于区域化属性,拥有下沉能力和连接能力。近些年本地化、定制化服务成为IPTV深耕垂直内容的一大发展思路,也是其在电商领域竞争中走出差异化的关键。在湖南IPTV"好吃厨房"播出的"云撸串"活动中,在快乐购主导下,联合湖南当地客串出品品牌,试水"电视购物"直播外卖;在新鲜菜项目中,芒果TV和快乐购也是联合本地农场推出的IPTV蔬菜配送业务;《砍价大作战》节目现场还原长沙市井风貌,同时邀请湖南本地观众熟悉的花鼓戏表演艺术家代表成为"砍价团"成员,品牌商家也大多是当地商企,增强节目的"湖南味道"。

更重要的是,在商品和内容更贴近本地化中,IPTV还将为商户线上线下引流,助力本土商业发展,尤其是"新鲜菜"和"云撸串"起初是在2020年初推出的系列产品活动,响应民众相关需求,助力相关产业复苏,展示IPTV的责任和担当,赋予大屏电商更多价值和意义。

大屏电商想要往高处走,离不开手机这一中间媒介。在大屏上构建差异化电商内容服务基础上,结合移动小屏的传播力、互动力、转化力等,能助力IPTV电商业务进一步发展。

一方面,伴随新技术、新模式的不断涌现,零售业态之间的边线将被打破,电视购物企业也将走向"大屏+小屏"的销售模式,通过融合媒体多屏传播+种草+购买方式促成交易。

快乐购在策划的"云撸串"直播节目中,IPTV"好吃厨房"、湖南快乐购双渠道购物平台,联动蘑菇街、淘宝直播芒果台快乐购等外渠直播平台,通过手机、电视、IPTV全媒体同步直播,首场直播当天卖出8万串;在"云卖车"活动中,IPTV生活家等电视频道和淘宝、苏宁易购、拼多多等快乐购电商平台以直播的形式进行汽车销售,借助快乐购与汽车之家联合成立的芒果汽车子公司,打通供应链,在2020年"五一"期间进行的5场直播中销量达到4 534辆。多屏多渠道也为消费者提供多样化购物途径,提升消费体验。

另一方面,尽管当前智能电视的交互体验在逐渐改善,但相对手机小屏还有所不足,IPTV利用小屏领域资源完善服务和功能也尤为重要。

湖南IPTV就通过汽车频道的微信公众号"IPTV车友会",为用户提供一键加油服务,进一步拓展服务场景。在加油服务界面,用户登录后,系统可以根据定位推荐附近加油站,也为用户提供燃油种类、距离、价格等标签信息筛选功能,通过派发优惠券来引流。相关数据显示,自2020年年中平台服务上线之日起,合作加油站就已达10 000+,服务城市覆盖400+,连接充电桩400 000+,服务触达车主人次300 000 000+,在此过程中也将IPTV影响力辐射到全国。

与此同时,一个完整的电商购物流程涉及用户从浏览到购买决策,再到下单支付全过程。而在电视端,支付一直是难点。湖南IPTV选择扬长避短,通过大屏呈现优质内容,利用流量优势导流到小屏中成交。

具体做法是在商品广告或者相应电视节目中,植入商品购买二维码,连接到互联网移动终端和商品对接的购买平台。例如:"新鲜菜"项目,用户能通过IPTV大屏观看从采摘到配送的全过程,并通过二维码引流到小屏实现支付下单;在《砍价大作战》节目中,砍价成功的商品会在小芒App上销售,用户也可以通过节目中的二维码链接到小芒中进行购买,最终形成内容+电商闭环。

四、业务要点

（一）商品选品：聚焦

先聚焦做好一个品类，不是所有商品适合做电视购、大屏购。应该是终端标的单价高、毛利高、科技时尚类、健身器材康、生活家居类，智能电视面对的受众人群36岁是主力，所以选品是成功的第一步。

（二）终端标的

打包服务，输出多样化，结合小屏多样化出口。

（三）入口的人性化

避免太突兀地给人广告，不要和传统电视无差别。可利用智能电视的特性，如场景的自动识别、语音、图像等技术，与内容自然整合，确保观看的流畅，观看内容不中断。

（四）呈现的多媒体化

静态高清图片、动态视频播放、九宫格预览图、分屏技术，配合体感遥控360度旋转、放大、缩小这些呈现方式，可以让用户在大屏上对商品进行更不一样的视角、视觉体验。

（五）交互简单化

控制、输入。智能电视的控制有多种方式，物理按键遥器、空鼠标、触摸板、全身体感、手势体感。与购物相关的交互环节有两个，一个是商品浏览，一个是下单。从发现到购买完成过程最多三步完成。输入是在购买过程中要面临的环节，传统手机或PC端已经简化很多。账号同步或解决大部分问题、地址、联系方式等。但在商品选择还要靠UE/UX的努力，特定界面、特定位置的特定键盘，纯数字键盘。完美的语音输入也可解决这一问题,基本无汉字输入的界面设计。

(六)安全

手机是私密的,是大家心理认知最安全的设备。所以最终的支付环节,小额度或限额的可在电视机上利用免密完成,但大额最终支付可能还是在手机端确认。

(七)用户心理调研

电视购物的习惯。大多数人认为电视购物都是骗人的。传统电视购物在用户心理认知上是低端、不被信任的事,所以要靠选品和内容的结合,及呈现方式上吸引、引导用户。

(八)智能电视的电商平台要努力帮助用户消费升级

完成更好的展现,从屏幕、画质、技术上,给用户带来视觉及听觉等一系列的感官刺激,完成更理性的消费。

五、关键指标:找准大屏购物核心问题

(一)转化率低

主要是入口问题、消费者行为,还有心理因素。层级深,用户不会主动触发。

(二)体验差

交互方式单一化,很难进行多屏切换,多任务切换,无法比价;获取评价信息,只能线性操作。

(三)资源投入大

视频拍摄成本,适配各种输入方式,商城标准构建优化,开放商家来

运营。和内容的深度结合，依靠前期的深度定制或技术足够投入，才能实现观看内容的融合，自动场景识别，就像你对《欢乐颂》里某件衣服感兴趣，同时又根据历史数据知道你可能感兴趣，即使弹出一个小小的标签，还是打破了你的观看流畅度。如果是一个《欢乐颂》的电商商品频道可能会更吸引你。

（四）技术融合不够

从各分发市场看，电商 App 的 TV 版下载量还只是百万级，只是单一的改改分辨率，还未与智能电视进行深度融合。在调用 IPTV 本身的技术上还有很大的合作空间。特别是利用智能电视本身的语音识别、图像识别、人工智能等进行的自动场景识别及商品标签 PUSH。

第三节　展望大屏电商&创收融合

一、大屏电商与广告整合运营的有效结合

智能大屏端内容形态更加丰富，用户从"看"电视逐步转向到直播点播融合、集学习、游戏、健身、消费服务等为一体的综合娱乐生态；智能大屏端的政策利好，允许更丰富的内容出现，像央视等强势媒体都在向智能大屏端发力。在交互体验上，智能大屏也在不断升级，遥控器、语音、手势、扫码等多样化交互习惯正在逐渐被培养起来，形成用户沉淀。消费服务更是把传统广告和销售产品整合在一起，结果就是创造效益。基于区域优势与边界，我们推荐了当地的家装服务公司的装修产品，适于天津有家装需求的业主，分为亲民产品、品质产品和个性需要产品，满足不同需求主张。

另一方面，智能大屏的广告容器也得以快速进化，创意高度灵活，能够满足广告主的不同营销需求。例如，传统开机广告已经逐渐升级为创

意开机,这为品牌创意展示提供了更强冲击力,用户也获得了更好的视觉体验,广告质量提升显著。开机后的广告产品愈发丰富,组合搭配也能玩出新花样,而且更加关注有效触达以及用户使用场景的结合。同时,近年来火爆的短视频、直播等形式也给予了品牌更多选择。

对于高端品牌,如奢侈品类,品牌需要通过大屏广告来传达更具冲击力的视觉体验,带给用户超越传统渠道的广告质感,可以说智能大屏是高端产品广告更好的传达方式。

(一)目前大屏市场慢直播、云课堂、大屏院线等

满足消费者的消费主张,才能成功地完成销售。

健身本就是家庭中的典型场景之一,也是包括电视大屏企业在内的不少玩家有所布局的领域。疫情之下,人们对于健身无疑有了更加强烈的需求。某种程度上,刘畊宏的火爆也对此进行着印证。

广告主需要确定营销目标,再制定新的营销策略,最终也可基于投放验证效果,让品牌营销预算与优质资源有的放矢。常见的营销活动的目标有以下6个。

目标1 触达最大化:让广告触达更多的人,这是大多数品牌驱动生意增长的关键目标。

目标2 提升TA精准触达:更精准地触达目标受众,提高触达效率,对于目标消费者非常明确并相对小众的品类非常有用。

目标3 实现跨媒体联合频控:控制不同媒体平台在目标受众上的触达次数,减少曝光不足或过于高频带来的浪费。

目标4 转化效果:追求营销活动后的销售转化效果。

目标5 引爆品牌:抓住事件、节日、新品等时机,让品牌快速爆红。

目标6 强化品牌形象:给品牌赋予更有价值的形象,比如高端、科技感、年轻化等。

（二）大屏医疗、智慧养老

重庆 IPTV 以 5G、物联网、大数据、人工智能等新技术深度推进"互联网+"，推动打造"线上—移动—线下"三位一体全时空的服务平台。

一是在电视端推出"12320 优医生"智慧医疗产品，实现预约挂号、预约体检、问诊送药等服务。

二是定制打造智能终端推出"好老伴"产品，完善养老定制服务，已在重庆市多个社区推广。

三是加快数字乡村基础设施建设，提高农村互联网普及率和 IPTV 用户数，创新服务内容，建立长效机制，提升农村信息服务水平。

（三）在电视机上种棵树、收果子或者 AI 数字人做大屏导购员

爱奇艺宣布将发布原创虚拟偶像 IP 寄生熊猫 Producer C 的数字藏品盲盒，首批发售产品为 6 只熊猫头，共计 8 888 份。此外，寄生熊猫 Producer C 是爱奇艺长期孵化的虚拟 IP，同时也是爱奇艺首支原创潮流虚拟偶像厂牌 RiCH BOOM 主理人。

百度地图 AI 数字人——希加加，人物会让观众感受亲切、中国文化崇拜、喜爱有血有肉的人物，会有感情认可和 KOL 的作用。

聚焦的元宇宙发展，代表着未来虚拟商品的热销。

（四）营销天津——营销天津的美食、美景、物产、文化

当前，智能大屏有着丰富的定向方式与投放策略：

尺寸定向——满足品牌触达"高端用户"需求可定向投放 60 寸及以上终端。

时段定向——黄金时段"兵家必争"，而对于一些特定品类如酒类，选择非黄金时段既可以触达有效受众又做到了节省预算。

地域定向——地域定向不难理解，也是不少广告主应用成熟的投放策略，针对重点受众省市筛选定向。

LBS定向——作为地域定向的"高阶玩法",LBS定向更适宜大型商场、4S店等实体店铺,智能大屏可基于门店附近小区定向投放,助力线下引流。

社群定向——除了时段、位置等基础定向,用户的类型、喜好更是各色各样,基于用户标签画像定向选择与品牌契合的用户社群,如母婴社群、汽车社群、教育社群等,同样是大屏端科学的投放方式。

内容定向——观看内容是用户电视使用的重要场景,基于内容偏好的用户分类可利于品牌锁定目标受众,利用广泛的OTT内容标签,根据TGI排序做内容优先级选择并投放。

各类智能大屏端的定投策略日益成熟、广泛应用,在创维酷开与保时捷的合作案例中,基于品牌投放策略,精准投放至高端住宅,辐射核心受众,对线下门店进行引流。

(五)展望IPTV多元化的商业模式

一方面,在IPTV相关电视购物频道入驻的基础上,通过收取落地费、购物频道分账等实现收益。如果同步优化直播推轮播播放形式以及升级电视购物节目的编排,电视购物频道的销售成绩也将得到进一步提升。

另一方面,可整合线上线下资源,开发全新的家庭服务产业链,构建起连接人与服务的商业生态。通过为用户提供相关产品、新闻资讯、便捷服务,获得商品交易分成和会员收入。例如:汽车专区除了可以进行商品交易外,还和多家汽车品牌以及4S店共同打造增强汽车会员权益,在购车、养车、用车等方面为用户提供便捷和实惠,打造电商会员盈利模式。在模式运营成熟的基础上,依托IPTV流量价值和家庭消费场景,还将吸引更多商业和品牌关注,有更多B端变现的可能;日常加油服务则可以为汽车用户提供基于油站场景的互联网加油服务,带来更多增值服务收入,同时其作为汽车专区的衍生服务,也预示着IPTV在打造一站式车主服务,实现闭环价值变现的生态体系。

在IPTV的电商赛道深度探索中,结合自身优势走出差异化路径,聚焦品质和服务提升,将成为突围关键。同时与小屏优势互补,构建以品带销、品效兼顾的流量循环体系和营销链路闭环也很重要。

天津IPTV依托内容制作、电视购物频道运营等方面的优势,结合自身本地化能力,构建起了天视商城多维服务生态,以差异化创新发展获得成长空间。而大屏广告资源的整合营销模式以及天视商城小程序等都将对天津IPTV电商业务产生更多赋能。

第十章

直播:线上粉丝见面会

第一节　粉丝见面会

一、热闹的直播乱象

随着网络直播平台兴起,网络直播成为电商行业的一个时代潮流。很多平台都纷纷进入了直播时代,从最初的YY游戏直播、映客等平台的娱乐直播,到现在的抖音、快手、淘宝、腾讯等各大平台的加入,直播也在不断地发展,直播带货开始兴起。

现在的直播已经不仅仅局限于年轻人参与,现在更多的是全民直播,不管是看直播,还是做直播都覆盖了多个年龄层,大家渐渐地能够接受直播,并且参与其中,最热闹的不得不说当属"直播带货"。

当众多主播借助节日等活动进行直播间带货,纷纷取得了惊人的"战绩"后,直播带货成为线上购物的新生力量。又由于近几年的疫情等原因,直播带货凭借着自身的优势呈现爆发式增长,很多人被直播带货的繁华景象所吸引,同时加入直播带货的行列。

所谓直播带货也就是"直播+电商"。如今"直播+电商"作为一种新兴的电商方式,几乎已经成为国内各大品牌必不可少的一部分。网络直播吸取和延续了互联网的优势,利用网络进行实时的现场直播,不仅可以将内容展示给大众,还可以与观看直播的观众进行互动,大大地拉近了主播和观众的距离。它利用互联网的直观快速、表现形式好、内容丰富、交互性强、地域不受限制等各种优点,提供了一个便利的平台,发展到现在,直播带货一直处于繁盛时期。

二、大屏电商运营也需要直播

大屏电商经过不断发展迭代,从购物频道到电视商城,运营模式已经发生了变化,尽管电视购物开始走下坡路,但是这种线上观看式的购物体验依然火爆。

那么大屏电商与直播带货的区别是什么呢?

大屏电商是以视频购物为核心,优势就是将商品卖点最大化展示,提高商品转化率,播放的一般都是录制好的节目,虽然视频的内容不会出错,但也导致了一些必然会出现的问题。因为不能和观众进行实时互动,所以在产品拍摄的期间,只能按照节目组的想法介绍产品,缺少用户对产品的反馈。

同样是通过视频的方式传播,直播带货与之不同。在直播带货期间,直播间的主播们拿着商品进行激情讲解,外加操作演示,随时答疑解惑。当直播间人数达到一定数量时,不时抛出一些优惠折扣,吸引粉丝进行购买,用户更有参与感,更容易融入。

那么直播带货最大优势在哪呢?

(1)方便直观。直播带货涉及的商品种类广泛,比起普通的线上购物,直播带货使人们购物变得更加快捷方便、高效直观。在直播间内,只要上架的商品,无论人们想要购买什么商品,都能直接快速地在直播间找到。

(2)领域范围广。不论是大企业还是小企业,都可以进行直播带货,直播带货不限企业大小,而且各种行业领域,几乎都可以进行直播带货。

(3)受众用户广。目前直播带货已经全网火爆,不论老人小孩、男生女生,大家都听说或是尝试过直播购物,它所具有的能突破时间、空间限制的特点已经吸引了越来越多的人。由此可见,它的受众非常广泛。

因为互联网的便利,现在年轻人不管是追剧,还是追综艺,都已经习惯了网络,打开电视的机会越来越少,所以大屏电商运营也开始需要直播,需要通过大小屏的互动走出一条属于大屏电商的直播道路。

三、不一样的粉丝见面会

在2020年4月份天视商城开启了别具一格的直播之路,与大多数的直播不同,我们是以"粉丝见面会"的形式开启直播,在直播期间维系商城社群用户,贴近用户。在社群运营的基础上,以"柿饼纸粉丝见面会"的形式进行直播带货,通过社群的社交温度,提高与用户的交互和交情,从而增加订单转化率,提高商品销量。

社群直播是充分发挥私域流量的优势,借用"社群运营+直播"增加用户的忠诚度,提高用户的积极性,同时也利用了直播的优势,提高用户对商品的认识程度,形成用户的转化率,通过运营与技术手段做用户裂变。

第二节　制定完整的方案

在确定直播后,第一时间应该通过前期策划确定主播定位、选品定价、人员分工、互动方式、营销卖点以及培训相关人员的操作。对主播的直播方案和直播话术,都需要准备齐全,并且在直播前为主播进行答疑解惑。

一、直播平台

(一)确定直播平台,哪个平台直播更有效

直播的平台有很多,公域流量直播(抖音、快手等)虽然用户流量基数大,能够获取大量流量,但是会有用户不精准,变现困难等劣势。私域流量(社群、微信小程序)直播的用户精准,带货更加简单、方便,时效性更强。

在众多平台中,我们选择了微信小程序的直播。

（1）低门槛、快运营。小程序直播是微信小程序后台开放的一个直播接口，给商户们用直播的形式跟用户和粉丝进行互动的机会。相比抖音和快手直播都有粉丝门槛，小程序直播则没有这方面忧虑，可以直接开启直播之路，并且不用下载App软件，直接用小程序也能收看直播，更容易传播。

（2）更高效承接微信流量。小程序直播的所有访问、互动及交易均在我们商城自有的微信小程序内完成，无须跳转，因此直播所带来的流量与交易，全都沉淀在我们自己的小程序中。

（3）强社交，高转化。小程序直播可最自然地承接微信的社交、内容。可连接小程序商城直接销售并锁定关系，且我们可以通过优惠活动、满减、优惠券功能引导用户转化为社群、公众号用户，更有利于长期运营。

微信小程序直播间的设计跟其他直播平台的设计基本是一样的，功能方面目前还是略微单薄了一些，但是像评论、点赞、一键购买这些在用户端都是具备的。

从后台来看主要有两个大的功能，一个是直播间管理，另一个是商品库管理。

图10-1　微信小程序直播管理后台

直播间的创建主要包括直播时间的设置、标题设置、分享设置等功能。

图10-2　微信小程序后台-直播间创建示例图

　　商品库可以实现使用小程序原有商品链接的直接购买,把原有小程序的上架商品链接抽离出来,实现直播功能和原有小程序商城的无缝连接!

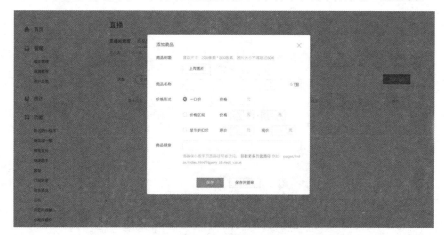

图10-3　微信小程序后台-直播间商品维护示例图

　　在直播结束后的左上角还有"回放"功能,这个功能可以解决用户没空看直播，依然可以回放的需求。

（二）同时多个平台直播，需要如何兼顾（大屏、万视达、小程序）

如何实现多平台同步直播呢？用电脑直播，使用推流软件，将信号流通过推流大屏、万视达和小程序等平台，同时推流，信号统一播出。在小程序后台MP创建推流直播计划，获取推流地址，然后进入控制台，检查推流正常的情况下即可开始直播，进行多轮平台播放，直播期间可以通过一个推流软件进行多个平台直播的监控。

多平台直播的优势：一个平台的用户是有限的，但多个的平台可以扩大范围的，多个平台直播可以同时吸纳各种不同平台的用户，用户量大更容易变现。

多平台直播的劣势：直播期间各平台的用户无法及时在同一个平台留存；主播在直播期间不能够及时地兼顾每个平台的留言，难免会有遗漏。所以这时就需要每个直播的平台就需要有一个助手进行控评和回答主播没有注意到的问题，多个平台直播会增加相对应的人力成本。

二、直播选品，挖掘产品卖点

直播带货商品共分为三类：爆款、大众款、福利引流款。

爆款产品是放在直播开始时进行推荐的，能够快速抓住顾客的眼球，让顾客不会跳出直播间；大众款可以快速提升货单量；福利引流款用在与用户的破冰环节，选一款性价比较高的产品进行活跃气氛，吸引关注。一般为直播间售卖的价格较低的产品，用来为直播间吸引人气、导入流量。

（一）有限的时间内，找到商品真正打动用户的点

如果卖点提炼得好，其实我们能够在很大程度上让用户忽视价格，实现转化下单。一个有足够吸引力的款式，即使比同款类型贵一些，也不妨碍它的转化。

所谓"卖点"，是指所卖的商品具备了其他同类商品没有，与众不同的

特色、特点。卖点写得好,识别度就高,用户就能在第一时间记住你,对你产品产生兴趣,建立信任感,成交就是水到渠成!

首先一个合格的产品卖点要给予消费者一个明确的利益承诺,它的突出特点必须是唯一的、独特的,最重要的就是从用户真正在意的点出发,最后刺激成交。

当然,价格是影响用户决策的一个重要因素,把价格作为卖点本身很大程度能够很有效,尤其是对价格敏感度高的群体,高价低价都能成为产品卖点本身。低价产品关键是低价不低质,给出低价理由,让用户感觉买到即赚到,而不是在大甩卖。

也会有用户会冲着赠品去下单,赠品设计的核心原则就是价值感,要求既能提升产品本身的价值,赠品本身也有价值感。

服务也是可以成为直播的卖点,服务是产品的组成部分,提供特别的服务,也要有强力的卖点。

直播带货的性质,决定了主播想要做出成绩,必须严格选品。产品质量决定了粉丝对主播的信任,信任度越高,带货能力就越强。

(二)分类主题直播

(1)直播形式。

试吃直播:通过试吃各种商品,为用户描述体验感,让用户身临其境。

娱乐搞笑直播:以娱乐搞笑的形式吸引直播间平台上的用户,种类有很多,用这种轻松的方式来被人接受。

线下直播:到各种不同场景的现场进行直播,比如商家专场直播、进入工厂解密制作过程。

才艺展示直播:直播期间进行才艺展示,例如唱歌之类的。

(2)商品种类。零食专场、年货专场、家居专场、品酒专场,等等。

(三)直播商品讲解顺序

(1)上引流款。时间15分钟,拿出直播间本场最具性价比的产品。

通过引导用户互动(例如想要这款产品的想要告诉主播)的方式介绍产品,积累人气,提升直播间流量。

(2)过渡大众款。时间10分钟,上一到两款过渡款产品。它们并不被作为主推,主要作用是持续提升直播间人气,在价格相对较低的情况下,给足用户安全感。因为消费者如果已经买了便宜的产品,那么相对贵一点儿的产品出来,用户从心理上更容易接受。

(3)上爆款。时间15分钟,拿出赚钱又走量的产品。这类产品有个最大的特点就是它的真实价格成本不被大众所熟知,但是它又不是大家听都没听说过的品牌或产品。在这个时间段,直播间人气要达到最高峰,人气配合得好的情况下,热度很容易上去。

三、前期直播宣传方案

(一)调研用户,选择推广渠道

在直播开始前,利用社群、大屏广告、大屏推荐位、公众号等推广渠道做直播前预热。

(二)宣传预热,确定宣传内容

提前透露一些直播消息,吸引社群用户和大屏用户的注意。同时通过砸金蛋、福利等互动形式,来激起社群的活跃度,起到直播预热的效果,也能让更多的人及时观看直播。在做好常规的预告宣传之余,我们还可以用短视频方式推出一些爆款、抽奖来吸引用户的眼球,引起关注。

一定要让宣传触达的用户知道,该如何进入直播间,直播活动有什么是能够吸引他们观看的。否则就算直播内容效果多么丰富,没人看也等于零。

直播文案也要吸引人:直播主题是直播预热文案中最重要的部分,这些内容必须放在文案最引人注目的地方,让用户一眼就能看到,这样用户就可以在直播前准确理解直播的相关信息。在设计预告文案的时候,必须表现出直播的亮点,只有充分包装自己的直播间才能吸引用户。例如:利用产品的卖点和优惠活动等抓住用户的眼球。

　　总之,直播预热文案要在短时间内抓住用户的眼球,引起用户的好奇心,这样才能让更多用户进入到直播间。

(三)制定直播互动方案,明确直播方式和工作分工

　　在直播开始前,首先要先做好直播间内设备等准备。需要我们根据商城的风格专门打造进行直播的场景,可以根据不同的直播内容去更换直播背景。一般情况直播背景需要简洁大方一点,如果是做低价秒杀清库存的,陈列需要给人一种紧张感和压迫感。

　　其次是直播的道具:包括直播设备、灯光音响、麦克风、主播以及互动游戏所需要的道具。最后也是最重要的是准备好直播带货的产品。

　　工作分工。直播团队最重要的是:主播、助播和运营。主播负责讲解产品、互动和促单;助播负责补充讲解、引导关注、购买演示、互动答疑、展示产品,等等。运营,就负责上架商品链接、设置库存、控制直播间评论,投放广告、监控数据、把控节奏,等等。

第三节　全流程管控,打造一场完美的直播

一、贴近用户,与用户破冰

(一)稳定的直播时段很重要

　　每个人都有依赖心理,所以稳定的直播时段非常重要。固定一个直播的时间段,久而久之会让粉丝习惯你的直播时间。一开始可能是无聊,随便看看有没有好玩的直播,然后看见你,觉得你还不错,而且自己每天这个时间也刚好没事,那就看吧。时间久了也就依赖你,如果你某天请

假,粉丝就会感觉空落落的,像是少了点什么。

直播结束后一定要有下一次直播的预告,增强用户的黏性,培养用户的观看习惯。在开播前,可以让用户关注直播间,这样开播时,观看直播的用户就能收到系统发出的开播通知,有助于提高开播时的人气。

(二)利用话术快速热场

直播开场白可以在欢迎、求关注、求分享、透露直播内容等方面入手。而且,理论上对每一个进入直播间的人都要表示欢迎,让用户快速被吸引,有被关注的感觉。

热情地和进入直播间的每个人打招呼,学会看名字识人。可以说一说你经历了什么有趣的事情,然后向观众抛出问题,问题尽量有讨论度。

直播间没人互动,自己就也不说话,就更容易造成冷场。所以不管有没有人参与,主播要先抛话题,提前准备一些关注度高、比较好聊的话题。至少要在观众进来的那几秒开口讲话,让别人知道这个直播间是干什么的,这样他们才有可能和你互动,增加直播间的人气。

(1)直播关注话术。比如"关注主播不迷路,主播带你购好物""刚进来的小伙伴没有关注主播的记得点击'订阅关注'"等,主播要将这些引导台词随时挂在嘴边,有空场就说一次。

例:"欢迎进来的朋友,不要着急马上走,点点关注不迷路;支持我就加关注,主播真实没套路。"

(2)直播遇到黑粉话术。非常感谢你百忙之中来到我的直播间,对我提出宝贵的意见。我是一个新主播,确实有很多不足,还在学习,望见谅。

(3)直播感谢话术。感谢××的点赞、感谢××下单支持,之后会带更多实惠和福利给大家。

(三)有娱乐、不死板

发红包和抽奖一直都是直播间最有效的热场方式,每隔一段时间有福利,勾起用户对福利的好奇。

　　"柿饼纸粉丝见面会"初期是用大屏砸金蛋来吸引用户,然后形成黏性,后期增加了商品秒杀、红包全开秒杀、抽奖等互动福利,通过用户与主播评论、点赞互动,参与到直播中,用户更有参与感。

　　发放福利留下悬念,每隔一段时间有福利,勾起用户对福利的好奇。用户有好奇心就会发问,问题越多,直播间气氛就越活跃,场子自然而然就热起来了,既能留住人,又能提高直播间的热度。虽然有人说这些用户是来领红包的,但主播确实需要提高熟悉度。这种方法确实可以在短期内提高粉丝观看和互动。

(四)有内容、有惊喜

　　虽然直播预告、直播文案能吸引用户进入直播间,但用户愿不愿意留在直播间,买账的核心还是直播的内容。

　　能吸引人的直播内容要么有趣,要么有用。直播内容能让用户从生理上或者心理上有获得感,才能吸引用户持续观看直播,关注直播间。

　　通过品牌或者产品背后的小故事或者历史,来引入产品,然后讲解产品的外观特点、卖点,展示产品的使用方法,并和其他同类产品进行对比,突出产品的优势。

　　不同的产品有不同的营销方式,那么在直播内容上也会有所不同。针对不同产品的作用,从不同的角度去分析,我们的直播内容才能有针对性,再加上性价比与福利的加持,直播才能留住用户,方便后续转化。

二、直播场控营造氛围、主播催单与设定直播互动福利

(一)强化仪式感(人设、标志性语言)

　　优秀的主播,一定要有一个清晰的定位。因为聚焦定位做主播会让粉丝更容易发现你、记住你、想到你。比如李佳琦的"OMG! 买它!买它!"

　　主播形成自己IP是如今直播发展趋势下首要的选择,只有形成自己

IP的主播才会获得与自身相符的粉丝，设定打造好主播人设很关键。

第一步非常关键，许多人在打造个人IP的路上，需要明确方向，深挖特色和找准定位。选择的IP方向，主播必须在这个方面很有优势，又能发挥自己的天赋！与众不同的特色，就是个人IP打造很重要的一个捷径！

案例：

美妆达人 | 李佳琦

李佳琦初期都是靠直播试色口红来吸引观众的，李佳琦在直播的时候经常会给大家试色口红，还会教大家一些美妆的小技巧，因此吸引了大批粉丝的关注。

在李佳琦的直播间除去寒暄和发放优惠券，直播时留给每样商品的时间不超过3分钟。这3分钟，会被分割成有节奏感的小段落，李佳琦不断重复"演示、上架、追加"这几个动作：每上架一个商品，他就以"美眉们注意喽""重点来喽"作为开头，以"买它"作为结束，不断敲重点。

开场：预热+上人【过品设立期待值】

中场：直播+成交【快节奏高效率】

尾声：感恩+预告【下期主题产品等预告】

居家健身 | 刘畊宏

刘畊宏爆火的原因之一，正在于他抓住了"在家健身"的机会。疫情防控期间，健身人群无法走进健身房，在家健身成为一种方案，看直播跟练满足了在家健身的需求，也为刘畊宏的爆火奠定了前提。

在众多明星都瞄准直播带货，或者直播日常的情况下，刘畊宏选择"直播健身"这个类别，算明星里的独一份。刘畊宏拥有超过30年的健身经历，再结合他明星的身份，这帮助他得以在直播健身领域快速站稳脚跟，跟其他明星的定位形成差异化。

郝劭文小超市 | 郝劭文

走进郝劭文的直播间，给人最直观的感受是安静和舒服。如果说把一般带货主播的直播间看作闹市，那么郝劭文的直播间更像是小酒馆，不喧哗也不吵闹。出镜和介绍产品都是他一人，不会制造热闹的抢购氛围，观众下单全凭个人喜好。

他的直播间场地不大，布置简单，墙上挂着两张卡片"郝劭文小超市"，这可能就是全部的设计了。时常穿着睡衣出镜、简陋的直播环境、温和的说话方式……让他的直播间几乎没有商业痕迹，更像是身边给你诚意推荐好产品的朋友。舒适的直播氛围，让看惯直播套路的观众沉浸其中，只要一开播，直播间就会瞬间涌入几万粉丝，当然让郝劭文彻底出圈的，是他体贴观众的态度。

T97｜大嘴主播+喊麦式直播

在T97咖啡的直播间里，除了标志性的大嘴主播，让人印象深刻的，还有不间断的魔性洗脑喊麦，说唱喊麦直播的噱头起初并没有吸引到受众，主播极具辨识度的大嘴，却赚足了网友的眼球。最让人佩服的是，这种说唱是不间断而且不重复的，从直播开始到结束，两个带货主播都是摇头晃脑的喊麦状态，可以说一旦打开就触发了跟着摇一晚的被动技能。

在直播的说唱文案中主播更强调自己大嘴属性，包括录播的视频版本也加了许多"大嘴"相关的标题花字，并配合直播间的个人IP运营。

"大嘴"小小出圈之后，T97直播间顺势开始运营其他个人IP，采用一种"老带新"的方式，新主播轮流与大嘴主播同台，让观众逐渐熟悉直播间每个主播的人设。"眼镜妹""夹子音""保安"三人轮换直播，既能利用大嘴做"引流"，也能保持观众对直播间的新鲜感。

咖啡品类自带的饮品休闲属性，客单价格普遍在10元以下，也推动了直播间销量的增长，跟着大嘴主播的说唱摇了一整晚，顺便支持一杯咖啡也就变得顺理成章了。

用户的需求无法被任何一个品牌全部满足，可以切入一个细分人群，一个细分场景，也可以开创一个全新的风格。所以说找到适合主播的优势，打造IP，优势一凸显，别人就能很快地记住你！一个IP如果能够做得好，它又可以具备很强的爆发力和流能力。差异化风格+好的IP，也成为打造直播间的出圈点之一。

(二)强化特色

1.通过IP的打造,天视商城也给6位主播分别有了自己不同的定义

柿饼纸:天视商城福利达人

津豆宝宝:津豆商城精算师

倩倩:美食品鉴官

浅浅:才貌双全推荐官

coco:商品体验官

老田:品酒达人(老田厨房)

2.提升用户存在感,引导用户进行互动

(1)回答粉丝提问。在直播过程中,粉丝会在直播间发表自己的想法,或者就某款产品提问,而主播也要积极回答粉丝问题,不仅是提升用户参与感的有效方式,还能有效促进粉丝下单。

(2)福利互动。通过砸金蛋、抽奖等形式,让用户参与进来,不仅是小屏看直播,还能大屏互动,形成大小屏同时互动的效果。

(3)互动游戏。在直播间适当地与粉丝玩一些小游戏也能有效提升用户参与感。比如:成语接龙、猜谜等,适当让他们有机会对你提出一些他们想知道的问题,对你产生兴趣,可以借题发挥,引出更多话题来。

(4)主播主动提出问题。通常粉丝来到直播间,是为了消遣时间。如果主播却只会很被动地等待粉丝制造话题,那很快粉丝就会失去兴趣,离开直播间。因此,主播要学会控制直播间,除了回答问题,更需要提出问题,引导话题。

3.提前设置留存环节(奖励刺激)

(1)拉高人气拉高热度。适当的时间可以放出第一波福利,时间5分钟。例如1元、9.9元高性价比产品或者砸金蛋之类互动,主要作用是留住进入直播间的人,提高人气。

(2)继续上福利款拉人气。当人气开始下降时,放出第二波福利,时间5分钟。在连续两款产品之后,直播间人气会有所下降,此时需要利用福利活动拉动人气增长。

（3）直播总结+预告。时间10分钟,直播的最后,做呼声较高产品的返场推荐,有时间可以把所有商品总结一次,说明确购买路径,教粉丝怎么领优惠怎么成功拍下,见缝插针回复问题。强调关注主播,说明下期开播时间,以及下期主播和福利。

4.为用户营造下单的紧迫感

为目标客户营造紧迫感是最常见直播催单方法之一。利用具有结束日期的优惠券和折扣营造紧迫感;利用库存强调库存不足营造营销紧迫感;利用商品下单规则(每个ID只能拍一单)和商品价格强调用户的有利点,进行促单;在做完福利品后,为了不让付完款的用户离开直播间,利用秒杀福利留住用户观看直播。

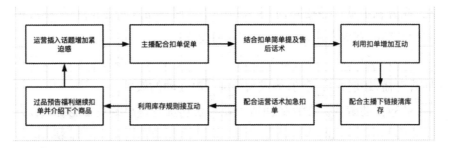

图10-4　直播流程示例图

三、直播话术与直播规则

（一）商品介绍话术

主播在直播过程中要始终围绕产品进行话术解答,不是按照《使用说明书》对产品进行介绍,任何介绍都是需要构建这个产品的使用场景。在运营下单话术中,主播要关键对价格和福利进行重复讲解;要引导用户互动提问,展示粉丝的需求,及时跟进解答。

（1）场景化描述,直击需求。为用户构想好使用的场景,给出观众需要他的理由,结合他使用时的感受进行感官描述,把用户带入已经在使用的美好场景中。

（2）详细剖析产品。列出产品的差异化、品牌的差异化，专有名词的堆积。

（3）价格优势。告诉用户，如果你今天不买的话，明天就没有这个优惠，而且只有我们直播间有这个优惠。

（二）购物车点击话术

从购物车进入产品详情介绍页面，不是使用话术激发用户下单欲望，而是用互动的方法来打动消费者。

引导话术：点击购物车，本场直播所有产品都能看到，不要错过你心仪的宝贝；×号链接，本场福利折扣×；目前介绍的是×号链接产品，感兴趣的点击购物车了解详情哦；点击×号链接可以直接购买啦！

（三）催单、引导成交话术

让用户考虑的不是产品的需要性，感到这是机会难得，现在不下单就会后悔，不买的损失性心理促使用户立即下单。

引导话术：×号链接，今天只有×份，卖光就没了，靠手速了，赶紧抢咯！今天这款限时商品，我们只卖5分钟，真的只有5分钟，一定会准时下掉，需要的用户千万不要错过！

（四）互动话术

直播时，用户会在屏幕上实时发表评论留言，通过评论，主播可以及时地了解到用户的问题和需求。可以回答这些评论上的问题，或者围绕某个用户的话题展开讨论，让更多用户有参与感。一定不要忽视粉丝的任何一个问题，要及时有耐心地一一解答，引导粉丝点赞关注分享直播。

引导话术：马上就要进行本次直播的抽奖，通过评论/点赞进行即可参与抽奖；×点的时候我们将进行一次砸金蛋，请大家准备好遥控器，电视调到××频道；秒杀来咯，检验你们手速的时候到了，上架啦，赶紧去抢！

(五)直播规则

(1)直播常见违规内容。

违反国家法律法规、行业规范的内容,涉及未成年人保护的内容,违反社会公序良俗、价值观负面消极内容,低俗内容,恶意或不合规营销内容,侵权内容,禁止进行抽烟、喝酒等行为。

与"最"有关,如最、最佳、最具、最爱、最赚、最优、最优秀等;

与"一"有关,如中国第一、全网第一、销量第一、NO.1、TOP1等;

表示权威性的禁忌词,如国家×××领导人/机关推荐、质量免检、老字号、中国驰名商标、特供、专供等;

与"首/家/国"有关,如首个、首选、全国首家、全网首发、独家、全国销量冠军等;

包含"级/极",如国家级(相关单位颁发的除外)、全球级、顶级等;

表示品牌地位的相关词语,如王牌、领袖品牌、世界领先、遥遥领先;

表示绝对、极限且无法考证的词语,如绝无仅有、史无前例、万能、100%;涉嫌欺诈消费者的表述,如点击领奖、恭喜获奖、全民免单、点击有惊喜等;

虚假内容相关词语,如史无前例、前无古人、永久、万能、祖传、特效、无敌等。

(2)直播间的违规画面。

禁止小孩出镜、未成年参与直播;不当展示国家机关各部门的标识、徽章,如国旗、国徽、警徽等;不要有假吃、以催吐方式进食、宣扬量大多吃、胡吃海塞、暴饮暴食等吃播内容。

四、定期复盘,满足我们与用户的需求

(一)如何留存?

微信小程序直播,流量来于私域,最终归于私域,每一场直播结束,就

是用户运营的开始,具有长期价值。

直播时主播可以及时地回复用户,私域运营可以详细地收集用户信息,发送有针对性地和他们感兴趣的内容,要具有吸引力和针对性。与此同时,也可以把群体进行分类,制定出相应的优惠政策。定期回访、表示关心,有助于与他们建立起良好的关系,同时也可以从他们那里得到很好的意见和建议。

(二)商品数据分析,总结经验

直播复盘的意义就是要找出问题→分析问题→解决问题→找到方向,这样在直播带货的道路上才能更加快速地进步。

分析哪个商品在直播间卖得比较好? 不同的商品在不同主播的直播间转化率是不同的,快速了解直播间商品的转化效果,再进行下一步直播的策划;直播观众的互动数据是可以看出用户的购买倾向和主要需求的;用户在直播间停留的时间越久,说明直播间的内容越有趣。

(三)周期循环,可持续直播

信任是一切成交的基础,能停留到最后环节的人,肯定是对直播间的商品和主播有兴趣的,这个时候就要打消他最后的顾虑,保障用户完成一次舒适的购物体验,最后成为直播间的常驻用户。

直播结束后,及时跟进订单、奖品名单公布和发放、做好粉丝维护等,确保用户的消费体验。

平台的商品种类多样,所以不能让商品的频率出现的次数太高,这样会让用户产生一种不用着急,很快还会有的错觉,要让用户有这次不买,下一次就不知道什么时候才有的紧迫感。商品要从产业链源头着手,做到产品可追溯,保证产品质量安全、货真价实,让用户买得放心,用得舒心。

第十一章

积分:黏住用户的通用货币

第一节　为什么要设立用户积分

一、积分的意义

随着5G时代的来临,互联网行业飞速发展。但随之而来的,是赚取用户的成本是越来越高,想要提升用户活跃度也越来越难。面对这一窘境,越来越多的企业选用积分商城来提升用户的活跃度。

这几年积分系统也越来越常见,比如:电商类App,淘宝天猫等有自己的积分系统;移动、联通、电信三大巨头也有着自己的积分系统;就连楼下的小超市,都会有不定期用积分兑换礼品的形式回馈客户。积分系统似乎也越来越生活智能化,相信每一个现代消费者都知道积分的存在,可以说积分已经无处不在。

用户积分,其实就是量化的用户行为分析,实质上是从观看、购买等多维度地还原用户动态使用场景和用户体验,通过对用户行为监测获取的数据进行分析并给予积分进行量化,可以更加详细、清楚地了解用户的行为习惯,从中发现用户使用产品的规律,利用规律用于精确营销、产品优化。

而积分营销是指将积分作为一种消费行为的累计记录,获得的积分不仅仅对消费者的下一次消费产生营销,同时也会对未来的一定时间的选择产生影响的营销模式。如果下一次选择最终选择成功的话,所产生新的积分对再次的选择又形成新的正面影响⋯⋯这样,把每一次的积分的营销的因素按照微积分的原理求和后所得到的值即为积分营销所带来的超额利润;而该超额利润可以使商家为消费者提供更多的正向反馈⋯⋯这种正向循环最终形成品牌忠诚度并成为商家的无形资产,使商家可以获得超过其他竞争者的超额利润。

（一）积分营销特征

（1）积分营销的积分的产生是伴随的消费行为而产生的"附加价值",这种积分的产生并不是直接出售给消费者,也不是消费者预先需要满足一定的条件才可以获得积分。因此,"积分营销"和会员制并没有必然的联系:有积分不一定必须成为会员,而"会员制"也不一定使用积分营销作为其营销手段。

（2）积分营销所针对的目标群体是现有的已经发生过消费行为的消费者,而非从未消费过该商品的新消费者;积分营销通过奖励来提高客户忠诚度的营销方式,积分营销给我们提供了巩固与现有老消费者之间的关系,以及把他们转化成多次购买者甚至长期会员,忠诚的客户本身也可以成为企业的竞争优势甚至是企业获得高于其他竞争者的超额利润。

（3）积分营销是为了提高已选择至少一次本产品的消费者在未来继续优先选择本产品的期望值的积分的结果;因此,积分营销所进行的正反馈是鼓励"未来"消费者行为,而非当前的消费者消费行为,累积得越多,未来的收益就会更高。

（二）积分营销优势

（1）发掘新顾客,增加销售额。

（2）增强现有消费者的忠诚度,吸引高质量会员。

（3）提高服务质量,简化服务流程,降低服务成本。

（4）建立企业与顾客间低成本、高到达率的沟通渠道。

（5）开展精准营销，提升营销效能。

而从另一方面来说，对于我们自身，通过积分的发放路径，可以进行用户行为分析找出产品功能、网站、推广渠道等各个业务线中存在的问题，让产品业务线更加精准、有效，提高转化率，还可以进行用户分层和用户分群，实现用户精准营销和精细化运营，从而驱动业务实现增长。

二、量化用户行为：更加了解用户

量化用户行为最主要的就是数据挖掘，广义层面的数据挖掘是指从海量数据中挖掘有价值的、内在的、隐藏的信息或知识的过程。狭义层面的数据挖掘是指"信息发现"的具体过程或步骤，是模型构建的重要环节。而消费行为主要指消费者在购买商品过程中的消费意愿、购买动机、需求心理的综合，具体表现为"购买行为"[①]。

要分析用户的偏好，不同类型的平台对搜集用户行为有不同的方法，例如对 IPTV 而言，可以通过搜集用户的观看行为、观看时长，所记录的用户行为覆盖越广，基于这些数据统计分析得到的用户偏好信息相对更加全面。

通过全面地了解用户，随后更深一步地进行用户画像。用户画像在英文中的单词是 Persona，这个词最早应用于交互设计领域，源于要提高产品的体验，必须足够了解用户，因此通过沟通、观察用户的生活来建立起对用户的同理心。Cooper 认为，用户画像是对真实用户的虚拟表示，是基于一系列数据建构而成的目标用户模型。在内容生产语境下，用户画像指的是通过收集、分析和处理内容消费者的人口统计学特征、行为偏好属性等信息，形成一系列精炼的特征标识，再将这些特征标识组合成标签组，成为让人能够理解的用户模型。在内容分发过程中，用户的兴趣点是

[①] 肖小美、于志强：《基于消费行为数据挖掘及心理量化的投资理财平台设计与研究》，《无线互联科技》，2022年第19卷第1期，第66—67页。

主要的推送点①。

作为我们IPTV平台,在关注用户行为数据时,首先关注用户的历史观看偏好、使用环境,以及年龄、职业、性别等人口统计学特征,便于更加精准地进行用户运营。除此之外,也关注用户对于积分运营中对于视频推荐、商品推荐结果的行为反馈,如点击、观看、收藏、购买等。

统一货币:给全平台用户自身行为一个量化的尺度。

这个版块与量化用户行为不同的是,这个是针对用户来说,对于自身的签到、消费、观看,有一个直接的印象,能从规则上知道每一个行为所带来的积分反馈。也就是积分感知,比如签到可以获得10个积分,积分可以兑换哈根达斯券,100个积分可以抵扣1元现金使用。这些都是积分有价化的体验。

积分的感知度是积分可运营的前提。用户不傻,如果积分规则不明确,用户莫名收到大量的积分,想兑换商品时发现没有办法兑换任何东西,会让用户的体验感不好的同时也不买账。只有让用户感知到积分的价值,感知到积分的获取与消耗途径,才会形成用户不断获取积分,不断消耗积分的生态闭环,从而让积分体系成为提升忠诚计划的某个指标。提高用户感知度的方式主要包括:简单确定性的多场景的积分发放与尽可能让用户完成第一次积分兑换,从而让用户感知到积分对他的意义与价值。因此通过规则的设立,让用户了解平台的积分规则、相应回报,让用户能够积极主动地去参加相关的活动,使用户的价值得到释放。同时可以用用户的实际行为进行量化标记、分层运营,将用户按照用户行为归类汇总,就可以让不同的用户得到不同的运营方式,甚至是不同行为的人接收到的广告信息都是不同的,用千人千面的形式,最大程度地利用用户本身特质。

① 徐立萍、何丹、陆元文:《基于用户画像的智能推荐研究——以抖音App为例》,《传媒》,2022年第12期,第53—56页。

第二节　如何有效运营积分

一、优质的商品+优质的服务

在今日激烈竞争的环境中,忽视质量无异于自杀。随着市场经济发展趋势的影响,产品质量已经成为各渠道竞争的焦点。不管是天视商城这种售卖型模式,还是津豆商城的兑换型模式,提供销售或者兑换的商品质量都尤为重要。

一方面,在人民生活水平明显提高的情况下,消费者宁愿买高价的好产品也不愿意买低价的伪劣商品,已逐渐成为当今市场购物的心理趋势,基于不断提升的生活水平,用户对于即使是免费兑换的商品要求也会有所升高。同时,随着科学技术和服务技术的飞跃发展,生产者对客户的高期望值也越来越容易实现。也就是这种形式,同样是兑换,同样是使用积分,用户会对商品、服务等一系列标识进行多渠道、多维度的评价,最终会把有限的精力集中在不多的几个渠道中,去积累积分和进行兑换。所以说,服务客户的好感程度将决定项目的长期成功与否。

另一方面,积分商城的良好的服务,是降低整体平台的客户流失率和赢得更多新用户的有效途径。我们在统计运营数据的时候,经常更多地以销售额、兑换量等实际收入和产出的指标作为基准,在整体业绩数据动态增长的同时,会经常性忽视流失率的重要性,但是老客户和新客户对于我们的价值是不同的。由"漏桶效应"可知,企业为了保住原有的营业额,必须从桶顶不断注入"新客户"来补充流失的顾客,而每开发一个新客户的成本是挽留一个老客户的6倍,挽留老顾客至关重要。而积分商城恰恰就弥补了这一问题,从互动性上解决了用户黏性的问题。用户从单一渠道的互动,到多渠道联合,并集合到积分商城的出口,给用户等级的划分及访问的理由。但是有一点至关重要,对于用户来说,收到商品后的商品质量好坏,直接影响他对于平台整体的形象。甚至有用户认为,积分商城的商品的等级,间接等于平台的等级和层次。所以做好积分商城的兑换商品,需要格外上心。根据以往经验,主要有如下几个要点:

(一)如何挑选好的商品

好商品的定义:高质量,并能够给使用者超出产品使用范围以外身心愉悦、顺畅感受的产品。

(1)品质高于该品类商品的中等水平。

(2)尽量选择日常所能经常用到的柴米油盐等标品。

(3)尽量选择品牌性商品,便于用户凭借第一眼印象判断商品价值,不会因为低品牌性,降低对价值的感知。

(二)定期核对商品动销情况,及时调整

商品动销率计算公式为:商品动销率=(动销品数/仓库总品数)×100%。

此处的动销品数可以按统计周期动销品数来累计。通过对动销率进行分析比较,对于低动销率的商品予以关注。

如果动销率降低从数据的表面上看,一定商品存在滞销,至少在查询的会计期间存在一定比例的滞销,造成动销率低。一般有如下几种原因:

(1)品种过多,特别是同质同类品种过多。

(2)积分商城品种的结构有问题。

(3)商品的淘汰力度不够或者淘汰与新增商品不成比例。

(4)商品的展示、促销等策略需要调整。

我们要知道任何商品不动销大部分原因并不是商品本身的错,而是运营方式的错,是我们在运营中没有选择到用户所喜欢的商品导致,也就是说如果商品有充足的动销率及充足的顾客的情况下,代表着积分商城足够受到使用者的欢迎,积分商城才能体现出来它的价值。

(三)控制商品数量——不贪多

积分商城不是销售类的平台,追求商品的丰富性,可选择性,上非常多的商品,有非常多的分类。积分商城是兑换型的平台,它需要用最简单的商品勾起最多用户的兴趣,激励他们努力攒积分,兑换礼品。所以千万不可贪多,用户都是具有一定选择恐惧症的,将太多同类同质商品放置在一起,会影响兑换效果,甚至是后面其他优质商品的展示,降低兑换效果。

(四)生活服务类商户

在商品类的积分商城中,融入部分生活服务类商户,会有效增加用户体验舒适度,对于丰富品类丰富用户体验也是有非常大的好处。商户的选择上,有以下几个要点:

(1)选择知名商户,最好是连锁商户,或者线上服务类商户,更加方便用户体验。

(2)费用方面尽量不进行采购,采取收取广告费的形式或者置换的形式。

二、通过分析数据变化,有效指导运营

(一)开机率

开机率定义:所有有电视机的家庭或人口中,在特定的时间段里,暴露于任何频道的家庭数或人口数占总家庭数或总人口数的比率,这个数据也是从整体的角度去了解用户活跃度和收视情况。

对于 IPTV 平台来说,开机率是非常重要的一个指标,它标志着我们的用户是否活跃,是否对电视感兴趣,甚至直接影响我们的收益,所以在这个地方的数据需要特别给予关注。

（二）收看率

收看率可以主要关注与积分相关的收看率数据。比如如果进行点播推广或者板块视频的推广，那就看与积分相关联后对于板块的收看率的影响。如果有更直接的目的，比如观看某一个电影或者某一个指定视频即可获得津豆，就可以查看该视频的收看率与津豆未进行关联时的对比，进而达到有效推广。

同时也可以以津豆为基准反推视频拍摄的是否合格，通过统一一周与积分的绑定关联，横向对比视频的播放量数据、播放时长数据，进而推测出视频拍摄的质量，这个也可以作为我们后期优化的一个基准数据。

（三）积分变化

用户积分简单地说，可以分为两种：积分积累以及积分消耗。

从积分整体大盘子来看，积分的变化主要观测值为积分的整体消耗比例，公式为：周期内积分消耗值/周期内积分积累值×100%。在运营层面上来说，积分消耗值和积分积累值同样非常重要。

定义上，商户积分的发放也就是用户积分的积累，这个在现在市场上来说并不是陌生的名词，它是积分体系运营中非常重要的一个环节，但是往往我们相比于积分消耗，并不太重视这个环节，这是为什么呢？这是因为在我们的惯有思维中，赚钱就是最重要的，而积分消耗带来的就是用户的转化，用户通过使用积分兑换到满足需求的商品，这样一来就会提升用户对我们的信任度，间接性导致用户多次复购，为我们创造利润，所以我们在积分体系运营中，往往重视的就是积分消耗，而不是积分发放。

积分消耗的确是积分体系运营中比较重要的一环，但是我们不应该只将目光放在积分消耗上面，加大对积分消耗的投入，而是也要将目光放在积分发放上面，我们一定要记住一点，那就是积分消耗只是最终转化的环节，在它的前面还有一个积分获取的环节，如果用户没有获取到积分，那么就无从谈起进行积分消耗，也就没有转化的可能，因此我们的目光不要紧盯积分消耗,还要注意积分发放的问题,只有积分消耗而没有积分发放,那么整个用户运营就会出现生态崩溃的问题。

综合上述,针对积分变化的观测,我们采用最多的方式就是观察积分的整体消耗比例,同时不要去仅仅关注消耗数值或者消耗比例,应该去关注每一个的数据,要将积分发放与积分消耗排在同等地位。

三、好积分也不能乱发

就像上一部分说的,在积分体系运营中,我们对于积分发放这个环节一定要给予足够的重视,积分体系运营的核心要素就是积分,积分是引导用户付出行为和满足用户需求的重要媒介,没有这个,那么积分体系运营就进行不下去,而积分的来源就是我们的积分发放,我们根据用户行为路径进行积分发放,这样用户就会获取积分,进而将整个积分体系运营下去,所以积分发放对于整个积分体系运营来说是非常重要的。

对于积分发放,可能我们觉得是比较简单的,这个想法是要不得的,这是为什么呢? 因为积分发放是很重要的,这就预示着不能够轻易地去进行积分运营,我们需要考虑积分发放的一系列事情,例如:积分发放数量、积分发放行为等,需要我们根据用户路径来进行积分发放设置,如果不跟上用户的行为路径,那么积分就无法做到对用户的引导,这样一来用户进行行为付出就不容易实现了,所以积分发放并不是那么简单就可以进行的,需要设置到积分发放的细节,这样一来才有达成效果的可能。

我们只有将这些准备工作做好后,才可以利用积分发放对用户进行引导,最终达成想要的效果。此外,我们还需要注意的就是积分发放容易出现的问题,尤其是积分发放最容易出现的两个问题:通胀问题、成本不可控的问题。只要用户杜绝了这两个问题,那么积分体系运营效果就很容易达成了。

(一)积分发放最容易出现的问题一:通胀问题

积分发放在积分体系运营中是和积分成本挂钩的,我们发放积分的数量要对照积分投入的成本,不能过多也不能过少。如果积分发放过多,那么就可能导致积分价值贬值出现通胀问题,因此积分发放一定要控制好数量的多少,根据积分成本投入大小来衡量发放的数量,这样一来就可以杜绝通胀问题,这是第一个容易出现的问题。

(二)积分发放最容易出现的问题二:成本不可控

积分发放是根据用户行为路径来进行发放的,那么我们就需要在积分体系运营时计算好各个环节应该发放的积分数量,只有详细的积分发放配比才能保证不出现偏差,达成想要的效果。如果计算不到位,或者说计算出错,那么就可能会导致积分成本不可控的问题,对我们是很不利的,这就是第二个容易出现的问题。

在具体的积分发放中去杜绝这两个问题的出现,那么我们想要的效果就可以顺利达成了。在具体的操作方法中可以注意如下细节的把控:

(1)避免大规模放积分。

(2)控制活动节奏,保证用户发积分与得积分之间的均衡,赚得到也花出去。

(3)定期统计发放积分数量及使用积分数量,随时调整。

(4)积分定期作废。

为什么要积分定期作废?

1.出于财务角度的考量

首先,不是所有的积分都会过期,比如,论坛的积分不过期。

那什么积分会过期呢? 基于忠诚度建立的或者挂钩了用户消费,需要实际支出成本的积分会过期,也就是说,企业的消费积分和通用积分可能会过期。

那么为什么这种积分会过期?

通用积分和企业消费积分因为有汇兑系统,会挂钩到企业的成本支出上,当积分被发放后,财务就会记录为一笔计提的成本。用户不管是否消费了积分,这笔计提成本都在,当然,当用户消费之后,计提的成本就转为真实的成本支出。

所以积分是债务（论坛积分等没有实际价值的积分请忽略），积分体系不是所有企业都玩得起。

假设一家公司，做了10年的积分业务，每年发出价值3亿元人民币的积分，假设这些积分都不消耗，计提的成本就会越滚越大，10年后的今天，财务上就有30亿的计提成本需要支出，如果它的资产不能覆盖掉这部分成本，会计审核的时候就会出问题。国外的某航空公司就吃过这亏，最后破产。设置有效期可以将财务的计提成本纳在可控范围内，不会出现多年以后，资不抵债的情况。

2.驱动活跃度

设置有效期会迫使用户使用积分，从而刺激用户的活跃度，给用户一个不得不使用的理由。而如果实在无法使用，就过期作废，财务上没有那么大的压力。

3.对于之前的运营失误或者通货膨胀清零

积分的定量和定价，对于任何一个新上线的平台来说，都是一个摸着石头过河的过程，这期间积分的发放与使用比例的不断调整，政策的波动都是正常的现象。

同时，由于积分具有虚拟货币化的属性，积分往往可以当钱花，如果我们不能非常精准地控制积分的数量、成本和定价，一定会造成积分的通货膨胀，从而导致整个积分系统运行不畅，而积分的定期过期，就可以从一定的时间维度上对于之前的策略性失误进行消除，至少是从未使用的人群中，消除之前的策略影响。

第三节　积分运营的多元化玩法

我们要不断丰富积分玩法，从而达成有效性的运营，这是一项具有前瞻性、系统化的具有重大意义的工作。

无论是哪种积分玩法，积分始终都是一个虚拟的产品，对于客户而言，眼花缭乱的积分玩法也会使得他们疲劳，客户真正关心的是积分可以做什么，能有什么实际意义，因此尽可能让客户在第一次使用积分商城的时候就能很好地感知到积分所带来的价值。

一、丰富的可兑换物品

（一）实物商品

1.纯实物商品，甚至是积分+现金的定向组合

从传统意义上来说是对用户的一种冲击，也是对用户的一种变革。促使用户必须先拥有积分，再消费部分现金才能以最低的价格享受到更好的商品质量和服务，从长远来看，尽管该模式可能会将商城的利润压至很低，甚至是负毛利，但这能对习惯性纯现金消费或者纯积分消费的用户起到良好的中和作用，并能通过"积分+现金"商品的业绩隐性地大幅度提升商城积分卡销量和现金流量，给合作商家带来更多的订单和销量，为日后的长期合作奠定基础。

2.平台活动的周边产品

21世纪以来，中国迎来了品质消费时代，文创产品的潮流也随之而来。文化创意产品在文化消费中的比重逐步提升，成为新一代消费热点，甚至在文化消费中逐渐占据主导地位。

文创产品品牌化可以树立良好的品牌形象，如IPTV的柿饼纸和津豆宝宝等周边，利用具有独特形象的视觉风格、特色产品、独特的产品形式，表达整体的价值观念、亲民的形象、良好的品质，同时也可以不断提升IP-TV的品牌价值。因此在积分兑换中增加可爱、亲民的品牌文化形象，也是非常有必要的。

（二）商城优惠券、观影券等福利券

对于IPTV平台来说，商城有购买需求的用户和观影、观看点播视频

有诉求的用户,其实就是整个平台的主题用户,所以对于用户已经通过观看视频、实际现金消费后,积攒下来的积分,可以回馈给用户进行再次消费,以此来形成循环,不断引导用户进行重复消费,从而为平台带来源源不断的流水和利益最大化。

(三)生活服务类——本地化的服务品类

本地服务类的兑换,可以有效地将用户的兴趣提升到最大化,同时丰富了商品的品类,增加线上线下的联动属性。同时,线下客户对于客源的获取十分看重,有效地导流除了让线上平台更加有吸引力,也可以由导流反向向商家收取一定的费用,增加实际收益。

(四)活动嫁接类

平台各类型活动以积分为载体进行联结,以IPTV为例:

1.美食盛宴

联合本地美食商户,用积分兑换美食。

2.亲子嘉年华

联合本地亲子商户,用积分兑换亲子福利。

3.时代少年团

与教委联合性活动,中小学上在电视上进行才艺展示,用积分进行投票打榜。

二、有趣的玩法

积分只有真正流通起来了才有实际的意义,如果客户账户里堆积了大量的积分,那么也会导致"通货膨胀",从而让积分变得更没有意义。因此,运营中应该不断想办法给客户创造各种消耗积分的机会和办法,让积分运营更加多元化,类似玩法如下:

(一)签到

签到功能是用户运营的关键一环,它的名字和形式可能有很多种,支付宝的种树也是一种签到功能,淘宝的领金币也叫签到功能。签到模块的目的非常统一:提升产品用户活跃度。

(二)抽奖/大转盘/盲盒

简单来说,抽奖、大转盘、盲盒都是利用不确定性来进行游戏。而这种不确定性是具有一定的成瘾性的。人类在进行赌博行为时,大脑会分泌"快乐激素"多巴胺,从而使人产生愉悦感。而多巴胺的分泌是早在结果出现之前就已经开始的:无论你是否能达到目的(抽到目标奖品),你的大脑预期会有好事情发生,此时它就会分泌多巴胺。我们的大脑喜欢不确定、喜欢冒险和随机性。这种生物本能最早用于人类的繁衍与探索,使后代能够在更大的环境范围内生存和进化。

1930年,哈佛大学心理学家斯金纳发明了一个实验装置,将小白鼠关入一个有按钮的箱中。最初,小白鼠只是在箱内乱窜,但它很快发现,只要按下箱中的一个按钮,就会有食物出来。

后来,斯金纳把小白鼠每次按按钮得到的奖励设置为随机——有时候给几份食物,有时候则什么都不给。实验结果是小白鼠"上瘾"了,尽管并不一定能获得食物,却还是不停地按按钮,等待概率性掉落的食物出现。

这便是大名鼎鼎的"斯金纳箱",将实验结果换算到人身上,便是设计好激励和奖励措施,人就会任凭摆弄。

斯金纳由此开创了心理学的一个新门派,让心理学从被动的"观察",转为可以主动左右人类行为,这便是"行为设计学"。

而"变换奖励原则"——通过在产品中设置不确定的、随机的奖励,带给大脑新的刺激,让人们形成依赖性,沉迷于随机回报带来的快感,也就是"上瘾"。

三、通过积分拉动销售

对于促销方法而言,从心理学报偿的角度可分为立即报偿和延迟报偿。立即报偿是指在消费者购买之后立刻就给他,而且报偿是确定的,如买一赠一、买产品赠送多少积分等;而延迟报偿是要消费者花一些工夫,这种报偿是不确定的,比如抽奖或者集齐指定的印花,才能获取报偿。从销售角度上来说,立即报偿对于消费者而言更受欢迎,按照凯洛格商学院市场营销学副教授凯利·戈德史密斯(Kely Goldsmith)与加州圣地亚哥大学副教授昂·埃米尔-D(OnAmir)合作开展的一项关于"不确定性"与产品促销的研究显示,与其他任何"有风险"的收益相比,人们会更倾向于选择风险小的收益,即偏向相对"确定"地获得好处。实际上,消费者也愿意尝试不确定性,他们总是期望自己会获得可能存在的最好结果。因此,即使通过积分引导销售,从销售策略上来说,也要更加倾向立即报偿类方法。

(一)多倍积分——促进单品及单付费包销售

多倍积分很简单,如购买单个商品的津豆原为商品单价×2变为商品单价×2N,从促销策划来看,"N倍积分"促销是一种促销方式的补充,虽然没有特价、打折与现金券等那样来得"明显",但是却有其独特的意义。"N倍积分"更多是对会员顾客的一种回馈,同时,也是对促销商品的一种增量行为。

(二)积分抵现——促进商城销售

在积分体系运营或者会员积分体系运营中,积分消耗是处于末端运营的,它的主要功能就是让用户在企业这里使用积分,通过积分的使用来满足自己的需求,进而达成收益提升以及用户增长的目的。

1.积分消耗抵现的好处一:用户价值感明确

用户价值感明确就是指积分消耗抵现给予用户的是真金白银,用户会直观感受到积分的价值，只要感知到积分的价值，那么用户就会对积分产生追逐，提升自己的活跃度，这样一来用户的转化就很简单了，这就是积分消耗抵现带来的第一个好处，让用户被积分价值吸引，最终帮助完成目标。

2.积分消耗抵现的好处二：现金流回血

积分抵现除了可以进行积分消耗，同时可以深化用户的现金消费观念以及增加现金流收入，让积分消耗的同时进行现金流回血。

在流量变得越来越贵的今天，企业拉新的成本是以前的几倍还不止，所以越来越多的平台将目光放在了老客户的身上，希望通过积分这种形式，来提升客户忠诚度，进而鼓励忠实的客户再次消费，提升复购率以及消费额的同时，提高产出比。

客户的产出比越高，对应的等级也就越高，对平台的依赖度也就更强，相比较于花费大量时间和精力去进行拉新活动，通过积分回馈的方式来维护忠实客户，对企业降低运营成本，提高收益，十分有效。

同时企业除了进行现金补贴之外，积分可能是引导客户消费行为的最有用的工具。比如我们可以看到，在商城平台中，为了提高客户与企业之间的互动性，可以对客户发布和回复内容，进行一定的积分奖励，发布优质的内容可以获得更多的积分。这样那些经常发布内容的客户，就可以获得更多的积分，而积分又与等级挂钩，更高的等级也是给予客户一种虚拟的身份和荣誉感，往往这种虚拟的身份和荣誉感，在人际互动的环境下，比现金补贴更有用。

最后，通过实际的运营，我们可以发现，积分的成本是非常可控的。积分作为一种"虚拟"的货币，它的发行和消耗规则，都是由设立的企业来制定，企业完全可以根据自己在实际运营情况中，获得的效果，做出相应的调整。而且所有的营销成本控制权，完全掌握在企业自己的手中，包括积分兑换的比例，这些都会在积分商城创建初期，经过比较精确的测算来得到，这样就可以极大程度上杜绝预算超支的情况发生。相比较于那些直接给予现金补贴，或者低价秒杀等营销活动，积分运营在成本控制方面有着更加显著的优势。

积分相对于企业其他的运营手段,有着自己独特的天然优势,只要使用合理,积分运营都可以帮助企业达到事半功倍的运营效果。

第十二章

运营商户：在管理与服务中实现共赢

第一节　商户服务：多元化赋能

一、用赋能的思维服务商户

赋能，是指赋予某种能力和能量。那么赋能商户，就是赋予商户某种能力和能量。即商户本身不能，但平台使你能。我们不希望提供给商户的仅仅是一个销售工具，而希望通过多角度的，大屏平台、私域和线下活动相结合的方式，赋能商户，让商户通过IPTV平台实现增长、获得成功，这是我们希望提供给商户的价值。

要想为商户赋能，首先需要了解商户需要什么，而我们平台又恰好可以赋予。针对天津IPTV平台，天然的流量红利与视听大数据可以为商户提供大批量的潜在用户；专业视频的沉浸式销售场景，激发用户购物欲，流量转化销售；精准的数据分析系统提供精细化运营策略；红包活动、满减促销、领券中心等多元化活动场景，加速用户下单转化；积分用户体系既增加了用户黏性，又将销售和福利兑换形成了完美闭环；私域运营拉近了大屏与用户之间的关系，让产品与活动更快地触达用户。

二、大屏电商的赋能策略

和移动端小屏相比,大屏无疑能提供更高质量的视觉体验和更动态的商品展现形式,这对于电商而言,是个天然的优势,对于促进顾客购买和品牌展现都更为有利。那么对于商户而言,大屏电商可以从哪些方面赋能呢?

(一)大屏具备流量红利

商户之所以入驻平台,是因为平台有流量,流量是转化成交的前提。而 IPTV 大屏具有天然的流量红利,不仅覆盖了大量的家庭用户,还可以从多场景中触达用户,使流量转化价值。以天津 IPTV 为例,用户开机即可看到开机广告,进入 EPG 后可以看到弹窗广告,直播中交互性的虎瑞广告,换台、暂停等操作均会触发不同类型的广告。

(二)视频化沉浸式营销

视频化是大屏电商的特长,采用视频化让商品眼见为实,更直观、更精彩,展示更全面,讲解更详细,更利于促进转化。

(三)场景精准化推荐

精准推送专属爱好视频内容,完成兴趣匹配,构造消费场景,实现营销闭环。像爱奇艺、乐视电视等,通过提供丰富及精准的用户场景触点,例如亲子动画、游戏、影视、体育、音乐等,让用户在边看内容的同时就能快速购买到相关商品,满足用户所见即所得式的购买体验。

用户观看内容时,可以方便地查看及购买节目相关商品,并且节目中出现的同款商品还会及时地推送给用户。

(四)大屏短视频新赛道

短视频作为流量的巨大风口,常常只与手机端小屏相关联。而随着技术的不断创新，大屏短视频应运而生，将短视频与大屏的特点有机结合，开启了大屏短视频新赛道，深挖大屏流量价值。

康佳推出的"抖屏"打造了颠覆性的人与大屏的交互方式，赋予大屏更多可玩性。结合大数据和AI算法，为用户提供精准优质内容，实现大屏短视频带货。

"抖屏"还联合电视淘宝，让用户在刷短视频的同时可以一键下单购物，订单信息直接同步手机淘宝，带来更智能、便捷的购物体验，开启电视购物2.0时代，助力新消费电商崛起。

天津IPTV推出的直播推点播/轮播功能，同样从大屏短视频入手，使流量获取更加智能化，当用户频繁换台，进入迷茫期时，主动为用户播放简短的购物视频或节目，对于迷茫期的用户而言，短平快的小视频能更快地抓住用户眼球。

基于大数据算法，根据用户以往的收视行为及消费行为，演算出用户的消费偏好，为用户推荐适合的产品，促进下单转化。

三、天视商城的赋能方法

大屏电商提供了视频化的购物场景，具有沉浸式、促转化的优势，同时也存在一些不足。比如，用户想要购买昨天节目中的产品，去哪里寻找？为满足用户方便寻找、随时下单的需求，天视商城专区应运而生。天视商城将类似于淘宝的电商模式运用到大屏上，24小时可随时下单。告别手机端、电脑端的复杂操作，遥控器一键下单，边看边买，轻松购物。当然，天视商城的优势远不止于此，根据专区特点，天视商城形成了自己的一套运营组合拳。

（一）提供运营工具

电商平台的发展离不开运营工具，所以为商户提供的赋能服务中，比较基础的一项就是提供线上运营工具，让商户可以参与活动，天视商城的活动运营主要有如下几种形式：

1.满减活动

天视商城的满减有两种玩法,第一种是单品满减,第二种是专区满减。

(1)单品满减(特价限时购)。

只针对单一产品进行限时特价活动,可以提高限时商品下单率,提高支付转化率。一般限时购的商品种类比较丰富,有时也会推出一些知名品牌商品,刺激消费者购买。

在时间上,限时购营造了紧张的氛围,每款推出的时间较短,先到先买,限量售卖。

(2)专区满减。

即选定某些产品参与活动,在消费达到规定金额后,可以在总价基础上减免固定金额。专区满减有多种玩法,但目的是统一的,就是提升客单价。

专区满减活动主要是满足了用户觉得买到了便宜商品的心理。也就是花了同样的钱,买了更多的东西。原本可能只想买一件的,但为了凑单,就会凑几个本不打算买的东西,从而提升客单价。

2.红包活动

砸金蛋得红包,红包可以抵扣现金用来消费,除了购买普通商品可以抵扣一小部分现金外,天视商城还会针对某些特定商品设计大额红包抵扣活动。比如80%红包活动,即用户可以使用红包抵扣80%的现金,相当于商品做了两折的特价活动。

3.领券中心

用户进入天视商城,但是犹豫不决,迟迟不下单怎么办? 领券中心就是用户下单的催化剂。先领券,再购物,让用户感觉到划算,刺激用户下单。

4.津豆商城

津豆是天津IPTV平台的积分,在天视商城下单或完成某些特定任务即可获得对应的积分。所以津豆也可以理解为是客户行为激励机制的重要工具,比如可以让用户观看天视商城购买教程,对于商城新用户而言,可以快速学习下单流程;可以让用户浏览特定商品,从而提升转化率。

这些只是获取津豆的手段，获得的津豆可以兑换商品或者优惠券，引导用户去天视商城下单，促进用户活跃度，提高用户忠诚度。

（二）数字化服务

当今是大数据运营的时代，下单支付并不意味着交易结束，反而是数字化运营的开始。数字化可以帮助商户更好洞察用户的消费理念和消费形态，助力其创新产品和服务体验。

IPTV平台具备完善的数据分析系统，可以为商户在天视商城上做精细化用户运营提供解决方案，从精准选品、流量分析、潜在用户挖掘等多方面入手，帮助商户解决从获客、转化、复购到用户沉淀的问题。

（三）用户经营与维护

获客不易留客更难，触达不是目的，留存才是。留住用户并让其对平台产生认同感和归属感，因此就需要长期地经营与维护用户。天视商城一直致力于用户沉淀，运用微信群、公众号等手段，运营好既有的用户群，让新的爆款、新的活动上线，能够及时触达用户。运营者通过手机号添加用户微信好友，一对一地解决订单、物流等问题；运营商城公众号"天视商城"，定期发布活动、爆品信息，供用户交流分享，始终让用户充满活性，保持平台的黏性。

（四）增值服务

IPTV本身具备丰富的广告资源，可以适当对商户进行流量支持，增加展示机会；在商户活动期间，可以提供宣推海报设计服务，让活动推广更加便利；对热销商品还可以提供短视频拍摄服务，挖掘商品卖点，让商品展示更加直观。

（五）异业合作

天视商城不仅仅局限于常规商品的销售，对于服务行业的营销也在逐步探索,先后和实创装饰、怡家装饰、明亚保险等多家企业携手合作,将"服务"商品搬到大屏销售。在轮播频道视频讲解,落地到天视商城销售,将品牌曝光与销售转化相结合,实现真正的品销合一。

第二节　商户管理:制度化规范运营

一、商户筛选与更新

商户是平台最为重要的合作伙伴,对于平台而言,总是希望越来越多的优质商户能够入驻,也希望尽可能多地保留现有的优质商户,使其能够在自己的平台内做得风生水起,同时也能保持平台的良性发展。 然而并不是商户越多越好,当大量商户聚集在平台中,很多单一方面突出的商户并没有发挥优势,他们需要与更大的商户竞争,生存压力比较大。竞争力不足造成商户信心的缺失同时商户的成长路径不够清晰,体验感不好。这样的商户并不适合平台,转化率不高,销售数据差,对平台、商户而言都带来一定的负面影响,因此有必要提升商户与平台的匹配度。

二、商户考核维度

商户是一个多维度的综合体,运营过程中我们不能只关注单一维度,而是需要多维度地去衡量商户,进行考核匹配。 通过对商户不同的维度进行考核,设置考核阈值来为商户进行等级的划分(例如淘宝店铺的星级商户、钻石商户、皇冠商户等),根据天视商城平台的特性,针对商户我们需要考量的维度是:产品指数、销售指数、售后指数、物流指数、配合度,根据这5个主要的维度去梳理拆解出二级指标,再将二级指标拆解出数据指标来测算出分级的权重因素。

(一)产品指数

产品指数,顾名思义是从产品的角度来考核商户,由于商品品类差异化,考核维度也会有所差异。产品指数是综合丰富度、复购率、动销率、价格竞争力这四个维度得出的。

1.产品丰富度

有的商户品类丰富,属于综合性商户,这类商户目标用户广泛,抗风险能力强,即使部分商品出现问题,也会有其他商品可以稳定整体销售。

和综合性商户相对应的就是单一性商户,有的单一性商户产品具有特色性,比如天视商城的沙窝萝卜、盛斋元牛肉等,属于天津地标性特色产品,产品虽然单一,但属于热销品,仅这一两款商品的销售就可以和其他商户相媲美。除此之外的就是单一品牌型的商户,这类商户通常只具有单一品牌或单一品类,而且品牌知名度不高,需要一定的交易成本才能让用户了解产品进而购买。这类商户对于平台来说投入产出比过低,并不适合留存。

2.复购率

这里需要先明确一下复购率的计算方式,所有购买过产品的顾客,以每个人为独立单位重复购买产品的次数,比如有100个客户购买了产品,20个产生了重复购买,则重复购买率为20%。

复购率越高,也就越说明了这个产品是个成功的产品,这也能从侧面反映商户选品和平台的匹配度较高。

3.动销率

复购率代表的是单一产品的成功,而动销率[动销率=(产生销售商品数/平台总商品数)×100%]代表的是商户整体选品的精准度,商户产品动销率越高,则表示商户选品适合平台的越多。

4.价格竞争力

平台的热销品类或是品牌商品,用户对这类商品的价格敏感度比较高,因此相对于主流电商平台,天视商城需要具备一定的价格优势。随着天视商城的发展,入驻的商户越来越多,同品牌甚至是相同产品都可能相继入驻,在相同产品的前提下,价格便可以作为衡量商户的标准之一。

(二)销售指数

商户对平台的价值主要体现在贡献平台的GMV,盈利能力不佳的商户可持续性常常会出问题,这类商户需要优胜劣汰。商户经营能力是平台能否获利并可持续发展的关键,商户良性发展,平台才能从价值链中分一杯羹,平台遇到的最主要问题是商户无法健康获利。因此商户考核必然离不开销售考核,结合天视商城的业务情况,选用月销售和客单价两个维度用来考核商户。

1.月销/利润

销售额是衡量商户的重要指标,当然除了销售额外,利润额也是必不可少的指标。

2.客单价

高客单价不只影响销售额,也是用户对平台信任的体现,当然客单价不一定是越高越好,例如厨房调料类产品,是低客单,但是购买频次高,那么销售结构就是良性的;家电类产品属于高客单,但是如果购买频次非常低,那么也不属于良性销售。

(三)售后指数

下单并不意味着交易结束,后续的售后环节尤为重要,如果可以给用户良好的售后体验,不但可以避免客诉,还可以拉近和用户之间的距离,提升用户对平台的信任度。售后指数主要参考客诉率及售后响应速度这两个维度。

1.客诉率

客诉不光会造成用户流失,还会影响平台的信誉度,作为一个想要在平台长期发展的商户而言,保持低客诉率是必要条件。

2.售后响应速度

即使再优质的商户也不可能完全避免客诉，那么出现客诉后，是否可以及时地为用户解决问题就显得尤为重要。有的客诉如果可以迅速圆满地解决，用户的满意度就会大幅度提高，甚至比之前具有更高的忠诚度。

（四）物流指数

在电商平台的交易模式中，物流服务是极其重要的核心要素，从某种意义上来说物流服务的优质与否能够决定电商的成败，成为平台的核心竞争力。

1.发货速度

据报道，高达79.3%的消费者认为发货速度很重要，发货速度越快，用户对平台的满意度越高，就越能降低退货退款率。发货速度对获取新客源也极其重要，事实上，87%的网友认为发货速度快是他们复购的一个关键性因素。

2.快递类型

优质的快递不仅能保证商品运输过程中的品质，还能快速地将商品送达，提升消费者的购物体验。有时候甚至是决定用户下单的重要因素，比如标注京东、顺丰配送的商品通常更具有吸引力。

（五）配合度

平台的规则制度是为了保证商户和平台之间的合作更高效，最初合作资质的提供、上线物料的准备、活动宣推的配合、售后问题的处理，每一个环节都离不开商户的配合。只有在商户配合的前提下，平台才能有序发展，商户才能获益。

三、商户分层管理

(一)商户分层的意义

有了考核维度后,接下来要做的就是根据维度对商户进行层级的划分,当然考核应该是综合多维度的,每个维度集合等级设置一个阈值,当然具体的阈值需要根据平台的业务来确定。当商户达到某个阈值的时候,系统自动升级,并配置相应的权益体系,商户升级后获取对应的权益,从而达到一个自动化营销和成长的目的。

对商户而言,分层是为了激励自我成长,站在平台方的角度,商户分层管理的核心目的只有一个:提升运营的效能和效率,优化资源配置。

(二)分层运营策略

按照最普适性的商户分层标准,通常划分为头部商户、腰部商户、底部商户三层。

1.头部商户的划分及运营策略

通常情况下,头部商户整体占比约20%,业务贡献约70%—80%。平台需要的头部是有一定的创收要求的,划分标准参考:销售指数5星(最高值为5星,最低值为1星),产品指数5星,售后指数5星,物流指数5星,配合度5星。

头部商户的数据对整个平台的数据影响非常大,因此站在平台的角度,资源利用最大化,将优质的人力及资源集中在头部商户,做大做强做稳,提升头部商户的数量,做好头部商户的维稳,协助头部商户成功。

运营策略:

(1)活动扶持:参与平台单品满、专区减活动,津豆商城兑换。

(2)平台资源倾斜:IPTV平台广告位,专场直播带货,社群及推文推广。

(3)数据分析:周期性的数据报告,帮助商户调整选品及运营策略。

(4)荣誉体系:年度评奖、年会嘉宾等。

2.腰部商户运营策略

腰部商户在整个商户结构中起到中坚作用,数量占比在30%左右,业务贡献约20%—30%;平台的业绩能不能完成就看这部分商户的业务贡献了,因为这部分商户相比较头部是不稳定的。划分标准参考:销售指数3星,产品指数3星,售后指数5星,物流指数5星,配合度4星。

腰部客户稳定,则整个业务发展会比较稳。但是实际的业务场景中,往往很容易出现"葫芦型"的商户结构,业务的增长有头部商户带动,中间腰部客户增量上不去,且底部客户撬不动。

因此,站在平台的角度,腰部商户我们需要多的是扶持,并对商户进行针对性的辅导和培育,协助商户做大业务线,给予一定的资源倾斜。

运营策略:

(1)活动扶持:参与平台单品满减活动,津豆商城兑换。

(2)平台资源倾斜:IPTV平台广告位,单品直播带货。

(3)平台辅助:运营技能、服务能力等。

(4)成长体系:帮助商户了解考核指标,激励成长升级。

3.底部商户运营策略

底部商户是整个商户结构中的重要组成部分,不可或缺,底部商户数量占比一般会占到整个大盘的50%以上,业务贡献往往低于10%。划分标准参考:销售指数1星,产品指数3星,售后指数3星,物流指数3星,配合度3星。

在整个平台的竞争环境中,因市场及资源有限,底部商户往往可获得的效果和资源极其有限,这在实际场景中的表现就是大部分底部商户效果非常差,这是一个客观且不变的现象。

底部商户属于效能产出较低的一个群体,核心的运营方针是提效节能,轻人力及资源投入,将人力和资源集中投入潜力商户的打捞与挖掘中。在实际的业务场景中,底部商户往往可以分成两大类:新商户、历史沉寂商户,两者运营策略有很大不同。

对于新商户运营而言,运营的重点在商户培育与潜力商户挖掘。制定新手商户的培训专区,将所平台所有的知识梳理后,模块化地输出展现给商户学习。同时针对新商户进行流量扶持、新商户活动、新商户爆品扶持等。

运营策略:

(1)活动扶持:参与平台红包活动,领券中心。

(2)平台资源倾斜:天视商城内部展示位,单品直播带货,社群推广。

(3)培训:针对商户对平台的业务做系统化梳理。

(4)成长体系:新商户成长体系是最需要去搭建的,因为很多业务模板是需要指引的。

底部的历史商户往往为平台的沉寂或者是流失风险较高的用户,对于这类型的商户其运营难度往往比较高。可以根据这些商户的历史数据,将部分潜力较高的商户圈出来,定制相关的活动与运营方案,有针对性地运营,整体的复活率会高很多。

运营策略:

(1)活动扶持:参与平台红包活动,给予一定的流量扶持,唤醒商户,给商户信心。

(2)平台资源倾斜:单品直播带货,社群推广。

(三)商户违规处理

商户分层除了根据标准考核商户、激励商户成长外,相应地也会有所惩罚。对商户违规的处理,也遵循分层分级的原则,对每类违规按照对平台和用户损害的轻重,设计相应的扣分机制,扣分累计达到一定程度,可以有商品降权、商品下架、商户降级、店铺关闭等处罚措施。

第三节 合作共赢:平台与商户共同发展

一、商户的成长

商户的成长是依托于平台的,平台制定多维度的考核标准引导商户向上成长,对于平台而言是非常重要的,这个体系有助于商户快速找到定位和方向,同时也能扶持出一部分优质的商户,继而反哺平台。对于商户而言,向上成长可以享受更多权益,从而获得更多收益。

只给出考核维度还远远不够,对商户成长需要完成的任务,进行模块化的梳理也是非常重要的,规划商户的成长轨迹,明确任务的基本操作。

(一)基础任务

主要针对新商户,需要我们引导商户主动完善信息、营业执照、物料、资质证书等提交。

(二)进阶任务

进阶操作需要完成商户的全面完善,这时候需要更加强烈地要求商户完成这些行为,主要包含:商品的管理、店铺规则、店铺管理、平台规则管理等。

(三)店铺优化

这里是商户自运营体系搭建的一个重要节点,如果商户能够通过自己去优化店铺的各项指标,对于平台而言就能够花费更多的时间在商户转化和商品定价方面。店铺优化包含主要包含:店铺数据、营销与活动策划、店铺等级及权益、店铺用户群体分析、活动资源的申请等。

(四)平台规则

作为入驻平台的商户,一定要十分清楚平台的规则,所以我们可以将这部分作为成长的必经之路,设置考核机制,主要包含:课程学习、课程考核、规则考核等。如果商户考核通过了,就能够获得较高的成长值。

(五)增购服务

当商户成长为头部商户,这时候我们可以通过售卖增购服务的形式去引导商户购买更多的服务,从而获取更多的流量,比如说商户付费参与活动,付费获得运营位、广告位等宣推资源,付费获得直播带货等服务,从而进一步成长,扩大为更大的规模,进而享受进一步的权益。

(六)奖励任务

当商户到达一定等级的时候,可以承担起一个额外的奖励,帮助平台的其他商户去获得成长,这个可以额外作为激励优质的商户做分享,和其他商户分享运营策略等,既满足商户的自我荣誉感,又为其他商户带来了运营经验,帮助其快速成长,一举两得。

二、平台的自我完善

电商平台的竞争很大,市场随着变化而前进,所以平台想要持续发展,除了留存优质商户外,还离不开自我的不断完善。留存了商户之后,如何最大化发挥商户的效能,使平台和商户之间的互助更加便利,就是我们需要完善的方向。

(一)裂变营销

相关数据显示,熟人带来的转化率要比其他营销渠道产生的高出30%,且终身价值高出16%。这也是电商平台这么重视裂变营销的原因,而且通过老用户的分享将产品进行推广,这种方式拉新的成本非常低,在性价比、转化率和留存率等方面都远胜于传统拉新渠道。

天视商城目前的活动比较丰富，但受限于大屏，更多的是大屏到用户的单向传播，而缺少用户和用户之间的网状传播结构，活动传播受限。如果具备裂变系统，商户协助平台推广活动会更加便利，推广效果也会事半功倍。

从用户角度而言，裂变系统加上适当的奖励机制，可以帮助平台轻松引流转化。可以参考拼多多的红包分享助力，好友砍一刀免费拿活动，淘宝推广获取佣金等方式。

天视商城也在逐步完善裂变系统，希望能早日实现更加智能化的裂变方式。

（二）商户权限

作为平台，我们应该是连接商户和用户的桥梁，主要负责商户和用户的管理。但目前商户缺乏后台管理权限，以致消耗过多的人力和精力用来维护和管理商户，导致运营缺乏精细化，这对于电商平台而言属于低效能的运营，因此后期为商户开通适当权限是非常必要的。

商户具备基础权限后，不但可以参与到运营工作中，还可以随时查看自身店铺的数据，有助于及时调整选品及运营方向。

（三）用户拓展

出于平台的考量，天视商城初期面向的用户以中老年为主，畅销品也以民生类产品为主，随着平台产品品类的丰富，添加了很多品牌性商品及网红商品，可以考虑拓展用户，增大平台的体量。结合裂变营销，多层级的用户体系对于推广也会更加便利。

（四）加强用户连接

对于平台而言，拉新的成本是非常高的，而费力拉来的用户通常会流失一大部分。换言之，现在电商平台如此多的环境下，用户基本上无法牢牢记住某一个平台,而想要在用户心中占有一席之地,定期有效触达用户是必需的。

什么才算是有效触达呢？把优质的商品通过正确的渠道推给有需求的用户,这里面涉及了"千人千面"的智能化推荐算法,以及合理周期内的用户触达这两方面,目前这两方面对于天视商城来说都是有待完善的,今后随着技术的不断迭代,希望可以尽快实现。

三、共同发展 合作共赢

平台和商户是互相依赖、共生共存的关系。对于平台来说,商户提供商品,平台需要通过运营商户来获取商户的优质品牌、库存、服务等,来丰富平台的产品与服务,以满足用户需求,保持平台长久性的发展。对于商户而言,平台提供流量,商户需要通过入驻平台来获取流量与资源,从而获得营收。

平台和商户共同发展,实现共赢的前提是可以从对方获得自身需要却又不具备的资源与服务,那么就需要保证双方资源的稳定性,因此平台和商户都有自己的任务。

1.平台的任务

(1)维护好自身的资源、流量、运营工具、数据化服务、广告、社群宣推等,始终提供商户所需。

(2)制定商户考核指标,激励商户向上成长,培育出更多头部商户,继而反哺平台,共同创收。

(3)自身不断完善,最大化发挥商户的效能,使平台和商户之间的互助更加便利,共同发展。

2.商户的任务

(1)保持商品的优质性、品类丰富,和平台的高匹配度、价格优势等,增加自身在平台的不可替代性。

(2)遵从平台制度,无论是发货物流,还是售后客诉,严格按照平台的标准来执行,既提升了自身的服务能力,又保证平台的正常运行。

（3）了解平台的考核制度，按照平台制定的体系逐步成长，享受更多权益，从而增加营收。

平台和商户想要共同发展需要双方的努力，如果平台不赋能、不培训、不帮助商户，那么商户不盈利，自然就会流失。而商户如果不遵守平台制度，不成长，那么也无法帮助平台完成业绩，自然也就会被淘汰。

平台与商户并非零和博弈，而是应该拥有长远且一致目标的合作伙伴。通过合理的管理与服务、建立淘汰机制，让商户意识到只有确保和平台的诉求一致，从共同利益出发，才能保障双方共同成长，合作共赢。

第十三章

视觉展示：让好物美起来

第一节 屏幕上打配合

一、空间与内容存在正比

不同的画面在不同人眼中，所传达的信息都会有所差别，但大方向都会在一定的范围内。在固定的范围内，如何缩小其中的差异，将更多的目光集中到你想让人们关注的地方是一张海报成功的关键。

（一）一张海报的空间

海报的空间即海报的尺寸，在 Photoshop 中定指宽度（W）和高度（H）两两相交后所呈现的部分。有时候设计者的思维跳脱，空间作为海报的最初定量，是处在第一位的制约点，将过于庞大的思维进行截取，获得最初的排版位置信息，为之后的设计奠定基础。

当然空间的定义远远不会止于此处，产品的位置构图、前后摆放也在其中。位置构图方面，越小的空间所受到的限制越大，极端情况下，为了突出主题，纯色背景和两行文字就可以构成一幅画面。在大多数情况，常用的构图方式包含 16 种：对称式、三角式、垂直线形、框式、中心光、水平线形、放射式、变化式、九宫格法（三分法）、对分式、中心点、L 形、引导线式、重复式、对角线式、圆形，还有一些较为复杂的构图形式，比如黄金比构图法，多用于影视作品当中，所包含的元素也比较多。

产品的前后位置也会有不同的考究，在排版的过程中，除了普遍为大众所知的"前小后大""前短后长"的摆放模式。这里就会出现侧重点，一张海报当中有的产品选择外包装展示，而有的会选择产品本身样式，这种情况产品本身需要放在前面，后方放置外包装产品，这样的层次感会比较强。如果要摆放一长排产品，可以选择"中间大两侧小"或"两侧大中间小"的摆放模式，前者会有鱼眼视角感觉，中间的产品得到突出；后者更偏向于相机视角，这种视角会让产品数量有庞大之感，而画面中的文字明显突出。

（二）一张海报的内容

海报的内容，顾名思义，是海报的各类元素构成，主要包括：背景、文字、相关元素（值得一提的是，产品图片、LOGO等也属于相关元素一类）。

背景决定了海报的主色调和相关活动需要。举个例子：端午节，可以选择一些纯度较低的天然风景、绘画背景作为背景，这样的背景会让人感觉更为温馨自在，放松平静，更具亲切感；或是选择一些电商、拼接性图片作为背景，其背景本身就含有大量的元素，这组海报色泽鲜亮、穿透力指向性强，热烈，潜意识激发人们内心的热情，"炫酷""闪亮"是这类图片的常见感受；纯色或渐变背景，设计性最强，这里需要活用各种文字、相关元素进行创新，其难度最高，成为"纯背景板"了。

文字，多是对产品或活动的介绍，除了其本身的表述功能外，文字本身也具有装饰性，各类丰富的字体便由此诞生。在一些比较严肃的文件合同文稿，我们多会使用一些基础字体，比如宋体、黑体等，这类字体的辨识度高、接受度高，字库中的文字数量也是最多的，在观看的时候可以小幅度减少错误的概率。如果是一些涉及历史传承的海报或影视，所选择的字体多会为毛笔、硬笔书法字体，这样的字体代入感强，可以感受到人们一点一点记录的过程，以这种方式感受历史不断流淌积淀，不断留下痕迹,是一种力量的展示,一些粮油米面也会使用到这类字体。而一些活动的海报,可以选择一些更为活泼的字体,增加阅读时的可看性,让人感受到画面中的热情与活力,这类字体也同样可以应用在一些甜品、饮品和玩具类产品海报上。

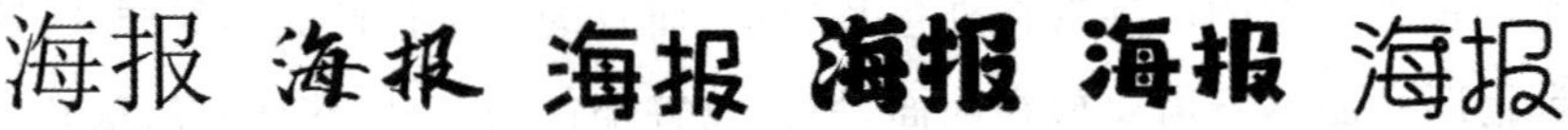

海报 海报 海报 海报 海报 海报

（图片设计者　董文达）

图13-1　海报文字

　　相关元素包含很多东西,有句老话这样说:"我们生活由元素构成",虽然所指内容与空间皆有不同,但是一张海报不可或缺的也是各类元素。相关元素的范畴十分广泛,从实物到手绘都有涉及,都会让海报更加丰富、更具趣味性。举个例子,一张黄小米的海报,除了背景和文字,都有哪些设计元素呢? 最明显的就是产品外包装和黄小米本身的展示,这是海报中的主设计元素,其次还有logo、汤锅、装黄小米的勺子、一卷麻布,到这里大家是不是以为已经没有了? 并不是,文字下一层的格子纸、圆角矩形、异形文字框以及方向标都是产品的相关元素。由此我们可以看出虽然很多元素虽然与产品本身的关联性不高且不会引起人们的注意,却是一张海报中占比很高的部分了。

（三）空间与内容的关系

　　在这里首先要明确的一点就是"空间与内容存在正比",小图片不能放太多内容,大图片在面对少量内容需要视频元素进行填充。

　　先从小尺寸图片说起,由于可使用面积较少,小尺寸图片需要最简单直接的展示,这包括产品、产品名称和产品价格,如果画面实在有限,背景和价格都要退居二位,让顾客第一时间看到产品,确定是自己需要的产品后再进行进一步的了解。

　　而大尺寸图片的可适用范围明显扩大,这种情况就不能仅限于名称、价格和产品了,首先可以添加一些简单百搭的文字段落,例如食品类"美

味可口、开心整天"、日用品"让生活更便利、更美好"等，可跟进不同产品
不同特征再进行细分。接下来是图片填充，比如产品、产品相关物品、吉
祥物，增加关联性，减少画面违和感。最后是添加细节，这部分可以注入
背景和前景，添加活动特色（比如快到中秋节了，在画面中加入一朵桂花
或白兔）。当遇到蓝色纯色背景时，我们先观察，如果是水果蔬菜，可以加
上云层、太阳、草原、树林等，将自然绿色衬托出来；如果是海鲜、洗漱产
品，可以加入气泡、贝壳、四角星等，这样会让产品感觉更加新鲜干净；如
果是娱乐活动，可以加入一些网格、极光、彩球等，营造出现代且有活力的
感觉。无论哪种，虽然画面和方法都会有所不同，但都会以吸引更多顾客
的目光为目的，让顾客产生兴趣，想要去了解和购买。

二、同类不同框，同框需谨慎

这句话解释一下就是：同类产品不能同时出现在一个画面，不同的产
品出现在同一画面时，需要思考产品之间的关系。这句话中包括了两点
内容：同类产品、互斥产品。

（一）同类产品

说到同类产品，大家一般认为苹果和香蕉是同类产品，因为都是水
果，这是正确的分类，但我今天提到的会更狭义一点，今天的同类产品特
指不同品牌的一类产品，以商城的产品为例，商城的扒鸡烧鸡一直很受顾
客喜欢，其中的扒鸡烧鸡品牌有盛斋元、清渊、瓮福、永盛斋、凤起，每个都
各有特色，但如果将这五个牌子的产品都放在同一画面里……想不"打
架"都难呀。如果将这几个品牌的烧鸡扒鸡分散在不同的地方呢？顾客
在不同的渠道位置看到，会无意识地深化扒鸡这个词，再看到多次后熟悉
感会促使他产生好奇，从而购买尝试。

（二）互斥产品

这是放在一起会降低一定的购买欲望的产品品类，还是用商城产品

举例,之前商城中有上架一款智能马桶盖,产品很不错,但推荐的时候需要格外注意,需要尽量回避食品类产品,尤其是一些熟食产品,会产生很不好的联想,这种就是互斥产品。在这种情况下可以选择一些日常、家居或清洁产品一并推荐,无论是效果还是整体画面也会和谐一些。

三、购买是链条,环环都相扣

说完了需要避免的情况,接下来就要说说如何产生"1+1>2"的效果,是对产品挑选的考核。

一个水果类海报的旁边可以放一张榨汁机海报,点开任意一个,总会出现搭配的图片,水果的介绍中多少会出现一些汁水炸开或是水果汁的画面,而榨汁机必然会出现各种水果放在榨汁机榨汁的画面,两者这样就会起到相辅相成的作用,或许有的顾客家中已经有了榨汁机,但在屏幕中看到的时候多少会联想到自家的榨汁机,那么旁边海报上的水果有很大可能会成为购买对象了。同样道理,酸奶牛奶麦片的图片也是这样,在海报中加入一些暗示,除产品本身在特定位置加入少量其他产品元素(注意不能给产品本身造成歧义),提示大家自己随心搭配会有更多美味体验,人们一般会从最近的地方开始找起,那么附近其他产品的曝光量自然会有所提升。

人们想要生活必然要进行不断购买、使用和再购买的过程,把握节奏,在购买和熟悉中建立信任度,互相了解思考,带来不断的购买力。

第二节　屏幕中高歌诗与远方

一、品类是原点

好的产品是一切的开端,但一个产品有瑕疵时,不断地大肆宣传只会让口碑变得糟糕,其中包括了产品的功能、产品的质量和产品的合规性,这三者是一个递进交错的过程,却也是缺一不可的情况。

(一)产品的功能性

功能性比较简单,就是一个产品可以用来干什么,人们在有需要的时候才会想要去购买,因为感到饥饿所以要买食物,因为感到寒冷所以要买御寒品,因为视力模糊所以需要买眼镜或是做手术。只是购买的范围有所不同,食物有米面粮油、鸡鸭鱼肉,御寒有棉衣皮革、暖贴空调,这个时候产品的基本特性已经规划,接下来就是根据个人环境、生活情况而定,每个产品都会有自己的特点,这会划分出属于自己的消费群体。

(二)产品的质量

人们常说"产品的好坏取决于产品的质量",可见质量是人们购买产品最关注的地方之一。如果是日用品,其质量包含了产品成分、部件产地、使用年限和保障服务等相关一系列参考点,这一类产品的使用周期较长,除特殊情况(产品开始就出现纰漏),需要更多的时间去鉴定其质量。食品类产品,这类产品波动较大,其中的腌制食品或酒水产品,保质期较长,原料等信息多依靠包装的成分配料信息进行确认;天然产品、农副产品、初级加工品也是较为特殊的一项,这类产品受环境等外来因素影响较大,不适合通过《中华人民共和国产品质量法》进行衡量,但在售卖的过程中会出现一定量的质量受损;而其他食品类产品按照常规标准进行分类即可。

(三)产品的合规性

合规性,又称合法性,在产品质量中会提及《中华人民共和国产品质量法》,这是对产品的基本要求,去除瑕疵、缺陷、劣质、假冒几类不合格产品,合格产品也会有不同的等级。

这里我将产品质量的四大合格标准标注出来,大家在购买产品时可以作为基础参考。在产品的介绍中会有一条"产品标准号",这里一般产品(卤制品和农产品除外)分为GB/T、Q、GB、SB/T四类。[①]

(1)"GB/T"符合国家标准,相对安全,成分与实物基本相同。

(2)"Q"有签署法人公司,相对安全,成分与实物有问题告到相关部门,可以找到法人公司处以相应处罚。

(3)"SB/T"符合行业推荐标准(国家可能这类产品不了解),成分可能胡说,最危险,需要仔细查看。

(4)"GB"国家强制要求标准(存在产品成分与配料不同的问题,例如罐头类执行标准GB7098,只是安全方面达标,包装外观没有涉及),需要仔细查看。

二、位置为半径

产品的摆放位置十分重要,这里先用一个例子让大家了解一下。

在一条小吃街,有很多卖小吃的摊位。一家商户想在这里赚钱,并且想比其他的摊位卖得更好。首先,他打造一款超高端豪华套餐,但很久都没人上门。于是他改变策略,推出了一款价格划算、分量十足的产品。这次开始有很多人光顾,但远没有其他的摊位火爆。头疼之余他找人求助,旁人指点他说:"你不能想要将所有的用户全部抢光,你要加人才行。"于是他和其他摊位一样,推出了"价格低规格小"的产品,很快他的摊位就红火了起来。

根据这个案例,首先我们知道这是一条小吃街,"便宜""实惠"是它的标签,昂贵的美食与小吃街的位置定位就是不同的,受众群体也是不同,来到小吃街的人多是一些学生、游玩青年以及一些路过的上班族,他们不会在一道菜上花掉几份小吃的钱,更不会在一个地方停留太多时间,自然无法售出。在第一次修改菜品的时候,商家意识到了这一点并进行了调整,这时有顾客进店消费了,但人并不多,为什么呢? 还是位置的问题,假设在不带饭的情况下,预算60元,一整条街的小吃五花八门,这家摊位花

[①] 产品执行标准严谨度排行"GB/T">"Q">"GB">"SB/T"。

20元就能吃到超大份的炒饭,一份下来其他的都吃不了了,这次可能会很开心。然而这是小吃街,不是因为饿了想一口气吃饱才来的,而是为了品尝更多的风味美食来的,同样的胃口,可以吃下涮毛肚、麻辣烫、章鱼烧、大鸡排等,全程吃下来价格会比炒饭高,但也没有到超出预算的程度,有路过的人顺手买上一份,还不耽误吃正餐,这就挺好。

所以在屏幕上也是同样的道理,屏幕上的产品也是多种多样,需要不同和特色,但不能超出所在的位置范围。如果将产品比作水,你可以和大家一次融入大海,进而努力结成冰,漂浮在海上,而不要为了不同成为沙,最终沉入海底。

三、活动即传唱

每一个活动都是机会,这个机会包含着巨大的收益。活动中,卖家可以与买家互动,增加亲和力和信任度;可以进行促销活动,买家收到福利的同时,买家的知名度和销售量都会得到提升;可以借此活动进行限额抽奖,向部分买家展示自家产品的制作过程,再由买家向外推广产品,用量变创造质变,无论如何都是促进各方面利益发展的共同体。

最为明显的就是过节,不论是中国传统节日,还是西方节日和新生的网红节日,都是活动产生的先决条件,商家们根据节日类型、习俗传说,构思大纲、定位、命名、选货、布置,最后拍板上线,将全部展示在顾客面前,用展示的方式将自己包装宣传出去,让更多的人看到听到我们的真心和声音,这就是标题中提到的"传唱"。

总的来讲,一个产品是后续在屏幕展示售卖流程的开端,是原点,一个购物类平台需要很多的点,这些点或有关或无关,它们连接成不同的线(也就是产品的链条),使用这些线去划分面,在线的半径内的就是同一类的板块,或有交集或无交集,层层叠叠,形成一个圆,也就是一套完整且独特的体系,这个时候就可以将自己展示出来啦,任何活动都是展示的舞台,向所能接触的方方面面推销自己,让大家记住、熟知,构建信任网,一步步走向成熟。

第三节　屏幕上也要先有光，才有物

一、光的重要性与危害

光能创造世界，也能毁灭世界。宇宙中光的产生有这样的说法：传说是神创造天地，创造了光。可见光的重要性，没有光，就没有一切。

（一）通常能持续发光的物体都会被视为宝物且价值连城

有关夜明珠的传说：夜明珠是一种稀有的宝石，古称"随珠""悬珠""垂棘""明月珠"等。通常情况下所说的夜明珠是指荧光石、夜光石。它是地球大地内的一些发光物质，经过了几千万年，由最初的火山岩浆喷发，到后来的地质运动，集聚于矿石中而成，含有这些发光稀有元素的石头，经过加工，就是人们所说的夜明珠。

在灯火产生以前，自然界能够持续的光源只有太阳和月亮。有关太阳和月亮的传说也不少，这里不做赘述。

（二）光同样能带来毁灭

1945年8月6日上午9点16分左右，日本广岛市中心上空出现了一道令人眼花目眩的强烈白色闪光，随即发生震耳欲聋的大爆炸。顷刻之间，城市上空突然卷起巨大的蘑菇状烟云，接着便竖起几百根火柱，广岛市马上沦为焦热的火海。可见光也能毁灭世界。人类要善待光，用好光。

（三）光的形成原理：物体颜色成色原理

物体成色分透明体和不透明体。之所以我们看到物体呈不同颜色，是因为对太阳光（白光）的反射折射不同造成的。所谓透明，实际上就是指物质聚集态结构如果是各向同性的话，光线全部通过而没有反射和折射。

物质聚集态结构是各向异性的话，光线就不能全部通过而产生反射和折射，即不透明。物体呈现白色，是因为物体将光线完全反射。物体呈现黑色，是因为物体将光线完全吸收。物体呈现红色，是因为物体将红光反射，其他的颜色吸收。也就是说物体不能吸收什么颜色的光，你看到的就是什么颜色。

二、光的制作（如何运用光效体现空间感）

光的种类从形状上分为很多种，制作光的种类大体可以分为3种，如下：

（1）条形光：顾名思义就是一组条形的光源。

（2）窗形光：形状为窗户投影的光源，可增加画面的真实感与空间感。可以下载相关笔刷工具使用。

（3）想象自然光：因为多数产品背景都需要深色衬托出商品，因此自然想象光多采用月光更合适。

三、影的制作（影子与光的重要性等同）

首先，影子的种类：（1）常规影子。（2）倒影。

影子的组成：（1）闭塞区（贴地影）。（2）扩散区。

其次，更细致的影子可以根据物体的形状轮廓做一些变形的影子，还有影子的颜色适当加入一些环境色等，当然这些都是更高层次的要求，一般的设计可以不考虑进去。

四、如何让产品变得立体（透视原理）

透视是透视绘画法的理论术语。"透视"一词源于拉丁文"perspclre"（看透）。最初研究透视是采取通过一块透明的平面去看景物的方法，将所见景物准确描画在这块平面上，即成该景物的透视图。后边将在平面画幅上根据一定原理，用线条来显示物体的空间位置、轮廓和投影的科学，称为透视学。

在素描中最基本的形体是立方体。素描时,大多是以对三个方面所进行的观察方法来决定立方体的表现。另外,利用面与面的分界线所造成的角度,也能暗示出物体的深度,这就涉及透视规律。

透视分一点透视(又称平行透视)、两点透视(又称成角透视)及三点透视三类。

一点透视就是说立方体放在一个水平面上,前方的面(正面)的四边分别与画纸四边平行时,上部朝纵深的平行直线与眼睛的高度一致,消失成为一点,而正面则为正方形。

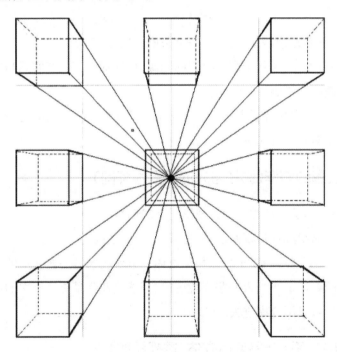

图13-2　一点透视示意图

两点透视就是把立方体画到画面上,立方体的四个面相对于画面倾斜成一定角度时,往纵深平行的直线产生了两个消失点。在这种情况下,与上下两个水平面相垂直的平行线也产生了长度的缩小,但是不带有消失点。

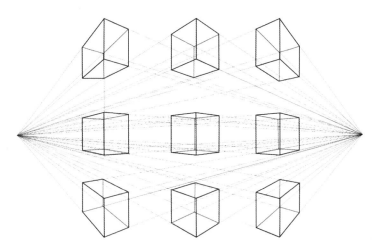

图13-3　两点透视示意图

　　三点透视就是立方体相对于画面,其面及棱线都不平行时,面的边线可以延伸为三个消失点,用俯视或仰视等去看立方体就会形成三点透视。

图13-4　三点透视示意图

　　三点透视在实践中一般用得很少,大多采用一点或者两点透视更为美观、直观。

第四节　屏幕展示如何巧选产品背景元素

我们都知道,不同的产品需要配合不同的空间背景来体现产品的特色与卖点。一般来说有二维和三维两种风格可选。这里我们不按照此分类界定,而是按照与产品关联性的大小来界定,这也是我在多年的设计工作和陈列工作中发现的另一种划分方式。

一、与产品最直观的背景元素设计

举个简单的例子,商品确定以后,即可从产品的产地、生产原料、用途方面找关联,然后从这几个角度去考虑背景元素的选择。比如青岛老火腿,最直观的选择,可能是一个桌面或者一个平台,放上一盘火腿的画面。当然也可以从商品的产地入手做一些背景设计。背景中的建筑可设计为青岛江苏路基督教堂,也是租界时期青岛典型的德式建筑,德式风格典型的青岛地标。类似的情况也有很多,如老北京二八酱也是摒弃了常态的一个桌面一个产品的固态化模式,选取了故宫角楼为背景,体现地道的老北京情怀。

二、与产品相关的背景元素设计

与产品有一定关联的背景选择,它可以不和产品制造、产地相关联,但只要放在一个大家觉得应该放该物品的地方,根据此物品适合放在这个场景的感觉着手,也是一个不错的选择。

例如在设计图中虽然没有芒果产品的相关背景,但把产品展示放在手机屏幕内也不失为一个好的选择,而且手机展示反而感觉产品更加高端、上档次,也是一种不错的选择。

牙刷,就应该放在浴室、卫生间内,这种场景的合理性即是如此。

三、与产品毫不相关的背景元素设计

与产品没有一丝联系的背景，如××黑芝麻酱的促销图中，既没有和产品的制作生产相关联，也没有和芝麻酱的产地相关联，而是把产品放在了古典风格假山石、竹叶、草地之中。

第十四章

风控:把好每一道收支关

第一节　大屏电商运营的风险控制

风控即风险识别与内部控制的简称。2006年,国务院国有资产监督管理委员会发布《中央企业全面风险管理指引》。我国企业对风险管理与内部控制逐渐提上日程。而今随着智慧大屏与移动支付的普及,大屏电商逐渐跃入人们视野,面对供应商与客户的双增长,纷繁复杂的投诉侵权案件也呈层出不穷的态势,加强风控管理尤为重要。本章我们就从目前大屏电商所涉及的法律、供货商、消费者三方面风险进行浅析。

一、法律风控:合规才能行稳

(一)知识产权侵权管控

如果线下实物产品的销售是人们对物品的直接感知,那么大屏电商图形声像无疑是最直观地触动人们的成单神经。在大屏电商的实际运营中,知识产权类的侵权案件经常因商标侵权、图文抄袭、字体冒用、音乐侵权等映入运营者眼帘。

案例:2022年7月,《谭谈交通》栏目因版权问题被要求下架,同时B站、抖音等媒体或将面临千万赔偿。

大屏电商平台方在平台日常经营活动中，对平台内的经营方所发生的知识产权侵权行为承担过错责任，主观要件包括知道或者应当知道。大屏电商平台方在可以采取必要措施但实际没有采取相关措施时，对知识产权权利人或者消费者合法权益造成损害存在故意或者过失的主观过错时需要承担侵权责任。

表14-1　知识产权类侵权责任表

侵权行为	需承担的责任
知道或者应当知道未采取必要措施	承担连带责任
知道或者应当知道采取必要措施	承担采取措施之前的责任
不知道或者不应该知道，在知道后未采取必要措施	对损害的扩大部分存在过错的承担相应的连带责任

因此针对知识产权类侵权管控更多地需要发挥平台运营者的主动性及遇到侵权案件时反应的及时性。大屏电商平台及经营者应坚持内容原创、主动审核与义务约定。在与相关的平台经营方合作全过程中，务必对平台经营方的资质进行全面的审核，针对可能发生的侵权行为要求平台内的经营方签署相关的保证及承诺。收到或者发现相关侵权行为时，务必第一时间删除、屏蔽、终止交易等必要措施，防止侵权行为的扩大累及自身承担相关侵权的责任。

（二）广告类模糊现象

与普通电商平台一样，大屏电商平台收益除收取入驻平台的经营者所运营产生订单的佣金外，广告收益也是平台收益重要的来源之一。然而，为了促进经营者的经营积极性，也为了方便用户的筛选，大部分电商会采取综合评分由高到低的商品排列规则，《中华人民共和国电子商务法》（以下简称《电子商务法》）也明确了大屏电商平台对一些以竞价排名等有关广告的商品在呈现时需关注广告字样。同时大屏电商平台应对商户经营者的商品展示进行相关的把控，不得出现商品虚假广告或夸大事实功效的情况。

随着"千人千面"运营思路的提出,越来越多的平台在针对客户的运营中进行精准投放,我们需要注意的是在精准运营的同时需要关注消费者的自主选择权与知情权,不得在消费者使用搜索服务中,提供针对其个人特征的选项。

大屏电商平台目前主要以第三方商户入驻及自营两种模式,而且随着平台体量、品牌等各种资源的不断优化,用户对自营产品的信任不断提升。鉴于自营和第三方商品的不同属性,《电子商务法》要求在平台方进行自营产品的售卖时,平台方需要清晰地标明自营商品范围及情况,不得有误导消费者的消费行为。

(三)商户管理混乱现象

电商平台因属于增值电信业务的一部分,因此在日常运营中需要遵循互联网相关的监管。同时,鉴于电商平台涉及实物产品销售,因此也受到相关行业的监管。在实务操作中,尤其要注意主体资格和业务资质,如大屏电商平台在引进或者新增医疗、教育等特殊行业时,务必取得相关的资质后才能进行。

大屏电商平台要正常进行相关的经营活动,需要大量的商品信息作为支撑,在日常生活中亦会涉及大量的平台经营方的经营活动信息。大屏电商在实际运营中,需要关注电商经营者与平台运营者之间的联系,尤其要避免因为促销规则权力的集中化导致的行贿受贿问题,减少屏电商平台方的利益损失。

商户价格混乱、假货泛滥或没有拿到品牌方的授权目前也是大屏电商平台在日常商户管理中的棘手问题。因此,动态监控商户价格报价,对商户品牌授权问题的考证及侵权责任的前置保证等流程规避、减少电商平台与生产厂家的链接环节对大屏电商平台的商户管理尤为重要。同时需要注意的是,要根据商户的不同违约建立惩罚机制,合理约束商户的行为。

（四）数据安全问题

2021年6月10日《中华人民共和国数据安全法》颁布。随着数据分析对经营活动指导作用的加强，越来越多的公司致力于创建广大用户的数据信息库，创建不同的用户画像以期找到用户消费的趋势及喜好。然而，在对消费者信息采集的过程中，需要注意按照提供服务的必要性，也就是按照最小化、最低频原则进行收集。同时，也要正确使用爬虫等技术手段，对涉及他方关键及自有信息爬取时，需要明确相关爬虫的范围及标准，确保数据来源安全。

然而，一些违法之徒也逐步意识到数据的重要性，由于电子电商运营者对数据安全的漠视以及客户手机、住址等隐私数据被随意下载导出，大量用户信息最终被泄露，从而引发数据安全风险。面对各种各样的数据安全问题，我们要做的除了加强公司等保测试及整改，更要从系统端及运营端对客户的隐私数据进行下载限制及保护，对有权力接触数据库及下载权限的平台人员，做好权限赋予的清晰化及下载路径与行为的有效留存。

二、商户风控：诚信方可共赢

商务部发布的2021年《中国电子商务报告》显示，2021年全国电子商务交易额42.3万亿元，其中网上零售额达到13.09万亿元。庞大的电商交易额的背后，是数千万家电商企业与数亿消费者的不断沟通与消费合作。面对庞大的交易市场以及琳琅满目的商品陈列，各大电商平台不断地更新商品排名规则，从销售数量、商户信用、价格等不同维度去展示与曝光商品。所谓酒香也怕巷子深，随着交易规则的变化，不少商户在正常交易的同时，也开启一些刷单等扰乱电商平台交易环境的行为，严重影响消费者的知情权与选择权。

（一）刷单

刷单，指电商商户付款请人在自己的店铺中进行下单并撰写好评，以提高店铺或商品在平台的排名,从而吸引用户。虽然我国法律规定刷单违法,是不正当地进行商品的广告宣传,但是因为目前大量电商平台为减少消费者挑选商品的时间成本,利用消费者的从众心理,往往会在单方面地提高销量数、好评数等在流量分配方面的权重,最大限度地促进消费者的下单行为。因此,不少商户会不断进行虚假交易,快速提升订单量及好评数量,从而促使自己的排名尽可能地靠前。

常见的刷单流程如下:

刷单员进群—代理发布店家刷单需求—刷单员领任务—迂回搜索进入刷单店铺指定商品—浏览商品—下单—空包裹—点击成交—写好评—截图返现

平台刷单鉴别方法:

(1)购买行为分析:店家在发布刷单任务时往往会同时在一个或者多个群集中发布需求,刷单员做任务时间会存在一定的集中性,因此平台可以对购买用户进入平台时间、商品浏览时间、下单时间进行系统监测,在相关数据大比例异常时进行预警,及时分析订单的真实性。

(2)物流信息分析:为要求订单的真实及可追溯性,平台一般会要求商户上传物流单号,鉴于平台与第三方物流的链接共享涉及相关成本,部分大屏电商物流的实时更新可能差强人意,部分商户会上传错误的物流单号或者发送空包。市场上一些不法的快递公司会与商户合作,以一单几毛钱的价格代发虚假快递来规避平台方的风控策略。平台可以对商户的物流有效性、物流发货及签收地、收货地与用户手机号归属地差异等信息进行系统监控。

(3)刷单黑名单:针对刷单用户及商户的情况,建立相关用户及商户黑名单,针对异常下单的用户和有刷单历史的商户进行高频词的专项分析工作。

(4)客户来源及单品销售分析:对单一商户的客户来源进行预警分析,一般情况下大屏用户与小屏用户存在一定的比例分布,如果单一商户的订单呈现异常,可以对相关的销售进行风险预警。同时,单一商户的销售除特殊事件导致的用户异常流入下单外,正常情况下销售曲线与商户的评分、往常销量等情况息息相关,如果单一的商品莫名的销量暴涨,也需要进行相关的风险预警工作。

(二)搬单

搬单,指平台商户运营数据无自己的进销存管理,只是将他人店铺的商品链接上架到自己的商铺,从而赚取价差的模式。如1688平台的一件代发模式,越来越多的人开始进行0元开店。然而搬单行为可能会短期增加平台商户量,但长期看对平台的整体运营环境并不存在利好,在加大产品重复性的同时会加大消费者对价格的敏感度,容易引发商户的价格竞争,对商品原创也会存在一定削弱,同时搬单因为商户资金监管的缺失,容易导致售后无人的情形。

搬单应对:

增加商户的准入制度,在平台发展的后期逐渐加大对平台实缴资金、办公场地、营业资质等的要求,增加商户的售后能力。

根据物流核准商户的发货情况,原则上商户的发货地具有一定的集中性,如果商户的物流地址差异较大,可以进行相关的风控工作。

(三)爆单

爆单,指电商运营者某一时期订单出现爆发式增长。各大自媒体及电商培训机构一直在向人们传达一个理念,追求爆单。然而水满则溢,月盈则缺,大屏电商的销售需要以自身的承接能力而设定。短期爆单可能引发一系列系统、物流、售后、备货与退货等系列问题。

爆单应对:

(1)平台系统开发之初要对电商平台发展的各阶段可能产生的用户进入数据进行行业调研,在测试期间模拟电商大促活动对平台进行压力测试,务必保证电商平台在大促时候的流量冗余。

(2)依据仓储量严格进行平台库存限制等的实施,对预售商品要以低于日常签收率的标准进行备货,防止大量退单导致的库存积压。

(3)提升客服及物流对接效率,最大限度地减少客户因为客服回馈及物流问题导致的退单及差评。

(四)套利

套利,指由商户端发起的薅羊毛行为被定义为套利。为扩大平台的影响,大部分平台在建设之初及一些节假日都会发起一些打折促销的成本补贴。比如京东、拼多多等经常会在"双十一"等期间进行满减促销。当平台补贴额度大于返佣金额以及商户的成本时,商户可能会以空单、刷单等形式进行虚假订单从而套利。

套利应对:

(1)平台在设计各项促销活动而进行让利补贴时,补贴的金额应小于商户的返佣,同时,对商户的返利可以以优惠券等非现金补贴,减少商户套现的获得。

(2)加大套利商户的成本,将存在套利的商户加入黑名单,减少后续活动的参与资格,对涉及法律的可以依法申请司法机关的介入。

三、消费者风控:精准方能致远

(一)恶意下单

恶意下单,指消费者在下单后故意进行退货或者退款的行为。我们日常所说的恶意下单指同行非正常竞争或者用户在遇到商家价格上架错误后故意批量下单。大屏电商所涉及的用户会有一部分老年观众,老年观众对下单流程及操作的不清晰导致批量错误下单不属于恶意下单。

恶意下单应对:

商户价格标错:在发现商品价格标错后,应第一时间下架及时止损,根据损失金额的大小衡量是否在平台内发表声明(因为商品价格标错,买卖合同构成重大误解)、道歉,同时开启对已下单用户的协商,"错误价格"

下单的订单无法发货，与用户协商全额退款。如果消费者不同意退款执意上诉，平台方需要积极应诉并以合同存在重大误解反诉以期解除合同。但是因此给消费者造成的损失需要商家承担。需要注意的是，撤销权一年内不行使会自动消灭。

同行非正当竞争应对：

加强订单分析的及时性，对大批量或者订单收货地址不详、突然间爆发式增长等情况进行发货前的分析，减少同行故意大批量下单退货导致的损失。建立消费者黑白名单更好预判用户情况；对同行恶意下单导致损失的，搜集完相关证据后提起诉讼。

（二）到货退货

新消费者权益保护法约定，商品签收后 7 日内，如无影响商品二次销售的情况下，消费者可以无条件退货。

到货退货应对：

在商品及物流端加强管控，增加妥投率。对于生鲜等时效性很强的商品，提前告知用户无法退货的认知，减少退款。对于一些用户对尺寸、颜色等关注比较多的产品，应加强商品展示信息的对比性。针对经常性无理由退款的用户，建立黑名单，加强对此类用户的退货管理。

（三）薅羊毛

薅羊毛，指使用一些自动化的工具或者利用一些虚假的身份参与平台的营销推广活动，如折扣、返现、抽奖、满减等，在使用后不能给平台带来实际活跃的用户或者后续订单收益。

薅羊毛的应对：

对比平台正常的营销手段，薅羊毛经常发生在新用户拉新环节。在新用户拉新环节注意新用户的拉新风险。新用户在用户命名中使用不规则英文组合、古诗词截取等规律性命名；注册手机号码的归属地情况，比如本地化的大屏电商平台，注册用户突然出现非本地的特征；注册中搜集到的手机型号设备存在大量低价设备型号;新用户留存率也是可以判断用户真假的信息,通常情况下真实用户的留存曲线是一条平滑的指数衰减曲线,如果大量黑色产业链进入,他们的留存和新增都会存在爆发式增长或者取消。

大屏电商运营中风险涉及方方面面且不断迭代,我们要控制风险,但要认识到我们无法根除风险,在实际运营中最重要的是要站在公司的角度,结合运营等多方需求,识别风险后根据风险级别去合理地进行风控管理。

第二节 电商企业的财务风控

一、企业的财务结算模式及流程

大屏电商实质上属于第三方交易平台,平台方将平台提供给入驻平台的商户及消费者使用,促使商户和消费者在平台达成交易,平台方向商户收取服务费。商城作为收取手续费代销的平台,以订单为维度进行结算,订单和资金完全由商城托管,待消费者签收后再全额支付给商户,商城再收取约定比例的费用。平台模式的好处主要是减少资金和库存的占用,轻资产的模式,可以让企业在复杂多变的大环境中生存下来。

商城的资金支付模式是平台类型的收付模式,消费者将货款直接支付至平台方的账户,再由平台方按照一定的结算周期和结算金额支付给商户,在资金支付方式上支持微信、支付宝等方式,微信、支付宝的后台系统与平台方系统有唯一识别码进行连接,这些微信、支付宝的资金会直接提现至公司银行账户,每笔提现资金都会对应相应的订单,订单托管在天商城系统,T+1月后及时将货款全额支付给供应商。

为了保护平台方的利益,会使货款先行留在平台,同时资金的留置会带来挈息。由于商户与用户之间是买卖关系,理论上货款是直接由商户收取的,而实际上货款是直接由平台方代收的,各主体之间的法律关系与资金往来关系有一定的混淆,可能会存在资金归集、经营支付上的问题。资金收付采用的是平台模式,平台方的代收代付、资金归集行为符合《非金融机构支付服务管理办法》等规定的为收付款人提供货币资金转移服务、经营支付业务的业务特点,需要依法取得支付业务许可证。如果未取得支付业务许可,则可能被认定为无证经营支付业务的风险。以下是未取得相关许可而被处罚的案例。

2017年12月,央行在《互联网金融风险专项整治工作实施方案》及《非银行支付机构风险专项整治工作实施方案》的基础上,下发了《关于进一步加强无证经营支付业务整治工作的通知》(银办发〔2017〕217号文,以下简称"217号文"),"剑指"无证支付机构和支付"二清"行为,整治工作以持证机构为切入点,全面检查持证机构为无证机构提供支付清算服务的违规行为。2019年12月,已有拼多多商家称向上海央行举报平安银行和拼多多涉嫌"二次清算"及无证经营支付业务。

拼多多的做法是通过银行内部账户进行资金托管、清算,也就是说在相关银行开设内部特殊账户以接收买方付款,同时,向银行提交材料验证相关交易的真实性。虽然拼多多把资金托管在了银行(没有触碰资金),由银行来划拨钱款给商户,而银行是有清算资质的。但是银行的划拨指令是由拼多多发出的,所以这笔巨额资金的控制权仍然在拼多多手上,即通过指令信息进行事实上的"二清"行为。("一清"指消费者付款—有牌照的第三方支付平台—收款账户;"二清"指消费者付款—有牌照的第三方支付平台—第三方账户—收款账户),所以需要代收代支的平台也需要获得支付业务许可证,在当地的央行分支机构办理。

二、企业的应收账款管理

应收账款是企业为了扩大销售,通过商业信用,采取赊销的方式来增强竞争力,获取利润。应收账款的成本包含机会成本、管理成本、坏账成本。机会成本是指应收账款对资金的占用,从而使资金丧失了其他的投资机会;管理成本是企业对应收账款的全盘管理而产生的成本:对供应商的资信调查费用、收账过程中产生的差旅费、诉讼费等费用。坏账成本是指可能无法收回账款而产生的成本。

为了更好地利用信用政策扩大销售,我们一定要对应收账款进行全盘监控。首先,要严格审查供应商的注册资本、经营范围、是不是失信被执行人、诉讼案件等;其次,要求供应商缴纳履约保证金;合同条款约定清晰明确。

商城的应收账款账期为 T+1 月,即当月收上个月的分成款同时有保证金 2 000 元和当月的货款作为保障。但是唯一的漏洞在于如果某一商户突然下架商品不合作时,当月的货款又极少甚至出现退货订单额为负时,应收账款无法保障安全地收回。我们需要做的是提前审核好商户资质好坏、规模大小,尽量和大企业进行合作。

三、企业发放福利的结算模式及风险管控

为了增强用户黏性,企业会对某些商品发放现金折扣券。现金折扣券是一种商业折扣,如果该折扣作为代收代支的平台的销售费用,那么会计入企业的销售费用里,同时连同消费者支付的现金部分全额打给商户。如果折扣由商户承担或者平台和商户各自承担一部分,那么还是将商品的全部货款支付给商户,然后补贴的部分由商户再支付给平台。无论是哪一种补贴模式,整个财务结算模式都是代收代支。

那么如何对这些现金折扣券进行风险管控? 现金折扣券也是平台的资产,首先在发放端口设置好规则及监督制度,需要关注的是折扣券的预算限额及折扣力度,以防满减后价格低于市场价太多而出现恶意薅羊毛的行为,所有的折扣券发放必须经过审批后方可发放;其次是使用过程中进行监督,平台发放折扣券的目的是增强用户黏性,吸纳更多的有效用户。这就需要我们对折扣商品进行限量,同时要对用户的手机号和收货地址进行双重限制,以防出现借用多人手机号下单同一地址的行为。在商城平台上会有代金券之类的虚拟商品,客户为了凑齐满减额而下单,客

户实际并不需要,实质上这部分的虚拟商品已经是折扣状态了,就不可以再进行折扣,运营时要注意剔除这些特殊品。

四、企业的现金流量管理

现金流是企业流动性最强的资产,是指企业在一定会计期间按照现金收付实现制,通过一定经济活动(包括经营活动、投资活动、筹资活动)而产生的现金流入、现金流出及其总量情况的总称。现金流贯穿企业的各个环节,现金流更能真实反映企业的盈利质量,利润可能会通过虚假销售、提前或推后确认收入、推迟确认成本等方式被扭曲。尤其对于资金密集型的企业,资金流断裂对利润下滑更严重。

电商企业在刚开始起步的时候需要大量的资金来拓展市场吸取流量,所以一定要做好资金的筹划,主要从现金流入量与现金流出量做好对现金流量的动态管理。控制现金流入量就是要开源,不断扩大销售渠道,提高市场占有率,提高销售收入,并尽快收回应收账款,提高应收账款的周转率,降低应收账款占销售收入的比重;控制现金流出量就是要节流,要节约开支。

第三节　电商企业的涉税风险控制

一、电商企业的税收风险类型

企业的税收风险类型主要分为三大类:多缴税款风险、少缴税款风险、发票管理风险。多缴税款风险,是指企业未享受相关税收优惠政策、适用税率错误多缴税款或应该抵扣的进项税额而未抵扣等,使企业税负加重。少缴税款风险,是指企业的纳税行为与税收法律法规不相符,应开票确认收入缴税而未缴的,存在被税务机关查处后补缴税款,加处罚款和滞纳金以及声誉损害等风险。企业最大的发票管理风险是虚开发票风险。由于增值税专用发票具有抵扣税款的功能,因此虚开增值税专用发票不仅是发票管理办法和增值税专用发票使用规定严厉禁止的行为,也是刑法要严惩的犯罪行为。

对于商城目前合作的商户大部分都是小规模企业,小规模企业会有国家税收优惠。首先,免征增值税,小规模纳税人季度销售额小于30万元的,免缴增值税。其次,小规模纳税人享有税收优惠,一般是按照3%征收。但是小规模纳税人开具增值税普票时平台无法抵扣,税收上有损失,这样就需要他们去代开发票。但是代开发票不在免征额里面,需要单独缴税,这样就会增加商户的税收成本,就会把成本转嫁到商品价格中。一般纳税人的税率在6%—13%,如果小规模纳税人在销售过程中符合一般纳税人的认定,税收成本就会加大。商户就会要求我们换公司进行合作,而这些都是不合规的。我们只能终止合作,否则会损害公司利益。

二、电商企业的发票乱象

依法纳税是每个公民的法定义务。电商行业征税的一大难点在于营业额难以准确掌握,数据缺乏透明度,信息不对称,征税成本较高。

实际工作中会遇到小规模商户开出的发票纳税人识别号错误;发票上公司名称开错;增值税专票密码识别区模糊,无法进行抵扣;某些商户无法开具具体商品的销项票,主要因为前端的进项无票,票据流不连贯;因大部分的个人消费者无需要票,某些商户就不开票不交税。供应商的发票不规范造成平台方的税务方面的风险。

三、电商企业如何规范涉税行为

随着抖音、快手等直播平台的兴起,互联网电商越来越火爆,人人都可以直播带货。对于这一新兴事物,现行的法规较少,因此非法经营、非法代购、恶意刷单等现象泛滥,隐瞒收入、偷税漏税尤为严重,成为被稽查的重点。

随着金税四期的上线,电商平台的收入越来越透明,偷税漏税越来容易被稽查。金税四期不仅对企业的税务方面进行核查，还联合各部委和银行系统进行信息联查，充分利用大数据对业务的各种进账数据进行核查。

最近某电商平台的店铺因偷税行为被税务局稽查。该公司在平台上进行商品售卖，根据该网店的第三方支付账户交易明细显示2020年全年销售收入4 815 129.4元，交易退款24 419.26元。财务报表上显示销售货物收入4 790 710.14元，不含税销售额4 731 324.08元。该公司某些收入不交税。根据《中华人民共和国税收征收管理法》第六十三条第一款，该公司进行虚假纳税申报、造成少缴应纳税款，是偷税。该公司少缴2020年增值税59 386.07元，少缴2020年城市维护建设税2 078.51元，少缴2020年度企业所得税9 462.65元。税局对该公司处少缴税款的0.5倍罚款，合计35 463.62元。随着金税四期的上线，税务系统会调取支付平台的数据，电商偷税漏税的行为越来越难以隐藏。

电商行业主要针对的是个人消费者，个人消费者开发票的意识比较薄弱，而商家不会主动开具发票，很多企业没有如实记录自己的销售收入，不开发票，导致企业的部分收入是没有记账的，而且部分电商企业存在很多刷单的情况，这种虚假销售也是不能开票的。

针对以上存在的税务问题，我们建议在经营中要严格按照税法制度来交税，只要有收入就应该交税，不要存在侥幸心理；金税四期会抓取第三方支付平台的收入，所以要真实记录自己的销售收入，不要利用刷单等行为虚构收入。

四、供应商的纳税类型对企业成本的影响

从增值税角度来分，电商平台的供应商可分为一般纳税人和小规模纳税人，小规模纳税人又可分为开具增值税专用发票的小规模纳税人和开具增值税普通发票的小规模纳税人。不同纳税类型的供应商，对平台的增值税及其附加税、所得税、利润都会产生不同的影响。以下用案例分析：

有一家代销生活用纸的互联网平台,注册地位于天津市西青区。A公司适用的增值税税率为13%,城建税税率为5%,教育费附加税率为3%,地方教育费附加税率为2%,企业所得税税率为25%。

假设电商平台每1万元销售价款对应的含税采购价均为7 000元,在面对不同类别的供应商时,净利润测算如下:供应商为一般纳税人时,平台的不含税销售额为10 000/(1+13%)=8 849.56元,销项税额=10 000-8 849.56=1 150.44元;平台的采购成本为7 000/(1+13%)=6 194.69元,进项税额=7 000-6 194.69=805.31元。平台应该缴的增值税额为1 150.44-805.31=345.13元。增值税附加税为345.13×(5%+3%+2%)=34.51元。

表14-2 纳税明细表

(单位:元)

项目明细	一般纳税人开具专票税收计算		小规模纳税人开具专票税收计算		小规模纳税开具普票税收计算	
含税销售价		10 000		10 000		10 000
销售收入	13%	8 849.56	13%	8 849.56	13%	8 849.56
销项税		1 150.44		1 150.44		1 150.44
供应商类型		一般		小规模		小规模
发票类型		专票		专票		普票
含税进价		7 000		7 000		7 000
不含税进价	13%	6 194.69		6 796.12		7 000
进项税额		805.31		203.88		0
增值税		345.13		946.56		1 150.44
增值税附加税		34.51		94.66		115.04
利润总额		2 620.35		1 958.79		1 734.51
所得税		655.09		489.70		433.63
净利润		1 965.27		1 469.09		1 300.88

该平台的利润总额(营业收入-进货成本-税金及附加)为2 620.36元,净利润为1 965.27元。

当供应商为小规模纳税人并开具专票时,其适用的税率为3%,不考虑税收优惠,价税分离用3%税率进行价税分离,最终算出净利润为

1 469.08元;供应商为小规模纳税人并开具普票时,因为采购方收到普票时没有可抵扣的进项税额,是把全部金额计入成本的,含税报价就是采购成本,所以无需进行价税分离。最终算出净利润为1 309.08元。

通过以上计算可以得出如下结论:尽可能多地和一般纳税人合作,尽量多获得进项税额;含税报价相同时,不同类型的供应商提供进项税额的能力为:一般纳税人>小规模纳税人(开专票)>小规模纳税人(开普票)。

那如何平衡不同供应商的谈判扣点呢?

假设一般纳税人含税报价为A,开专票的小规模纳税人含税报价为B,利用公式A/1.13−A/1.13×13%×10%=B/1.03−B/1.03×3%×10%,得出B/A=90.24%为折扣平衡点,即开专票的小规模纳税人供应商的报价是一般纳税人供应商报价的90.24%时,才能使得采购方从开专票的小规模纳税人供应商处采购获得的利润与从一般纳税人供应商处采购获得的利润相等。

假设一般纳税人含税报价为A,开普票的小规模纳税人含税报价为B,利用公式A/1.13−A/1.13×13%×10%=B,得出B/A=87.35%为折扣平衡点。即开普票的小规模纳税人供应商的报价是一般纳税人供应商报价的87.35%时,才能使得采购方从开普票的小规模纳税人供应商处采购获得的利润与从一般纳税人供应商处采购获得的利润相等。开普票的小规模纳税人折扣高于87.35%时,从一般纳税人处采购更划算,反之则从开普票的小规模纳税人处采购更划算。

现在小规模纳税人也可以自开专票,但是小规模纳税人自开专票的销售收入不计入免税额,需要单独缴税,所以要求开专票会增加小规模纳税人的税收成本,这点在具体谈判的时候要考虑在内。

第十五章

规范流程：运营的有力保障

中国有句古话,叫"不以规矩不成方圆"。做任何事都要有一定的规则和方法,否则无法成功。团队中每位成员的目的不同,行为处事的习惯也不尽相同,而要完成一个共同的目标,就需要先建立起一套完整的规范制度以约束成员间的日常行为。同时将日常工作中繁杂的流程梳理清晰,形成系统化完善的制度约定,有助于让员工理清头绪,快速找到工作重点,进而提升工作效率,减少无用功。

第一节　高质量的运营需要流程的规范

一、规范流程的标准

(一)统一业务的终极目标

不论是老员工还是新入职员工,将工作流程统一化,同样一件事都是同一套流程。保证员工的工作有章可循,减轻没必要的工作压力,把精力投入创新研究中去。

(二)细化运营的工作环节

在执行对工作流程规范的过程,其实是对工作环节重新梳理的过程。

在这个过程中可以针对现存工作环节的各种问题,听取业务人员建议,适时地重新评估流程的合理性。保证建立的规范流程是适合实际工作,且具有可执行性的。

(三)明确人员的岗位职责

在任何一个团队中,成员之间的职责分工明确,都是团队协作成功的基础。通过工作流程的规范化,从而确定每个岗位的工作范畴,直至每位成员的工作职责,可以让所有人员按照统一的程序和方法处理业务,各司其职,相互协作配合,使业务能够从头至尾顺畅进行,防止因工作范围不明确,出现互相推诿的情况。

二、规范流程的目的

(一)提升业务工作的办事效率

在日常工作中,重复性的工作和流程性的工作花费时间占用比例往往要大于创新性工作。但是从企业发展角度讲,业务盈利点或者说未来业务更多是要依靠创新业务完成的。将工作流程规范化可以让员工从日常杂乱的工作中走出来,快速找到工作重点,减轻不必要的工作压力,降低沟通成本。

(二)约束业务行为的合法合理性

在业务实践中,不同业务人员对于相同事件会有着不同的处理方法,这就是由于每个人的经验、专业程度、考虑角度造成的。为了避免这类情况发生,保障业务人员的行为是合法且合理的,就需要制定出一套统一标准加以约束。

(三)保障业务环节的顺畅推进

一项再简单不过的业务行为从策划到执行落地,往往都要经过多个环节才能完成。如果各个环节执行人员都是依照自己的想法进行,那么就会出现各种问题,甚至造成业务无法进行下去。只有统一所有执行人员的思想、行为,工作流程和方法,才能保障业务顺利进行下去。

第二节　"规范"要贯穿整个业务流程

一、前期准备工作的流程

(一)洽谈前报备

从广义上讲,大屏电商平台的商品承载力是无限的。但要达到最好的运营效果,在合作商户及上线商品的选择上应该是有目的性、有筛选的。因此,业务人员不能盲目寻找合作伙伴,来者不拒,应该有计划、有目标地寻找适合的商户,达到平台利益最大化。同时设置报备制度,也能提升业务人员的有效工作效率。

首先,要求业务人员要深入了解平台运营现状,尤其对于现有平台的品类结构情况、商品销售排名等数据了如指掌。其次,业务人员与运营人员应定期组织沟通会,确定近期的商品选择类型,明确工作方向。最后,业务人员在与意向合作商户初步沟通确定了合作可行性后,就要向组内进行提报,以免出现不同业务人员找到同一合作商户的情况,同时就其沟通的具体情况可以由组内进行讨论判断,以决定是否有继续跟进的必要性。在这一阶段建议采取联席会议方式,由运营人员、推广人员共同参与,全面进行判断。如会议讨论后决定合作,业务人员就要做好充足的谈判准备,与合作商户进一步谈判合作细节。

(二)资质审核

如双方洽谈后决定开展合作关系,就要考察对方是否资质齐全,进入到审核资质的阶段。在这一阶段可以分为两个步骤,第一个步骤是通用资格审查,也就是基础审核。主要是审查合作方是否合法经营,受法律约束的公司主体。这一阶段需要合作方能够提供完整的资质,三证合一营业执照所标识的经营范围,也应覆盖在商城销售的商品类目。如有条件,业务人员还应到其经营场所或生产场所进行实地考察,对法人身份证明或代理人授权等法律文件进行审核,确保企业及业务洽谈人员的真实性。同时可以利用"天眼""企查查"等第三方系统查询合作企业的基本经营情况,尤其是法律诉讼方面是否存在合作风险,综合评估该企业的合作风险。

第二个步骤是行业资质审查。由于合作商户隶属于行业不同,且我国法律法规对不同行业有着不同的管理要求,或者合作方所提报的商品属于特殊品,也需要额外提供证明资料等情况。这一阶段需要合作方提供有关前置许可的经营类目的许可证,相关品牌需提供商标注册证明或品牌授权销售代理证明,保证其对合作商品具有完整的法律权利,并且能够以生产者或者销售者身份承担"三包"责任。

下面列举国家对常见商品类型企业的资质管理要求:销售食品类商品需要提供《食品流通许可证》或《食品经营许可证》,如果涉及食盐商品,还需提交《食盐定点生产许可证》或《食盐批发[含转(代)批发]许可证》。销售肉类还要提交《动物检疫合格证明》和《肉品品质检验合格证明》。

销售家电类商品需要提供与商品对应的3C认证,提供近一年内由第三方权威质检机构出具的含有CMA或CNAS认证的质量检测报告。如果产品属于国家能效标识,要求提供贴在产品本体上能效标识的真实图片,其中饮水机、净水设备需要提供《水产品卫生许可批件》;属于国家消毒产品生产类别分类目录范围内的国产消毒产品,需提供生产厂商《消毒产品生产企业卫生许可证》。

电视盒子需提供与《互联网电视牌照》执有方的合作证明。

进口商品需提供近一年内中华人民共和国海关进口货物报关单,报关单上应展现对应品牌名称及商品名称。如果报关单上的经营使用单位或收货单位不在授权链上,还需提供委托进口协议。

由于商品类型繁多,法律法规也会随市场进行相应调整,无法列明所有商品要求,建议业务人员在洽谈时,提前查询当时的法律要求。

(三)合同签订

资质审查合格后,就要进入合同签订环节了。与商户的合作合同签署期间,一般为一年。如果是时效性较强的商品合作,也可以签署短期合作合同。一年的合作期限主要是方便因政策、市场变化可以及时对合作内容进行相应的调整。

现有执行的合同分为固定模板和特殊约定两类。通常情况下,固定模式合同使用的情况较多,且在签署流程上也较为便利。如果合作双方在合同谈判阶段没有特殊约定且能遵守合同内容,就可以使用固定模式合同进行签订。因固定模板合同在启用前,已经依照合同审核制度完成审核,所以在签署前无需再提请合同审查,能够减少工作环节。如果在合同谈判阶段,双方对合作细节有特殊约定,且固定模板内容与其存在矛盾或者无法满足的情况下,则需要业务人员在原模板合同基础上根据特殊约定进行合同修改。修改后的合同必须严格参照合同审核制度提交审核,并由相关人员批准后方能签署。

在每年的第四季度,运营人员和风险管控员需要根据这一年度经营过程中出现的普遍性问题,以及对下一年度经营管理方向,同时参考最新政策变化、市场环境,共同对固定模板合同内容重新审查。如发现有不适合或存在风险的内容,应及时进行修改,并且修改后需要依照组织内部相关的合同审核制度通过后,方可对下一年度合作的商户使用。

（四）上线前评估

合同签署后，双方就要开始为上线做准备，进入实质合作阶段了。在上线前需要对商户进行更细致的评估，此时评估主要针对商户提报的待上架商品是否符合平台要求。

上线前，商户必须向平台进行上架商品的提报。提报包含了商品价格、规格、品牌、广告费比例等内容在内的商品名录，以及对应样品。运营人员在收到上述提报内容后，分别进行初步筛选。首先，对商品名录对照当前平台商品结构审查其是否合理，确定其上线必要性，并逐一进行平台间比价汇总整理成表。其次，对商户提供的商品样品进行审查，包括检验商品品质、包装及物流效率。保证商品实物与商户提报中的样式、规格一致，确保商品质量无问题。

运营人员在完成初步筛选后，依照新品上线审核制度，组织审核会议。会议由运营人员、推广人员、风险管控等相关人员一同参加，主要针对提报商品信息结合平台现状，进行评估以决定该产品是否可以上线销售。是否上线采取群体表决共同决策。

运营人员在整理商户提报中，有一项主要筛选项就是销售价格。原则上为了维护顾客良好的价格形象，上线大屏的商品不得高于该商品在天猫、京东、苏宁易购等主流电商平台销售价格，若高于主流电商平台价格10%以上，即有权利下架该商品。

二、执行中的业务流程

（一）上线审核

大屏电商依托电视平台，展现的内容除了符合社会主义核心价值观及电视的技术要求外，还必须符合有关法律政策的要求。因此前台展示的所有内容都要通过上线审核后方可上线，内容包括但不限于商品的图片、视频、字体等展示内容。

结合实际操作,上线的素材大多数是由商户根据平台要求提供的,主要是商品列表图、详情介绍图、商品展示视频等。由于此类内容极其容易产生知识产权的侵权问题,在审核过程中还存在不易发现的特点,因此在合同中会明确商户在提供此类内容时必须具有相应授权,并且能够承担相应的法律责任,但并不代表平台对其不承担审核义务了。对于商户提供的任何上线素材,负责的运营人员都要进行上线前审核。除了审核素材的尺寸、大小之外,对于其内容表述是否合法合规,图片、视频及其文字是否清晰,商品规格和价格与提报内容是否一致,乃至于详情图能充分地展现商品的卖点,让顾客产生购买的欲望,都是审核的范围。

另外一种情况是需要由平台方负责制作展示素材,这种情况多因为平台运营活动需要提供特定的素材。运营或推广人员则要按照图片或视频制作流程进行内部申请。首先,由需求人员向设计人员提出设计制作的申请。申请中应说明本次设计要求、完稿时间、使用途径等,并向设计人员提供相应的素材或文案。如果是商品视频的制作还要准备拍摄样品。其次,设计制作人员在接到上述申请后,依据要求并在规定的时间内完成设计制作。设计制作人员在字体、素材的选择上需要注意使用具有授权的内容,以避免产生知识产权的侵权纠纷。最终,完成后的作品在经过申请人确认无误后,需要提请到视觉设计各个成员确认后方可上线。视觉设计人员如对设计作品有异议,应及时提出,与需求申请人、设计人员沟通,以运营需求判定是否修改。

(二)推广运营

推广运营是商品成功与否至关重要的一环。现今,因新媒体发展日益兴旺,且技术工具更迭迅速,因此推广运营内容也变得越来越丰富了。作为大屏电商,现阶段常用的推广运营有三种类型,即自身平台、新媒体、线下活动。

因大屏电商自身就带有媒体属性,其平台本身就是一个推广的宣传渠道。利用电视平台本身的广告位、推荐位,进行商品及活动宣推,能够为运营工作争取到一部分基础用户群。同时还可以结合用户收视行为数据与消费行为数据,达到精准推送的效果,提升销售转化效果。近些年其他平台也各自出现多种多样的宣推工具,其中的效果也是参差不齐的。总结经验,找准自身平台特点,明确平台定位是技术研发的基础。大屏天然具有公信力、家庭性的特点,因此研发人员在研发初期应该在此基础上,多了解运营需求才能配合开发出适合大屏电商的工具。另外,建立起平台自己的会员体系对于推广运营工作也是事半功倍的。会员体系可以将平台用户与平台进行深度捆绑,帮助平台吸引、留住用户。根据用户对于平台的贡献值划分不同等级,平台给予相应等级的服务。推广人员则可以针对不同等级用户进行个性化的活动营销、商品信息推荐,再根据营销效果反馈,进一步实现精准有效的营销结果。

新媒体推广主要利用互联网、智能手机等新兴媒体资源进行品牌推广、产品营销的推广方式。因其传播与更新的速度快、信息量大、内容丰富、成本低、传播范围广、搜索便捷、互动性强等特点,近几年受到越来越广泛的应用和认可。在推广方式上,从早几年普遍使用的微博等公域流量宣推,已经发展到近一两年的社群、团购等私域流量宣推了。其原因除了推广人员越来越重视用户的精细化运营、对用户体验和用户服务意识增强的原因之外,也是由于技术的革新,可以实现信息的精准推送,完成分享裂变,提高了粉丝经济的转化率。现在常见的推广方式有公众号、抖音号、视频号、直播、社群、企业微信等。在面对多样的新媒体推广方式时,作为推广人员则要定位清晰,避免主次不分,目标不明。在选择一种推广方式前,首先要深刻地了解其特点和适用范围,提前做好策划方案。在策划时要注意选择推广方式的传播途径、粉丝获取方式、与粉丝的互动模式等因素,以达到预期的宣推目的。在近两年热度比较高的私域运营中,也不能盲从跟风,还是要依照自身特点打造出专属自己的目标用户群体。对于私域推广中的四大必要步骤,拉新、留存、活跃、转化,决定着私域运营的成败。因此需要对于每个步骤都制订出一套完整的工作流程。这样可以保证不同推广人员的工作流程统一化,有利于形成一致完整的公众形象,方便负责人统一管理。由于私域运营人员需要直接面对用户,除了负责日常推广工作外,还承担着维护用户互动黏性的作用,因此其个人职业素养至关重要。在规范私域工作流程的基础上,对于私域人员的定期培训、心理疏导、建立起有效的工作反馈制度也十分必要。

在上述线上的推广运营手段外,线下活动也是非常重要的推广渠道。线下活动可以让推广人员与用户面对面沟通,更直接地了解到用户的喜好和需求,及时地反馈给运营、业务等一线人员,以优化商城平台提升运营效果。从用户的角度出发,线下活动可以拉近与用户的关系,让用户对于大屏电商有了更具象地理解,容易增加好感度。成功举办一场线下活动看似容易,其实从策划到执行期间需要做的准备工作及参加人员都是非常多的。在线下活动启动之前,需要由活动发起人制作《线下活动项目启动书》并提报经理会批准。项目启动书中应列明此次活动的目标、举办时间、地点、活动模式、人员费用等需求,以及风险预案等内容。该项目获批后,由活动发起人制作详细执行方案,负责召集项目参与人安排各自任务,布置活动当日量化数据,进行现场安排。活动结束后,由项目发起人根据项目执行的实际情况制作《线下活动评估报告》。内容包括活动收款项的落实情况、量化目标落实情况,并上报经理会审批。

(三)财务核算

目前的电商平台从资金收益方面可以分成自营平台和第三方交易平台。受法律约束和资质要求的限制,大屏电商可以采取第三方交易平台模式运营。在此类模式中由商户和消费者之间直接进行销售和收付款的类型为典型第三方交易平台,而由消费者将交易款支付给平台方,再由平台方和商户进行结算的类型为非典型第三方交易平台。大屏电商因其企业特性限制,并且考虑到最大限度地保护电视观众的权益,采取非典型第三方交易类型更为适合。

在此类型下,大屏电商平台与商户之间的合作方式,是为商户提供展示其商品和购买结算系统的平台,商户可以直接以销售者的身份为大屏观众提供售前咨询及售后解决等事宜,根据商品的销售额按约定比例向平台支付广告发布费。由此可见,在财务核算方面双方实际为代收代付的财务模式。在实践中可以由平台与商户双方共同约定结算周期和具体结算方案。但是在约定前作为平台方不仅要考虑到合作商户的资金回收周期以保证合作的顺畅性和持久性,也要充分考虑到大屏消费者的权益保护问题,比如商品配送的物流周期,7天无理由退货等。

以天津大屏电商为例,经过实践摸索,目前的结算模式为:消费者支付的订单货款统一由天视商城的结算系统进行托管,每个自然月的前五个工作日内,财务人员从结算系统中导出订单明细与财务系统核对,保证财务系统中不同渠道的进账数据与订单系统核对一致,再将各个商户的账单明细划分开,分发给不同商户,商户在核对无误后,出具一份结算确认单。将结算明细列明,并加盖公章或财务章进行确认。商城财务人员在收到商户的结算确认单后,就要依照确认单的内容走内部流程申请支付货款,商户在收到货款后要向天视商城支付约定的广告发布费。

除此之外,为了处理在合作期间内因商户未按约定周期延迟回款,或者因商品质量等原因发生售后纠纷、主管机构处罚等问题时,需要平台方先行垫付的情形,参照其他平台做法要采用保证金制度。即由商户根据合同约定的金额交付一定金额给平台作为合作期间的保证金,并约定好保证金的使用条件,以处理上述特殊情形。保证金的收取金额要考虑到不同类型商品的定价金额,针对不同商品类型避免过高或过低,合理定价才能起到有效的保护作用。

(四)用户服务

大屏电商运营中用户服务无疑是非常重要的一环。得到用户的认可、信赖,是大屏电商成功的重要基础。用户服务工作又是一项琐碎繁多的工作。考虑到平台的特殊性,具有先行赔付的义务,可以采取多维度、层层递进的方式,解决用户在消费及售后中的问题。以下是对用户服务的多维度进行简单阐述:

　　第一层是面对大多数、普遍用户问题的外包团队的服务。将用户服务工作外包给专业客服公司,可以很好地减少平台自身的服务压力和人员压力。并且依靠外包客服公司的专业性和24小时在线,也能保证所有用户可以在第一时间可以通过专线电话解决问题。为了保证外包团队的服务水平一致,用户能够享受到良好的服务体验,要求平台的客服人员,要提前根据运营中用户提出的普遍问题及解决方案,为外包客服人员进行提前培训工作,并保持每日及时沟通反馈,保证平台可以随时掌握客服一线工作的真实情况。

　　第二层是平台自身的客服人员来解决疑难杂症。当用户与外包客服人员三次沟通后,仍未解决其问题,就要由平台客服人员介入,协助其解决。考虑到平台权益、用户信息安全等因素,对于外包团队的授权一定有所限制。如果用户提出的问题超出了其权限范畴,接待的客服人员无法解决,就要及时移交给平台处理,由平台专职客服人员进行协调解决,以达到用户满意。

　　第三层是由商户为用户提供最终的保障环节。在大屏电商平台,商户始终是以生产者和销售者的身份为所有消费者提供服务,而用户会致电给平台的问题也往往都会围绕着商户产生。其中常见的问题,比如发货物流问题、售后退换货、商品质量等问题。这些问题在经过外包客服、平台客服的沟通后仍不能为用户提供满意的解决方案,这时就建议由商户直接解决。这样可以节约平台客服在用户和商户之间反复沟通的时间成本,提升服务效率,给用户一个较好的服务体验。

三、复盘总结的业务流程

　　复盘一词起源于围棋,原是指在双方对弈之后,复演对弈过程,来检查对局中双方的优劣得失的关键。由于相较于简单总结而言,复盘则更具有深入性和成长性,因此在现代管理学中经常被使用。通过对事件过程的重现、还原,由所有参与者共同进行回顾和反思,从而发现问题,吸取经验,实现提升。

复盘的关键在于及时、迅速、有效、反复。常见的复盘方法是通过4个步骤和8个具体事项完成。4个步骤包括：①回顾目标，②评估结果，③分析原因，④总结经验。8个具体事项包括：①回顾目标，②结果对比，③叙述过程，④自我剖析，⑤众人设问，⑥总结规律，⑦案例佐证，⑧复盘归档。

在电商运营中，不同类型的活动层出不穷，运营策略也瞬息万变。当每一次业务活动结束后，对整个活动过程进行全面复盘和总结就显得格外重要。在复盘过程中，不仅可以帮助所有参与人员厘清本次活动的成功和失败之处，认清问题的本质，避免以后犯下同样的错误，总结运营规律，还能起到巩固业务流程的作用，以便在下一次活动中得到进步。

在日常实践中，结合工作的重点，可以从以下三个维度进行业务复盘：

（一）以时间的维度进行

结合业务周期或活动周期进行复盘工作，是在工作中最常见的一种方式。它需要先由业务人员对此周期内的运营结果、有关业务数据进行汇总整理，再召集所有相关人员共同参与复盘行动。实践中，除了对此时间维度的情况进行总结复盘外，还常常会进行横向和纵向比较，全面评估复盘结果。比如，本月与上月进行比较，或与之前年度的相同月份进行比较等。目的是更全面、清晰地了解实际业务变化，做出正确的评估，以指导下一步工作方向。

（二）以活动的维度进行

前面已经提到，在一项运营活动开始之前，一定会预先制定出本次活动目标，方便事后进行活动效果评估。无论该活动效果是否达到预期，在执行过程中难免会存在某些问题，可以在下一次活动中优化。因此，活动整个过程的复盘工作也就极为重要。

活动复盘中，应以活动发起人作为主持人，将本次活动从策划到执行过程中所有参与人召集起来。从活动发起、策划、执行过程、事后效果评估,逐一回顾复盘,并对比实际结果与目标的差距。尤其要找出造成实际结果与目标偏差的原因,以及改进办法,以儆效尤。

(三)以商户的维度进行

在大屏电商平台中,商户考核是一个非常重要的维度。选择对的商户,并帮助其成长,为用户提供价值更高的服务,是大屏电商获得成功的核心。考虑到大屏自身的特点,在合作商户的选择上应谨慎,不能来者不拒任由其自由成长。选择时要更加注重其企业经营能力、合法性、商品品质,要保证给大屏用户带去良好的购物体验,保持他们对平台的信任度。

因此,从商户角度出发进行业务复盘,不仅能对整个业务流程重新梳理,还可以此对商户进行必要的考察和监督,从中判断出不同商户对平台的贡献,使其能发挥出最大价值。

在复盘过程中,对于总结出的各项问题,要进行汇总,并由运营人员或业务人员逐一与商户沟通解决。如果发现导致平台利益受损的情形,且该商户无法按要求协调整改时,可以选择同该商户暂停或终止合作,直至该情形解决。

上述三个维度在实际使用时,往往会出现交叉使用的情况。实际的业务运营工作复杂多变,随时会出现新模式和新情况,届时还是要以当下情形为准,建立符合运营需求的复盘模式。

第三节　合理利用工具,健全制度体系

一、清晰明了的制式表格

工欲善其事,必先利其器。

学会使用高效率的工具,能够减少工作人员的压力,提升工作效率。

在电商业务日常工作中，数据是接触最多的内容了。庞大的数据处理工作是运营人员每日必不可少的工作内容。借助制式表格工具可以为运营人员节省出部分工作时间。

众所周知，表格是展现数据最为清晰高效的形式之一，尤其现代化办公软件的普及和发展，其功能和展现方法也有了很大进步，能够更立体化地呈现出分析结果。这里提到的制式表格，也就是规范表格模板，将日常工作中反复会使用到的表格内容，以公式、链接等方式形成固定模板，简化数据统计和分析工作。使运营人员节省工作时长、方便操作，让决策人员直接地了解到运营数据，简洁明了地看到运营效果，有助于运营工作中的统筹，做出下一步工作指导。

二、逐层审批的检查制度

设立逐层审批制度，可以明确各级人员的职责，帮助对审批事项更全面地做出判断，多人审批减少出错概率，防止一人决策的偏颇。

在实际工作中，审批流程并不是越长越好，对于具体业务的审批流程要具体分析，因事而异，主要根据业务风险等级而定。对于风险等级低的业务，可以适用简易流程，即业务执行人向其直属上级汇报并获得批准后，即可执行。而风险等级较高的业务事项可以设为三审制，即业务执行人的方案等需要分别经过组内批准、经理会（或业务联席会）批准，以及部门负责人批准后方可执行。

需要注意的是，在设定审批流程时，一定要避免过于烦琐，降低工作效率。同时，对于特殊业务、突发业务也应提前考虑到应急制度，避免出现该情况发生时无人管理的情况。

三、群策群力的联席制度

在大屏电商实践中，联席制度在业务活动是高效全面的决策方式。它不仅能防止决策的片面性，加强不同运营人员之间的联系和沟通，提高员工参与的积极性，而且能对决策结果起到监督作用。

根据不同的业务需要可以设立多个联席会议制度,联席会议的参与人可以是固定的,也可以是不固定的,主要是把与讨论事项相关人员召集在一起,共同讨论、共同决策并且执行会议内容。因此联席制度不论是会议时间还是组成人员都具有高度的灵活性。因需而设,因事而立,只为更快速地调度、安排、讨论、处理业务问题,相关人员交流和沟通各自的看法,最终形成统一行动,提高工作效率和决策水平。

四、智能先进的技术助力

科学技术是第一生产力,这已经是现代社会的共识了。对于大屏电商来说,技术革新能力则是与运营能力同样重要的一种能力。大屏电商是一项创新之举,它不仅仅是经营理念的创新,而且还是技术的创新。不同于已有的电商平台,很多成熟的技术模块对于电视来说是无法使用的,一切都要重新来过。并且由于大屏网络安全性的考虑,又为技术开发增加了一道天然的屏障。如果要将大屏电商发展起来,运营起来,安全智能的后台系统,丰富多样的运营工具,以及不同平台之间的兼容问题,都离不开技术的助力支持。

技术人员在开发过程中,必须对业务模式有充分地了解,同时应该考虑到运营需求的时效性,提前对完成需求研发做出时间判断,以帮助运营人员有效抓住运营时机。

五、打破重建的管理勇气

目前大屏电商的运营人员还都在摸索前行,因其平台的特殊性,也无法从其他类型的电商运营中借鉴到切实有效的方法。这对于运营人员来说是一场考验。

对现阶段的运营人员来讲,不断尝试创新同时敢于否定自己,是极为重要也极其困难的事情。我们都知道将一件事情从无到有地建立起来,本身就是困难重重,在摸索尝试的过程中,也难免会出现各种各样的问题。一旦发现方向出现偏差远离目标的时候,是惧怕重新来过继续推进,还是当机立断修正方向呢？相信如果选择第一种情况,哪怕最终也能勉强完成目标,但是过程肯定会崎岖难行。第二种情况虽然在决定时会很痛苦,有些人未必能够理解,但是一旦修正方向就能更快地实现目标,同时获得大家的认同。因此,在管理过程中,各级负责人一定要以完成目标为导向,拥有打破重建的勇气与决心。

第十六章

视频：沉浸式收看促转化

首先大家都知道视频是怎么形成的吗？或者说怎么实现的？视频是根据视觉暂留原理实现的。连续的图像变化以每秒超过24帧的方式进行播放，人眼就无法辨别单幅的静态画面内容，而看上去是平滑连续的视觉效果。这种连续的画面就叫作视频。不同内容的视频给人以不同的享受和喜悦，当我们把不同的商品内容加入视频中，进行艺术性的介绍和说明，让人们在享受视频的过程中，感受到我们推荐的商品的美，当肯为这个商品花钱买单的时候，我们就达到了转换的目的。可是要记住一点，不同的人群关注的视频是完全不同的，而在不同的环境中人们对视频的内容和形式的需求也是各有不同的，在各种不同中也就产生了视频的分类，而分类也是在随需求人群的要求变化着、迭代着。我们本次介绍的视频以广告类视频为主，也是贴合视频的初心，达到享受和喜悦的目的。今天为了更详细地介绍广告类视频，我暂且把视频内容按时间的长短来分类，把20分钟以上的视频定义为长视频，把5分钟上下的定义为短视频，把1分钟以内的定义为广告视频。下面我们就详细地来说说这三大类视频。

第一节　长视频主沉浸

我们最初接触的视频基本上都是长视频，比如电影、纪录片、娱乐类节目、动画片、电视剧等，乃至于早期的购物节目。这些都是长视频内容，节目时长基本上维持在30分钟上下,有的甚至达到3个小时。可是当时人们的观看量、投入性都相当高,甚至在日常生活中,有人把其中的广告语以及上镜人的动作都惟妙惟肖地模仿出来,引得周围观看者拍手叫绝,这说明什么?说明长视频与生俱来地就具备亲和力,是被人们认可的。那么我们从长视频的具体结构内容、画面构成和整体节奏来看,它存在着诸多优点,具有沉浸式特点。

2007年电视购物界出现了一个轰动一时的带货达人,自称"侯总"。售卖产品主要有劳斯丹顿手表、伯芬2克拉8心8箭钻坠,等等。视频上他的语言表达清晰明了,有自己的风格和特点,个人形象与当时人们心目中的明星非常相近,在电视视频中人们从来没有看到过电视直销节目还能做到这么好玩,所以有一些人天天深夜守在电视机前看他的售卖表演;还有些不喜欢他的人则不断批评他的推销风格,并且指责推销的商品都是假货,是在忽悠消费者。当时的传统的电视购物,在宣传自己产品时,多半会先营造一个欧美概念,再用对比法强调自己产品有超乎寻常的功能,以此来获得消费者的青睐和购买。侯总的叫卖法则别开生面,给人以耳目一新的惊喜。时光飘逝,当年那种只有去电影院或在家里用电视机观看视频的时代已经远去,当今像笔记本电脑、平板、专用视频的MP4、手机等能够看视频的设备品类激增。那么长视频要发展要顺合民意,就要变化,这个变化就是我们所说的重点,下面我们就此问题展开分析。

一、结构:从用户需求出发,顺理成章

一个购物视频的落脚点就是它的结构,也就是指根据视频画面中呈现出的人或物或颜色、数字及其他属性特征,同时要采用承上启下的互相照应、铺垫、衔接的表现手法,从观看视频的用户需求出发,选择布置得体的场景,来展示商品,达到推销产品的目的。这说起来既简单也很复杂。在视频结构上要有效地针对同一目标特征值进行提取,而这就要求我们识别准度要高,进行结构化的比对时,要把所有的特征值进行比对、总结,再把这些合成落实到做成视频,最终才能做出优质的购物视频。

（一）唤起痛点

一部好的购物视频，它具备什么呢？或者说怎么引起消费者的关注呢？这也就是我们所说要唤起观众的痛点。这个痛点就是观看者能够为之付款买账的关键点。因为在购物视频制作上要的就是最大的回报，有回报就是有收益，有收益就要有卖点，而卖点对应的就是消费者的痛点。首先销售商品要合法合规；其次在我们的视频中要最大限度地展现它的美，这就需要有好的镜头，也就是说拍摄要好看，为了能说明它的好就需要有说服力的人来讲述它、介绍它，而这就是整个视频的要点，好的主持人能很清晰地说明商品，还能把观众的目光引领到商品的美和好；最后就是有社会人士加盟，提升整体的档次，而这个人就需要有社会知名度，像在该领域的佼佼者，或老百姓很熟知很信任的人，一般是明星、科研者。这一点在购物视频领域无可厚非是呼唤痛点的最佳模式。《孙膑兵法·月战》说："天时、地利、人和，三者不得，虽胜有殃。"最佳的时间，搭配最佳的产品，最后拥有说服力的强人加盟，这种商品卖不出去都难。举一个例子，咱们拿侯总主卖的手表这个产品来分析一下，首先这款手表品牌并不是家喻户晓的品牌（劳斯丹顿手表），也不是什么奢侈品牌，但侯总成功了，当时被称为"第一卖货教父"，1小时卖出1 300万元，可以说是叱咤风云，这全归功于他以用户的需求为前提，再加上点子超前，制作团队给力，明星选得精准，当然侯总表演也是相当到位。这一切赢得了消费者的心，按老百姓的话说，"这卖东西的，怎么说到我心坎儿里去了"。

当红影星关之琳从降落的直升机走下，镜头焦点聚焦在她手腕上的劳斯丹顿手表，节目中拿出被冻在冰块里的劳斯丹顿手表进行"破冰仪式"用刀刮劳斯丹顿手表，用榔头砸劳斯丹顿手表，用电钻钻劳斯丹顿手表等，其中的一些展示手段，乃至于在当今也是不可逾越的销售手段。消费者的痛点就在于当时手表盛行，选什么牌子好、要什么款式、什么手表经得住外界环境的考验，而侯总在购物视频中都给予了答复。

当今随着人们对视频质量和要求的不断提高，带给制作团队的压力也是不小的,这一点从一个优秀购物视频的内容中可以看到。对中心人物导购员或主持人也是有着极高的要求,他是介绍商品和展示商品的第一人,这就需要他深刻了解产品卖点细节,具有很好的亲和力,用观众的视角介绍产品,运用自己的逻辑思维能力,掩盖产品的弱项,做到扬长避短。再有就是我们电视购物的策划方案方面,它就是电视购物视频的掌舵者,没有它主持人就失去方向,真的就不知道何去何从了。

综合来说就是要求我们在制作购物视频上,首先要了解消费者,找到他们的痛点,痛击痛点,达到我们销售的目的。

(二)提出方案

我们老祖先曾经说过"好钢用在刀刃上,花钱花在裉节儿上"。所以方案是购物视频的重要环节,不同产品他的卖点肯定是各不相同,而方案也是要从消费者的角度去分析、去着手、去落笔。对于一款产品,如果没有好的方案,拍摄老师就不知道从哪里拍摄更能展示产品,主持人或购物专员就不知道这款产品要对应的购买群体是谁,往哪方面引导更能达到产品的定位,后期制作人员就只能根据前期拍摄人物的表达来制作视频,最终这个购物视频肯定不会是厂方所要的。对于消费者来说这个视频定位不准,可能成为三国曹操所指的"鸡肋"了,"鸡肋鸡肋,食之无肉,弃之有味"。购物视频的方案要直指消费者的痛点,也就是消费者的消费需求。其实消费者需要欣赏好的购物视频,也期待好方案。

方案决定了购物视频的营销方向和受众群体。例如现在的直播带货,就是跨区域的互动加购物销售的方式,同时还可以把经典内容视频录下来进行回放,或再制作。这是一种避开大风险,大投入的方式,而产生互动就是它的方案之一。当然这种直播带货需要多种渠道和信息的配合,对于各个商品的策划也是期待好方案。

我们对电视购物的制作方案有什么要求呢? 它的提出要建立在卖点充足、合理的性价比、优质的欣赏效果之上。因为人们日益增长的文化娱乐及购物需求大大地超越了普通大屏购物视频所给予的,对应是大屏视频的播出的效果和产品的真实性才是方案的关键,在细节和可信度上是方案实行的源头。因此也可以说购物视频的方案是最终视频成片优劣的关键,体现的就是老百姓想看到和想知道的内容。

(三)对比方案更优

方案是购物视频的重要环节,在各个因素都确定的情况下就要对众多方案进行对比,择优录取。这不仅限于长视频中的购物视频,是所有优秀视频呈现给观众的出发点,没有优秀方案的购物视频就表达不出商品的好,就不能把一个好的产品推销给有需求的消费者,甚至会对视频、对平台产生不好的影响。例如我曾经见过的一个销售扒鸡的购物视频,购物专员举着没有开包装的扒鸡介绍它肉质鲜嫩。当谈到开包装时,从后方取出已经打开包装的扒鸡进行展示;当再次介绍鸡肉的鲜嫩时,画面变成了烧鸡的图片及价格插图,真的有点像周星驰的无厘头电影。然而这种购物视频达到了产品推销作用,能够产生经济效应,这是为什么呢?因为你没有想到观众看到这个扒鸡会想什么?他不会考虑主持人怎么表达它的好、它的美味,而是考虑这个扒鸡贵吗?我买回来怎么吃?我还能拿它做些什么,让家人满意……因为这款扒鸡市场上就有卖的,而缺少的是我们对它的另一方面介绍。对比方案,优化细节,疏通逻辑,这是做好购物视频的基础,从消费者的角度去考虑择优方案才是根本。

(四)催促下单,表明限时限量

方案已经选好,人员已经就绪,但是还要强调一下关于视频中催促下单的问题。对于电视中的购物视频来说,国家也对催促下单的语言规范上有严格的要求,推出了广告法禁用词汇,避免夸大、不切实际的言语误导消费者,或对现有的良好环境造成影响。因此要求我们对于催促下单方面要合法合规,理性宣传。

对于购物视频上怎么才能达到国家的播放标准又达到催促下单的目的呢?其实也很简单,首先我们主要关注这5个国家法律规定,即《中华人民共和国广告法》《中华人民共和国消费者权益保护法》《网络商品和服务集中促销活动管理暂行规定》《零售商促销行为管理办法》《电商法》。

那我们就没有办法进行催促下单了吗? 不是的,国家提出这些规定和要求是告诉我们要尊重消费者,这是前提,其不能夸张夸人销售的商品。例如"这是限时活动""数量有限,售完为止""如果这是假的我公司赔您××元""这可是贵族使用的或在贵族区才能见到的(属歧视性词语)""再不抢可就没了""这可是属于免费领的"等,这些都属于违规夸大的语言表达信息,是我们不经意的语言流露,也是"催促下单"时,最容易触及的违规表现。而在广告法的限制性用语中有严格的要求:"严禁使用刺激性消费用语",为此我们在语言处理上就要学会变通地处理问题,按照国家要求避免违规出现。例如"我们为这档节目特别准备的……""在节目结束前给您提个醒,本次备货有限""您看到的这个商品是我们直接与生产厂家联合的……"等用语是不是更贴近消费者,更能唤起消费者的购买欲望。又如在推荐商品时我们把常说的"价格低""便宜"等用词改为"实用、价格合理、符合咱们老百姓的消费心理、物美价廉"等用语,是不是更合乎消费者心理,拉近与消费者距离。我们选取这种最基本的换位思考的表达方法,从侧面进行产品推销,达到促单的作用。

二、画面:创造场景美好,传递信息明确

画面对于购物视频来说是非常重要的,有时会直接关乎商品的销量。不同产品对应不同的大场景,不同的人物以不同的视角介绍商品,大屏上随时有不同镜头的变换,外加优雅的背景音乐烘托,根据节奏多角度多方位的商品介绍和展示,这样的视频效果就是消费者所要的,也是我们大屏具有沉浸式的体现,是手机、平板和电脑所不能逾越的。每个人对视觉效果要求是不一样的,但美的画面都会对主题有烘托作用。

(一)用场景表达卖点

场景是购物视频的重要方面,提到购物视频就不得不说一说当下最

重要的视觉营销。当下是视觉营销时代,产品应用场景图,可以让消费者不仅仅看到展示的产品,还能有代入感,能够想象这个产品在日常生活中的真实情景,并迫不及待想拥有它。优秀的产品应用场景能够充分调动消费者的情绪,进而有效转化成为购买行为。消费者对场景是有需求的,包括色彩、形象、画面的感觉等。我们在场景中尽可能用镜头语言描述产品的具体特征。如近景特写展示独特的材质,全景镜头展现主持人的细心推荐,视频中插入的提示图片文字强调产品材质的适用条件、生产工艺流程和产品内核拆解图等。因为消费者需要有深刻的体验感,才能进行消费活动。如原汁机卖点是自动滤渣,画面就是一杯杯通透的果汁——果汁才是观众想要的东西,而不是功能,用场景表达而不是口述,而是消费者想要的效果。用场景烘托产品,满足消费者心理需求,达到通过体验创造销量。

(二)触动下单的场景要反复播

购物视频一般播放时间都是比较长的。消费者在观看时如果没有产生共鸣,就不可能长时间地坚持下去,因为我们长时间地坐在沙发上看电视也是很累的。根据目前高效快捷的生活节奏,拖时间和"瞎白话"等这种视频内容已经不被认可,而能够触动消费者购买心理,催动下单的视频环节就应该重复播放。

每个消费者在观看购物视频时,都是迷茫的。他对商品的需求可能都是可有可无的,当视频中某一点触动了他,一般状态下他需要再次观看,再次确定,这时候重复的视频出现,进而消费者不断被撩动直至下单,当然这里提到的精剪视频是具有好的画面和好的卖点相融合的产物,消费者能够从视频中感知到了商品的价值。这就像很多"90后""00后"去超市或者餐饮店消费,他们会把各种渠道的优惠券或优惠政策拿来一并使用,就是为了节省几元钱,但在抢购限量版、盲盒和感兴趣的东西,对这些高价格、高毛利的产品,购买时眼都不眨一下,又很奢侈浪费。这是什么原因?它就是价值。

（三）画面优于声音

购物视频中存在两个基本元素，即声音和图像。购物视频的声音包括背景音乐、配音和现场人物声音，以及常常会添加的音效。这些声音元素都是为图像服务的，是加强图像的展示效果。购物视频中的图像，也就是我们常说的画面，它包括场景、人物、产品、挡板、提示字幕、插图、提示板，以及电话、价格和二维码，其中还包括全景镜头、近景镜头和特写镜头，以及固定镜头再加以推、拉、摇、移的相互配合相互应用，给我们的视觉上极大的享受。消费者在观看购物视频中，对图像的忠实度是很强的，他们需要在画面中找到他们的需求或答案，一旦达到消费者的心理标准，就能够产生消费过程。因此购物视频的画面是重要的，是优于声音的。

三、不可或缺四个关节点：节奏、主持人、配乐和音效、垫片

说了那么多，可是我们怎么做好购物视频呢？在这里我们就要细细地分析我们的长视频中涉及的关节点。首先就是节奏问题，好节奏的视频能够引人入胜，这也是消费者的内心需求；没有节奏的影片视频会让人觉得视频很拖沓，没有兴趣继续看下去，对于购物视频要求更是高一个台阶。因此无论什么视频它都是有自己的节奏，最明显的就是电影、电视剧，能够让观众达到沉浸式的效果，喜到开口笑，悲到张嘴哭的境界就是节奏带来的。节奏可以分为内在节奏和外在节奏，外在节奏实际上就是通过视觉传达和听觉传达结合的一种节奏；内在节奏就是整个影片视频的起伏节奏变化，这个变化实际上关乎于整片的节点重点就是节奏架构，这个架构不只存在于你的简单卡点镜头切换。如果我们用曲线图来表现，那就像连绵的山脉一样，有高有低，所以整个片子看起来就会非常有节奏感。而节奏感的带动首当其冲的就是现场人物。

第二是主持人方面。购物主持人是与消费者息息相关的角色，他的出现是打破僵局，带来一场互动的革新风潮，主持人要调动气氛，让气氛

活跃,最重要的事情便是有效引导观众的情绪与气氛,营造较为轻松与热络的感觉,使得在后面讲解商品时能够达到最好的效果。因此,主持人台上的一个动作一段言语便是暖场氛围的提升,是带动现场气氛和节奏的关节点。每个观看购物视频的观众都对主持人是热衷的,而主持人也要以诚恳且幽默的方式回报观众,虽然不能面对面地进行语言沟通,但是也要根据消费者心理去介绍产品,让听众对主持人产生熟悉感,要被记住,成为商品介绍方面的引导者,使消费者成为主持人的粉丝团。

第三个就是配乐和音效。购物视频中选择什么样的音乐,要考虑到消费者观看后的感觉,不能一味地采用怀旧风格或当潮流跟风派。如果是在购物视频中选择让消费者厌烦的配乐和音效,就会失去一大批观看者,那会影响商品的销售,甚至影响到平台的发展。配乐和音效就是一座桥梁,它烘托气氛,去除焦虑情绪,创造美好和惊喜。

第四个就是视频中的垫片。购物视频必须做好垫片,因为它的用处可不小。首先它保证消费者能够按正常时间点观看购物视频,也是前一个视频播完后,下一个视频开始前的小彩蛋。视频垫片在一般电视节目视频制作中的目的是对整个视频的时间长度做把控用的。最重要的是给消费者买单留出时间,而购物视频的垫片要以消费者的需求为主,所以垫片的用处也更加重要了。

第二节　短视频主高效

短视频即短片视频,是近年相当火热的视频类型,特别符合当今大都市快节奏的碎片化阅读习惯,同时也更方便传播。短视频主要依托互联网内容传播方式,一般是在互联网新媒体上传播的,短视频时长一般控制在5分钟左右,内容涵盖范围广,相对于长视频来说,这些短视频短小精悍、题材多样、灵动有趣、娱乐性更强,并且相较于传统媒体,短视频节奏更快,内容也更加紧凑。随着这两年移动终端普及和网络的提速,短平快的大流量传播内容逐渐获得各大平台、粉丝和资本的青睐。

　　传统的视频,对于非专业人员来讲要求较高,但是短视频对创作者门槛的要求就比较低了。当然,低门槛并不一定代表低质量,最简单就是只靠一部手机,就能完成短视频的拍摄、制作与上传。购物短视频不同于微电影和直播,没有固定形式,但宗旨也是以消费者为中心,细心地介绍产品,在视频内容中要更贴近老百姓生活,不拖泥带水。购物短视频又比直播更具有传播价值,产生价值,当然还要依托于运营成熟的自媒体或IP;同时购物短视频的出现,还丰富了新媒体原生广告的形式,能够源源不绝地把想法和文案制作出来,进行平台投放。

一、短视频场景

　　目前来说平台就是可以利用短视频做基石,提高自己的知名度,但是往往爆火、涨粉快的短视频,看似普普通通和平平常常的,其实质是观看者所认可的节目内容,所以短视频的拍摄也是从观众的视觉来决定的。在这种情况下,想要完美,想要高大上或是出奇创新,应该没有问题,而且可以说是耳目一新。场景往往看起来都不难,但实际操作选取起来,却在效果上有区别,甚至不尽如人意。这就像好多导演都拍《西游记》,无论你多么靠近原著,特技效果多么高超,反响都达不到1986年版《西游记》那么高,原因之一就是场景方面。拍摄的场景与观众想的达成一致,就容易产生一定的效果。举一个例子,如果我们做一个开箱短视频,一般开箱视频拍摄者都会在家里或工作台上拍摄展示,如果你把它改选在小区花园、公园、农村稻田里开箱是不是就会与众不同。短视频的场景选择是决定视频效果的关键。

(一)私域及社群

　　短视频的内容是丰富多彩的,其中的表现形式也是多元化的交集,也更加符合当下年轻人的需求,用户可以运用充满个性和创造力的制作和剪辑手法创作出精美、有趣的短视频,用于私域及社群的传播。

怎么做私域短视频宣传呢？首先做私域流量首先要学会对客户进行生命周期管理,培育、激活、转化、关怀、复购。要了解你服务的群体需求,传达他们需要的信息,也就是给予他们需要的购物信息,当然这种信息要及时,产品要足够好,这时就需要有对应的购物短视频的推荐。当然在传达优异的购物短视频同时也是在进一步地与客户拉近距离,当客户感觉到你的好就会帮助你扩大宣传,进行"引流"。在提到"引流""私域流量"时,我们会很自然地想到将各个平台上的公域流量引流到自己的微信成为私域流量,同时把自己的周围群体引流到自己的微信成为私域流量。当我们都了解了短视频的重要性后,一定要懂得运用它们来为自己获取流量,把短视频私域映入大家眼帘,这个是比较有吸引力。当抖音企业号正式抛出了"抖音私域"这个概念时,说明各个网络媒体也是要准备进入私域流量的市场大展拳脚了。在短视频如火如荼的时候,我认为私域是非常有前景的,是短视频进一步发展的动力。

另一个就是社群。广义而言是指在某些边界线、地区或领域内发生作用的一切社会关系。社群运营需要我们了解客户群体并且做好客户群体的积累,客户积累到一定程度之后我们需要建立微信群,群的名称、简介、群规等这些细节都是需要做好的。紧接着就是我们需要做好内容,更准确地说是有价值的内容,内容可以包括干货类的文章、短视频、促销活动等,引导客户下单转化。那么有一个问题在这里需要提出,做短视频营销好还是图文好呢? 现在短视频的效率确实比图文高几倍了,声图并茂使社群里的人更能建立良好的关系,更能拉近彼此的信任感。信任感是你转化成交的关键因素,这个就是为什么现在抖音上创始人IP非常火爆的原因。因此在社群里能拿到高分的只能是满足大众需求的短视频,短视频让社群更健康更充满活力,短视频扮演的就是"工具"角色。

(二)专区

当短视频代表了新的内容分享形式时,知识分享是不是也要迎接自己的短视频化到来呢? 这是肯定的。在新媒体平台上一个共识是,内容生产正逐步从图文向视频形态迁移，速度也是从缓步变成了大步。短视频可以形成专区，这是由它的优越特性成就的，当然事实也摆在我们的眼前。短视频的一个优势是门槛更低的内容生产方式一定是更能触发UGC的参与性和内容生产意愿的。但具体到知识分享上，区别于娱乐化的内容，短视频的内容其实抬高了内容生产门槛，例如好的短视频需要专业的手持工具进行拍摄，在短时间压缩高密度的内容，同时也考验的是后期剪辑人员的制作能力。和图文相比，短视频能够承载的内容类型和密度又有一定的变化，同时也降低了阅读成本和认识成本，信息的转化效率要强于图文。最大的优势是解决了阅读障碍人群的烦恼，深受碎片化阅读人的欢迎。当各个专区都增加了"视频"专区，而你死守"图文"阵地，那最后的结果就不用提了。

（三）短视频平台

短视频随着时间的推移，逐渐被大家认可，短视频平台现在已经拥有很多了，每个平台都有各自的优势和特点，我们要想进军短视频，怎么学以致用地运用购物短视频发挥平台优势呢？其实从最初到现今一直是那几个字——以消费者为中心，服务于消费者。我们的短视频平台有历史有传承，把一系列的优势汇于一身的。我们的平台铺垫已经有近十年的历史了，在购物视频的把控上也是高于其他平台一筹。对比其他平台，我们是更贴近老百姓生活，老百姓也更信任我们，我们与消费者的沟通更真实可靠，更能用行动服务于消费者，发展前景是更好的。

二、短视频观众

当今观看短视频的观众欣赏水平每年都在增长，原因之一就是短视频资源太多了，从大制作三维合成到简单手机拍摄直接发布，类型极多，举不胜举，当然质量是参差不齐的，在这种情况下，能够观看我们购物短视频的消费者就是支持我们的观众。我们的购物短视频怎么让观众不离开，进入沉浸式呢？这就是要达到三个阶段，一个是产生共鸣，一个是认可,另一个就是习惯。我们的平台就是消费者信任的港湾,想要让他们在这里停留,就需要让他们知道我们是安全的港湾,能够经得起大风大浪,让消费者安然无忧;其次是我们有优美的景色供消费者参观和消费,这就是我们的内容,购物短视频就是我们奉献的美丽好物,在这种情况下消费者不会离开,而是挑选、观看感兴趣的购物短视频,查找自己需要的商品。

看我们平台短视频的观众就是真心爱我们平台的人,是我们的忠实粉丝。同样我们也需要爱他们,分析他们观看视频的数据、下单情况,诚心地推送高品质的购物短视频给他们欣赏,建立友好的朋友关系。

三、短视频制作

前面一直提短视频的好,那我们怎么去做购物短视频呢? 或者说把什么样子的短视频奉献给我们的观众才算是更好? 那有没有一个视频能让所有人都喜欢的吗? 答案是没有。每个视频都有对应的喜欢人群,无论是大制作还是随手拍。所以你要做的就是去了解你想要吸引的人群的爱好和想法,他们会对你将要做的购物视频的哪些内容和风格有兴趣,然后才可以对症下药。我们购物短视频不能像其他视频那样"拖沓",从开始就要开门见山地阐明我们要卖什么,避免让消费者去猜测。根据购物短视频的节奏不同,在几秒钟后就要有冲击力的画面出现,注意不是吓人画面,是让消费者知道产品的特点信息,这是让有用的信息直接作用于消费者的感官,让消费者明白:哦,这个商品是我想要的。配上相适宜的背景音乐(BGM)和音效,这就是购物短视频与消费者的购买欲望相碰触的关节点,激发消费者的购买欲望。当然购物短视频也是要有情节的,没有情节的购物短视频当然也是存在的,那样的视频一般都是夸赞产品的好,可是到最后你会发现,怎么卖的几款同类产品除了产品包装不同,其他夸奖的话都基本一样了。我该怎么办呢? 这就是购物短视频没有抓住商品的卖点,没有取悦消费者,自娱自乐的结果。我们制作的购物短视频一定要以不同消费者的出发点为基础,最终是要达到吸粉的目的。镜头切换恰当,语言节奏的分配,这些都是为服务对象服务的。

短视频制作可以简单划分为4个要点。第一点,画面要刺激到感官,且精彩画面要前置。第二点,BGM和音效在选择上要与视频紧密贴合,奠定风格。第三点,情节点要精简概括,避免长视频的拖拉作风,要情节前置。第四点,就是观众思维,也可以说粉丝心理,达到引发好奇,唤起共鸣。

第三节　广告视频主冲击

视频广告是指在电视剧、电影、娱乐类节目或少儿节目等视频中或开始时进行的插播视频的模式,时长一般控制在几秒到几十秒,一般我们把此类广告视频归结为硬广告类。视频广告分为传统视频广告和移动视频广告两类。传统视频广告是在视频内的广告进行设置和投放的,特点是传播速度快,"杀伤力"强,涉及对象最为广泛;经常反复可以增加公众印象,在制作水平上也是参差不齐,但整体宣传效果上普遍高于短视频和长视频。

在这里讲一个成功案例来说明广告视频怎么主冲击。广告视频中名人效应、创意效应和产品的本质是目前最重要的推动销量的根本。比较有说服力的就是已故演员陈晓旭,凡是看过1987年版《红楼梦》的观众都认识,她拍过很多广告类视频,而我们要说的重点在创意制作上。五粮液产品很少直接做广告,但旗下的五粮春酒品牌的广告却是精妙绝伦!广告语"她系出名门,丽质天成,秀其外而绝无奢华,慧其中而内蕴悠远,壮士为之洒泪,英雄为之牵情,个中滋味,尽在五粮春",当时市场已是耳熟能详,这短短几十秒的广告内容,给人以无限美好与想象。无论是广告形象,还是广告制作质量水平,都很有档次,也难怪五粮春当年品牌酒销售5个亿。这说明广告视频会带来收益,扩大了企业的销售市场,增加了企业的受众人群,促进企业向着更为高端的方向发展。同时消费者是需要经典创意广告做前提,好的产品做后盾。

一、视听:协调震撼

我们要先明白一个词汇——视听广告。视听广告是以视频和声音为传播广告信息,主体的传播形式,是最有影响力和发展最快速的广告媒介形式。视听广告艺术是信息高度集中、高度浓缩、高度直观的传播方式。短小精悍是特点,协调震撼是效果,因此广告视频要达到效果必定走向高端。这也是消费者希望得到感官效果的视听盛宴,符合当代的用词,超炫酷的画面,灵动的 BGM,跳出自然的音效搭配,这就是完美协调震撼的视听。

二、创意:耳目一新

创意在广告视频中占据不可磨灭的地步,我们需要注意什么呢?首先,创意就是"简单"就好。很多时候,有的创意很烦琐深奥,这就会导致一种现象的产生——看不懂与不明白。其次,创意就是"新奇",这时需要有深厚的艺术功底和知识积累,借用事件、人物反射或折射,最终亮明产品,这种在可口可乐、麦当劳、耐克等大品牌公司的广告视频中多见。最终目的就是要打动消费者的情感,然后是为之心动,最终是行动买单。创意虽好说但不好做,要达到耳目一新就需要对商品、商品的公司、它的历史都要了解,这样了解了旧才可能产生新,才可能触动灵感产生创意。

三、诉求:明确易懂

你无论做什么样的广告视频,写什么样的文案,基于什么的想法,都必须满足广告视频受众的诉求,尤其是需要了解消费者的心声。每一个人的诉求归结为再生、认可、浪漫和回报这四个方面。而作为企业,它的诉求就是宣传和销售。我们制作的广告视频就是要达到这些点的融合,让他们各取所需,这就需要视频内容明确易懂。需要有时尚的内容,还要有情节和故事的元素,最终在画面的整体呈现上有时代化的追求,简约、轻快、时尚以及节奏感强。只要你拥有这种思维理念,呈现的视频内容就能达到企业的整体诉求高度,也能满足消费者的"买账"标准。

第十七章

客服：不可避免的客诉和有效的交互

第一节　定位：客服不是投诉的传话筒

客服中心是顾客投诉的第一信息收集口，是平台商品质量、服务暴露的问题风险点，需要审视活动规则是否合理，品控是否失控，客诉的信息是反馈给运营团队最真实的一手资料。很多人认为客服岗位是一个不是有那么多技术含量，但却是不可或缺的重要岗位，我们要了解并让大家知道客服岗位的价值：

天视商城品牌形象中心（面对顾客的窗口）

天视商城的顾客关系维护中心（与顾客的沟通桥梁）

天视商城的顾客营销中心（外呼主动销售、回访问候，创造老顾客复购）

天视商城的业务受理中心（第一时间接收并处理顾客诉求）

天视商城的质量监控中心（顾客对平台产品的反馈）

天视商城的风险控制与预警中心（了解顾客的潜在诉求，提出优化建议）

一、"问题到此为止"

我们平台的客服宗旨就是顾客找到客服了，关于平台所有服务的相关问题,就找到了一站式解决的方案。之所以把这点单独提出来,是因为我们平台和其他主流电商平台的一大区别是:主流电商平台顾客可以直接找到商家沟通(旺旺之类)售后问题,如果得不到满意解决再升级由平台处理。但是我们由于管理机制的不同,我们合作的供应商并不是每家都具备专职客服人员,无法保证每个供应商都能给到顾客耐心、专业的服务。所以我们设置了平台专属客服热线,来一致对接顾客,顾客在我们平台遇到的售后问题,都可以直接拨打这个电话来反馈。但随之而来的问题是,我们需要承接更多的问题汇总和回复工作。这就要求我们具备更快的响应速度,因此我们制定的各类常见问题的明确解决方案,由客服人员在第一时间给到顾客,不用继续担心问题得不到处理,而造成投诉升级。

二、转负面情绪为营销机会

解决问题的进阶要求,就是关系维系,通过解决顾客的问题,传达平台的服务态度、理念,甚至为下一次交易做铺垫。统计表明:4%的不满意顾客会向你投诉,96%的不满意顾客不会向你投诉,但是会将他的不满意告诉16—20人! 所以我们要珍惜这4%不满意的顾客。

(一)顾客投诉意味着信任

顾客前来投诉时,平台和供应商应当感到庆幸,因为顾客投诉意味着顾客对平台和品牌的信任。其实,投诉是顾客对平台和品牌信赖和期待的表征。顾客只有信赖品牌能为自己带来更好的感受,信赖平台有能力提供更好的服务质量时,才会进行投诉。而顾客的信赖度越高,期望值越大,也就越不容易化解因失望而带来的不满或愤怒,于是就导致投诉的发生。从某种程度来说,顾客愿意投诉是一件好事。因此,作为平台或供应商,应当正确认识顾客的投诉,因为这是增加顾客信心度的最佳时机。

（二）顾客投诉意味着忠诚

顾客前来投诉,很重要的一点是需要解决问题,此外顾客还希望得到平台的关注和重视。有时顾客不投诉,是因为他们不相信问题可以得到解决,或者说他们觉得自己投入的精力和得到的回复会不成比例;而投诉的顾客往往是忠诚度很高的顾客。有效地处理顾客投诉,能有效地为平台和供应商赢得顾客的高度忠诚。

（三）顾客投诉具有宝贵的价值

顾客进行投诉,对一些供应商及平台来说是一件深感头疼的事。但是一些精明的人却认为,投诉是一种宝贵的信息资源,是审核产品、开拓新选品的好契机。

市场竞争的日益激烈,使越来越多的平台认识到建立和维系良好的顾客关系的重要性。然而,即使最优秀的平台也不可能保证其产品或服务尽善尽美,出现顾客投诉是难免的。重要的是要正确认识顾客的投诉,并善于从中发现自身的问题,进而将顾客的投诉转变为平台收益。顾客投诉可以使平台及时发现并修正产品服务中的不足或失误,开创新的商机。

（四）顾客投诉赢回顾客满意度

顾客投诉可使平台获得再次赢得顾客的机会。投诉的顾客一方面要寻求公平的解决方案,另一方面也说明他们并没有对我们失去信心。只要处理得当,顾客对平台的信任度还会大大增加。因此我们应重视建立和维护对顾客的忠诚度,力求与顾客建立并维持长期的关系,从这个意义上讲,我们不应惧怕顾客投诉,而应该欢迎顾客投诉。

顾客投诉可为平台提供建立和巩固良好平台形象的素材。顾客投诉若能够圆满解决,顾客的满意度就会大幅度提高,他们就会自觉、不自觉地充当平台的宣传员。顾客的正面宣传,有助于平台在社会公众中树立起顾客至上的良好形象。

顾客投诉能及时发现问题并留住顾客。有一些顾客投诉，实际上并不是抱怨产品或者服务的缺点，而只是向你讲述对商品和服务的一种期望。这样的投诉，会给平台提供一个发展机遇、一种资源。并非所有不满意的顾客都会投诉，如果所有顾客都不投诉，我们就失去了一条获得宝贵信息的渠道。

（五）投诉的顾客才是真正的朋友

遭遇顾客投诉当然不是一件愉快的事情。当遭遇顾客投诉时，很多平台和供应商都以敌对的态度看待顾客的投诉，把顾客当成眼不见心不烦的敌人。有的供应商可能会想：顾客在找碴儿，想从我这里得到点好处，为什么不看展示页面的详情，又不是什么大不了的事，这不归我管……很多客服人员也把顾客投诉当成一个"烫手山芋"，觉得难以沟通，把投诉顾客当敌人，希望最好不要遇到投诉顾客。其实，对于平台和供应商来说，没有投诉的声音未必是个好消息。如果没有他们的存在，我们将不知道自己的产品是否存在问题，也不知道如何去改进自己的产品。因此，投诉的顾客应该受到我们的重视和尊重，应该得到我们的感谢，投诉的顾客才是我们真正的朋友。

三、管控风险的哨所

客服人员连接平台和顾客，是最懂天视商城平台的产品、活动、服务和顾客的人。他们能够在第一时间就知道顾客在购物过程中出现了哪些问题，这些顾客真实的体验反馈对平台有极高的价值。客服人员的"风控"，是指对顾客问题具有预估判断，当问题发生时，能够第一时间给予安抚和解决方案，在第一时间察觉哪个商品出现普遍问题，及时通知后台人员做出处理，让客户服务良性有序进行。对顾客来电问题的预估判断，主要从客服人员的业务能力来体现：

一方面客服人员需要有意识地培养自己的风控意识，也可以从经验中不断汲取和总结,提高对客诉问题的敏感度,具备预处理和预判断的能力。

另一方面,这种风险预估,是可以通过不断的数据收集来帮助完成的,越详尽的客诉数据分析,越能够提供有价值的依据。

另外,大部分客服中心的痛点,客服中心是对接顾客的第一战线,但是却没有主导沟通进程的权限。所以把客服中心当作一级部门,重视客服人员的反馈和诉求,也是做好"风控"的关键因素。在这一点上,我们给予客服人员放开权限:可以在顾客进电反馈问题后,补偿10元进电优惠券;在顾客情绪激动,需要安抚,可以补偿5—10元安抚优惠券。

第二节　原则:客诉需要指明灯

一、维护顾客正向体验

客服体验这个事情严格来说是因人而异的,每个人对于好的客服体验定义不同,自然也会影响到对服务体验的结果判定。那么你认为好的客服体验是怎样的呢? 又或者说你经历过怎样好的客服体验? 何为好的客服体验,虽然细节方面可能每个人都会有不同的标准,但总体而言,好的客服体验无外乎是顾客在跟客服沟通交流的过程中,建立起来的主观感受是愉悦的;是实际帮助顾客解决了问题的,最终在通话完成后,顾客的态度是满意的。

延伸开来其实是好的客服是怎样解决问题的? 个人理解是,最好的客服所具备的基本要求,是从心态到专业技能都是符合标准的。比如跟客户沟通的过程中,措辞得当,音调语气都把控在让客户听得清楚,又不会引起反感的度当中。面对客户的疑问能够用培训过的业务知识帮助解决当下问题,同时面对压力也能够调节好自己的情绪。而最重要的一点,是能够虽身处客服岗位,却能一直抱着学习的心态,不断更新对平台的产品的认识、平台活动的信息。

二、保护平台正当利益

在保证客户来电诉求真实合理的情况下，我们尽可能满足客户的需求，给顾客提供正向的价值体验。

但在顾客无法提供有效照片，或无法证明所述情况下，或和第三方物流说法不一致的情况下，出现了所描述问题介于模棱两可的情况，我们无从核实事件的真实性。例如：顾客描述购买的蛋糕颜色发黑、掉渣，购买红柚颜色是白色，购买的水果太酸没办法吃等。

如果合作供应商可以解决，将由供应商出面。

如果供应商无法受理，平台出面补予5—10元优惠券。

如果供应商同意退款息事宁人，商品让顾客自行处理（寄回需要再次承担运费成本），我们会要求顾客到付寄回天视商城做鉴定，一来可以检查顾客反馈的问题；二来也可避免顾客养成贪便宜习惯，将来故意找碴儿投诉。

如果顾客仍不接受，提出的无理赔付要求，商城也将保留正当权利，拒绝顾客。

举例：顾客反馈购买的米生虫子，查看照片，仅看到包装外有虫子。查询之前投诉记录，同样反馈过此问题，因此怀疑该顾客储存方式有问题。供应商表示无法受理。商城从中协调，告知顾客此情况无法判断成因，并提出补偿10元优惠券，顾客接受。

三、确保商户配合执行

供应商的配合是天视商城正常运转的保证，但并不是所有供应商是抱有同样负责的态度，所以要利用管理办法加以约束。

（1）用于解决客诉的补偿优惠券，商城有权从商户预付的2 000元保证金扣除。

（2）单月客诉率（单月客诉次数/单月订单数）大于5%，实施扣款。

(3)投诉提出48小时内,或催促三次以上未回复,实施扣款。

(4)每个月超出3个商品(订单)缺货未提前告知,实施扣款。

以上条款摘自《天视商城2023年合作伙伴管理服务考核条例》,具体扣款金额由整合营销组商议为准。对商户最为关注的维度,包括发货速度、客诉回应效率、商品品质保障,做了规定,约定商户明确责任的场景。

第三节　实施：客服的行动纲领

一、第一步　身份确认——知己知彼好应对

长期以来,我们研发后台的一项重要开发任务:就是根据当前进电顾客的历史投诉情况,区分是否有恶意投诉的风险。

如果是优质顾客,可以依照客诉处理流程,按正常流程为其补偿优惠券、进行应对和解决问题。

如果来电顾客是之前频繁投诉或之前有过恶意投诉的黑名单顾客,在接通电话的那一刻,客服人员就预设可能遇到的难题,做好心理准备,提前预设回复口径。

另外,可以根据以往来电记录,标签化这个顾客的表达风格、脾气秉性、投诉习惯,让客服工作更加得心应手。

当今社会顾客对服务质量的要求越来越高,客服中心作为天视商城和顾客的连接者,每天都会遇到形形色色的顾客。下面盘点一下各种类型的顾客:

(一)顾客喋喋不休者：认为自己是受害方,一直重复说事

建议先"听"顾客唠叨一遍,当顾客第二遍诉说时,适时地提醒顾客来电的首要目的,避免顾客一直不挂机,影响通话时长。禁忌是随意打乱顾客言论,缺乏耐心,急于打发顾客。

（二）对服务不满者：服务不到位，多次反映得不到解决

建议先安抚顾客，代表平台给顾客道歉，给予优惠券补偿。语气要诚恳，并告知此事一定会上报给领导，并给一个满意的处理答复结果，可以让顾客提出意见。禁忌是随意允诺顾客自己做不到的事情。

（三）感情用事者：情绪激动，大吵大闹

建议保持镇定，适当让顾客发泄，表示理解，尽力安抚，告诉顾客一定会有解决方案，注意语气，要谦和，且具有原则性。禁忌是使用情绪化的言辞。

（四）以正义感表达者：语调激昂，认为自己在伸张正义。"老百姓没有错，错的都是你们商家"

建议肯定顾客，并对顾客反映的问题表示感谢，告知平台的发展离不开广大顾客的爱护与支持。禁忌是抑制不住自己的偏见，将自己的意见强加在顾客身上。

（五）固执己见者：坚持自己的意见，不听劝

建议先表示理解顾客，力劝顾客站在互相理解的角度解决问题，耐心劝说，根据服务的特性解释所提供的处理方案。禁忌是切莫急于否定顾客的想法。

（六）有备而来者：了解规章制度，甚至会记录谈话录音及内容

建议客服专员一定要清楚平台的服务政策及相关法律规定，充分运用知识库内容及谈话技巧，语调充满自信，明确我们希望解决顾客问题的诚意。禁忌是言语不要颠三倒四，模棱两可。

（七）有社会背景，宣传能力者：具有国家机关、新闻媒介等重要资源或熟悉国家法律、办事程序者

建议谨言慎行，尽量避免使用文字。要求无法满足时，及时上报有关部门研究，要迅速、高效地解决此类问题。禁忌是不重视顾客的观点。

（八）满口脏话者：此类顾客所出言语无法描述

建议此类顾客多数为多次来电反映，未能解决实际问题者。先不要多作解释，让顾客发泄并要对顾客表示理解，适当博取同情，告知顾客我们只是客服专员，具有"上传下达"的作用，我们会立即反馈问题，也希望顾客理解。禁忌是与顾客发生争执态度恶劣，言论上对顾客不尊敬。

二、第二步 倾听投诉——理解顾客真实诉求

在客户服务工作中，如何认真倾听顾客言语，将顾客怨气化解，抓住顾客的真实诉求，化干戈为玉帛是客服人要学习的重要课题。

首先，控制自己的情绪。当顾客抱怨、发怒时，客服要处理的第一个因素是控制自己的情绪。当顾客进行投诉时，往往心情不好，失去理智，而顾客的语言或者行为则会让我们容易产生冲动，丧失理性，如果出现"以暴制暴"的情形就非常容易使得事态恶化，产生无法挽回的损失。顾客投诉是因为他们有需求没有被满足，所以我们应该要充分理解顾客的投诉和他们可能表现出的失望、愤怒、沮丧、痛苦或其他过激情绪等，不要与他们的情绪共舞或是责怪顾客。下边是面对顾客投诉，帮助客服人员平复情绪的一些小技巧：

（1）深呼吸，平复情绪。但要注意呼气时千万不要发出叹气声，避免给顾客不耐烦的感觉。

（2）思考问题的严重程度。发泄情绪的后果你是否能承担。

（3）放大格局。要记住，顾客不是对客服人员个人有意见，是对这件事情有意见。

（4）以退为进。无法解答顾客问题时，给自己争取应答时间。如"我需要调查调查一下，10分钟内给您回电"，但务必确保在约定的时间内兑现承诺。

其次，倾听顾客诉说。积极、细心地聆听顾客愤怒的言辞，做一个好的听众，有助于快速把握顾客所投诉问题的实质和顾客的真实意图；了解顾客想表达的感觉与情绪；给顾客以情绪宣泄的渠道，为后面提出解决方案做好准备。要为了理解而倾听，而非为了回答而倾听。参考技巧：

（1）全方位倾听。充分调动左右脑，用直觉和感觉来听，比较你所听到、感到和想到的内容。用心体会、揣摩，听懂弦外之音。

（2）不要打断顾客。要让顾客把心里想说的话都说出来，这是最起码的态度，中途打断顾客的陈述，可能遭遇顾客最大的反感。

（3）向顾客传递他的反馈被重视。要对顾客的言语有反馈，表示你的理解。

（4）明确顾客的话。对于投诉的内容，如果觉得不是很清楚，要请对方进一步说明，但措辞要委婉。

三、第三步 澄清问题——判断总结问题归属

一个人能从另一个人表达的话语中提取70%的信息，如果对方说话含糊不清、有口音、表达不畅，可能仅提取50%。所以当你觉得自己明白了顾客需要反馈的意思后，需要最后和顾客核实一遍，"您刚刚想反馈的问题是……吗？"以保证后续环节顺利展开。我们最常遇到的顾客进电情景如下：

（一）单纯想解决问题

催货：顾客来电表示商品还未收到，需要咨询物流。

破损：顾客来电表示接到快递电话说快递破损，建议拒收；或取件后打开外包装，发现内容物破损。

少发：需顾客取件后，发现商品内容物数量小于商品规格数量；顾客

订购多份,只收到一份。

发错:需顾客取件后,发现商品内容物为另一产品,或者产品包装和展示页面不同,或规格不同。

质量问题:需顾客取件后,发现商品内容物有腐坏变质情况。

(二)之前来过电话,一直没得到回复

此时顾客仍是想解决问题,但顾客已经带有一定情绪。客服应先安抚为主,再反馈。此时反映出供应商反馈效率问题,供应商需要在客诉提出48小时内解决,逾期或催促三次以上仍无回复,我方有权利建议客户先行退款。

(三)解决过程中再次遇到问题

顾客之前发生过投诉,解决过程中补发的快递再次破损/再次丢了/物流丢失后商品下架无法补发/和快递员吵起来了。此时客户可能已经情绪激动,为防止客户情绪升级,或后面再出现不确定情况,客服有权利直接建议客户退款(迅速有效地解决此单客诉)。

(四)供应商给出过答复,但客户不接受

顾客不接受提前的解决办法,如:退货不接受运费到付,生鲜商品品相不好(非质量问题)坚持要求退货。

分析客户具体情况,是否为惯性投诉客户,是否需要维系该客户。由商城主管给出意见,想取折中方案。

(五)遇到问题,想小额补偿

如:商品品相不太好/保质期未到临期但吃不完/真空包装商品漏气/外包装挤压变形,但不影响使用等。

沟通过程中,顾客明确表示:"退换太麻烦,你们适当补偿我点就行。"首先,可提出补偿安抚优惠券5—10元。如果顾客不接受优惠券,我们将

建议供应商进行小额现金补偿。

（六）想讹钱

沟通过程中明确表明，"你们是不是得补偿我"，且不满足于10—20元的小额补偿。沟通过程中强调对自己身心的伤害。此类情况需分析该客户以往购物行为、投诉记录，记录在册。建议商户自行沟通。需要注意的是，这种顾客未必是商城的惯性投诉用户，很可能是一次购物，就是想来讹钱。

四、第四步 平息怨气——给予安抚来止损

建立与客户共鸣的局面：换位真诚地理解顾客，而非同情。学会换位思考："如果我是客户，碰到这种情况，我会怎么样呢？"不要只是说："我能够理解。"这像套话，可以在后面加上你理解的内容（客户难过的原因）和你听到的客户的感受（他们表达的情绪）。

对客户的情形表示歉意。我们倾听了客户的投诉，理解了他们投诉的原因和感受，那么就有必要对客户表示歉意，道歉总是对的，道歉要有诚意。道歉后面不要说但是，"我很抱歉，但是……"这个"但是"否定了前面说过的话，使道歉的效果大打折扣，所以要尽量避免使用。道歉要真诚有理，不敷衍："给您带来的不愉快的体验，很对不起。""给您添了麻烦，非常抱歉。"

参考话术：

（1）非常抱歉给您带来不愉快的体验，我们会对相关产品进行调查，如有问题会予以下架处理，非常抱歉。

（2）你好，口感（等）问题因人而异，其他顾客购买后反馈还是不错的，有很多回头客。

（3）抱歉再次给您带来不愉快的体验。您的心情我非常理解，为了避免后面再发生此类不愉快的事情，这单为您做退款申请。请问您还需要吗？

(4)非常抱歉再次给您带来退款困扰,您上次致电的问题目前供应商尚未回复,为避免继续等待,我们可以为您申请退款,您需要申请吗?

五、第五步 采取行动——给出确定性回应

(一)无发货单号:下单3天后仍无物流单号

核实方法:查看订单发货信息。

核实有效:(下单超过3天,无发货单号。邮件反馈。)你好,目前尚无物流信息,我们帮您问下供应商,一个工作日内回复。

核实无效:(下单未超过3天。)下单后3天内会录入发货信息,请您耐心等待。

(二)物流异常:非本人签收/显示退件/物流停滞超过3天

核实方法:查看物流信息。

核实有效:(物流停滞超过3天,签收异常。)"你好,目前物流状态异常,我们帮您问下供应商,一个工作日内回复。"

核实无效:"物流周转正常,请您耐心等待。"

(三)物流破损(已签收)

解决方案:天视商城对物流问题很重视,破损问题可以为您安排补发/按比例折退。

核实方法:请您提供快递单照片+外观破损照片。要求照片清晰,可说明问题。

核实有效:(照片齐全,问题明显。)"已为您反馈问题,一个工作日内处理。"

核实无效:(照片不全、不清晰,无法说明问题。)"抱歉,您提供的照片无法说明问题。请您按要求再次提供。"(客户坚持无法提供的,邮件中备注无照片。)"抱歉,由于您无法按要求提供照片,可能影响本次问题处理

结果。我只能先帮您反馈，一个工作日内回复您商家处理结果。"

【以下核实方法为提供照片的，鉴定方式同上，不再重复】

（四）物流破损（已拒收）

解决方案：天视商城对物流问题很重视，破损问题可以为您安排补发。

核实方法：请您提供快递单照片+外观破损照片。要求照片清晰，可说明问题。

核实有效：（照片齐全，问题明显。）"已为您反馈问题，一个工作日内处理。"

核实无效：（照片不全、不清晰，无法说明问题。）"抱歉，您提供的照片无法说明问题。请您按要求再次提供。"（客户坚持无法提供的，邮件中备注无照片。）"抱歉，由于您无法按要求提供照片，可能影响本次问题处理结果。我只能先帮您反馈，一个工作日内回复您商家处理结果。"

（五）发错货：商品本身错误，或规格错

解决方案：天视商城会严控把控发货问题。我们可以为您安排换货/重发。

核实方法：请您提供快递单照片+开箱照片。要求照片清晰，可说明问题。

核实有效：（照片齐全，问题明显。）"已为您反馈问题，一个工作日内处理。"

核实无效：（照片不全、不清晰，无法说明问题。）"抱歉，您提供的照片无法说明问题。请您按要求再次提供。"（客户坚持无法提供的，邮件中备注无照片。）"抱歉，由于您无法按要求提供照片，可能影响本次问题处理结果。我只能先帮您反馈，一个工作日内回复您商家处理结果。"

（六）少发：同时订购多份未全部收到。和其他商品同单号发出，只差这个商品

解决方案：天视商城会严控把控发货问题。我们可以为您安排补发。

核实方法：请您提供快递单照片+开箱照片。要求照片清晰，可说明问题。

核实有效：（照片齐全，问题明显。）"已为您反馈问题，一个工作日内处理。"

核实无效：（照片不全、不清晰，无法说明问题。）"抱歉，您提供的照片无法说明问题。请您按要求再次提供。"（客户坚持无法提供的，邮件中备注无照片。）"抱歉，由于您无法按要求提供照片，可能影响本次问题处理结果。我只能先帮您反馈，一个工作日内回复您商家处理结果。"

（七）质量问题：肉眼可见的：预包装食品变质。鲜果腐坏。超出保质期。非食类商品质量问题。还需提供坏果个数/全部个数，坏果放在一起拍照

解决方案：天视商城对商品把控很严格，质量问题我们可以为你安排换货/补发/按比例折退。

核实方法：请您提供快递单照片+开箱照片。坏果放在一起拍照，要求照片清晰，可说明问题。

核实有效：（照片齐全，问题明显。）"已为您反馈问题，一个工作日内处理。"

核实无效：（照片不全、不清晰，无法说明问题。）"抱歉，您提供的照片无法说明问题。请您按要求再次提供。"（客户坚持无法提供的，邮件中备注无照片。）"抱歉，由于您无法按要求提供照片，可能影响本次问题处理结果。我只能先帮您反馈，一个工作日内回复您商家处理结果。"

(八)缺斤少两:缺少的分量大于规格克重的10%

解决方案:天视商城对商品把控很严格,缺斤少两问题我们可以为你补发/按比例折退。

核实方法:请您提供快递单照片+开箱照片。商品称重照片,要求照片清晰,可说明问题。

核实有效:(照片齐全,问题明显。)"已为您反馈问题,一个工作日内处理。"

核实无效:(照片不全、不清晰,无法说明问题。)"抱歉,您提供的照片无法说明问题。请您按要求再次提供。"(客户坚持无法提供的,邮件中备注无照片。)"抱歉,由于您无法按要求提供照片,可能影响本次问题处理结果。我只能先帮您反馈,一个工作日内回复您商家处理结果。"

(九)三次来电,仍无回复:之前反馈过问题,一直未反馈结果

解决方案:非常抱歉再次给您带来困扰,您上次致电的问题目前供应商尚未回复,为避免继续等待,我们可以为您申请退款,可以吗?(商户超过24小时未回复,可直接劝退,成本商户承担。)

核实方法:查看邮件记录。

核实有效:之前来过电话,反馈过三次。"已为您反馈需求,一个工作日内为您退款。"

(十)处理过程中再次遇到问题:补发后再次丢失,补发后再次破损

解决方案:抱歉再次给您带来不愉快的体验。您的心情我非常理解,为了避免后面再发生此类不愉快的事情,这单为您做退款申请。请问可以吗?

核实办法:查看邮件记录。

核实有效:之前来过电话,已给出过解决方案。"已为您反馈需求,一

291

个工作日内为您退款。"

六、第六步 感谢顾客——伸手不打笑面人

正如上面所说,每一个来电反馈问题的顾客,都反馈了天视商城的薄弱环节,都能反映天视商城在某个我们看不到的地方、存在的问题。并且,他们相信我们平台能够为他们解决问题,才会打这个电话。对于这种顾客,我们应该是表示感谢的。即使在沟通中可能出现了激烈的言语、激动的情绪,但事情解决后,我们都应该表示感谢。

七、第七步 反馈追踪——给客诉一个圆满收场

客诉问题答复解决方案之后,一周之内,对投诉人发起回访:

需要补发的,核实"商品补发的商品是否收到?""补发的单号的×××,没有收到的话,您可以关注物流进度,有问题可以再联系我们。""收到的商品是否还存在问题?""对我们的补发速度是否满意?"

需要退款的,核实"退款金额是否收到?""承诺给您补发的优惠券是否补发了?""退给您的津豆是否收到?""抱歉这次没能让您收到心仪的商品,希望您再次光临天视商城,我们将为您提供周到的服务"。

需要换货的,核实"请问您换货的商品寄出了吗?""这边已经给您安排发货换货商品了,物流单号是×××,您可以关注物流进度,有问题可以联系我们"。

第四节　优化:在博弈中寻求共赢

一、健全规则——基本问题客服处理得心应手

前面提到过的《售后服务基本法》是客服人员的日常业务处理手册,《供应商管理办法》是对供应商的约束。这两个缺一不可,客服人员根据

《售后服务基本法》承诺顾客的解决方案，需要供应商积极配合，才能实现。前线人员和后台供应商相互合作，互相配合，才能相辅相成，让售后流水线运转得畅通无阻。

二、灵活应对——特殊问题商户裁量张弛有度

上面描述的客诉问题是我们日常要最多的情况。但客诉多种多样，不能一概而论，遇到难缠的顾客，客服人员多次按照正常解释方法无法安抚时，我们会联系到商户协调能否做特殊处理。

（一）什么是特殊客诉问题

（1）已经经过售后客服处理，但是仍然没有解决问题、没有获得顾客满意的客诉问题。

（2）沟通过程中，顾客提及网信办、工商局、12315投诉等敏感词汇，可能会给平台造成严重经济损失或者名誉损失的客诉。

（3）顾客威胁到大众传媒传播，升级到微博、抖音等公共领域，会给平台带来不良曝光的客诉。

（二）严重客诉处理不好会有什么后果

（1）小问题变成大问题，小赔付变成大赔偿，让销售平台和供应商损失加倍，甚至涉及法律纠纷。

（2）升级到法律机构，判定商家责任，增加纠纷率，损失金钱、货物和信誉度。

（3）给供应商品牌、平台带来不可逆的口碑伤害，品牌和负面信息绑定，美誉度逐渐下降，影响平台路人缘。

（三）如何应对特殊客诉问题

第一步：定位顾客遇到什么问题了？顾客需求是什么？我们之前的处理方式是什么？当前处理到哪一步了？之前的订单通话记录、处理邮

件、订单详情，一个环节都不能少。

第二步：风险预估，做好最坏的打算，预估能承受的最坏结果，这是确定补偿方案之前必须做的。

（1）非我方明确责任的客诉，由顾客主观坚持认为商品有问题的，不认可解释的。（如：商品品相不好、口味不好、照片无法明确说明问题的、真空包装漏气。）最坏的结果无非就是退货退款，运费商家承担，或者直接退款。那么尽量安抚消费者情绪，尽快引导退货、退款解决。

（2）我方有明显过失。（如：商品过保质期、真空包装漏气、生产日期晚于发货日期、照片可见的腐坏变质。）最坏结果涉及的赔付金额过大，比如100—1000元是可接受范围，为了控制损失，需要确定多种补偿方案，和议价一样的逻辑，不要一步到位把所有筹码都给出去，制定3种不同等级的赔付，看顾客的情绪逐步抛出去。

如果顾客比较好商量没有威胁去公域投诉或者品牌方投诉，给予最低的补偿即可；如果顾客不接受最低补偿，有其他严重威胁，我们想息事宁人，可适当多给，以此类推。

第三步：和顾客展开沟通。

沟通的时候要保持态度平和，服务态度绝对不能出问题。沟通话术中不要说"赔偿"，可以说"心意"或者"补偿"来代替。

沟通时，有很多顾客可能会说："我就要你们道歉，你们不尊重我，我要找回自己的尊严。"要依据上述沟通方法，进行道歉，避免因商品投诉引起态度投诉，被曝光到公共平台。

如果对面就是故意来找碴儿的，更加要做得滴水不漏，避免被"有心"的顾客断章取义拿去投诉或者曝光。

顾客要求过于无理和言语中有涉及威胁勒索钱财，一定要保留录音、聊天截图，如果后面跟平台举证，甚至司法介入举证，树立商家才是被害者的角色。

第四步：确认最终方案，落实问题解决

和顾客协商和赔付方案后，跟进赔付情况，保留退款记录、转账截图，不要为以后埋雷。

处理完成后，将处理截图发送至工作群中。

问题商品或者有争议的商品一定要尽快拿回到自己的手上，以防被对方大做文章。

第五步：复盘特殊客诉

思考引起本次投诉的原因：如果是顾客主观原因，要在商品展示页标注提醒；如果是我方问题，一定要今后进行严格把控，必要可先行下架商品，待问题解决后恢复上架。

思考处理过程中哪一环节没有做好导致这个客诉的升级？是客服没有及时安抚，沟通中引发了矛盾？还是处理效率太低导致了投诉升级？加强今后各个环节的培训和核查。

三、寻求共识——矛盾出现不惧沟通积极协调

在实际工作中，特殊投诉可能不经常出现，但是会经常充斥着小矛盾。比如：

物流显示签收失败，顾客表示联系快递员对方不给解决。供应商表示，商品是正常发货的，签收问题不是他们负责。这种时候，可以向供应商表示："不是正常发货就代表这单已经完成订单交付了，快递跟贵公司合作的快递，快递员不管，作为发货方的您是不是可以帮忙协助给查一下。"

快递显示签收，顾客表示没有收到。供应商表示已经显示签收了，需要顾客和驿站沟通。但是顾客这边在驿站找了好几遍也没有，沟通时可以说："驿站这边找了好几遍都没有，您作为发货方，是否可以联系一下快递公司进行投诉，让快递再找一下，或者赔偿？"

顾客购买的商品因特殊情况，无法发货。物流恢复后，天气转热，火腿类商品无法操作到货质量，已下架，无法重发。顾客不同意，已等待了太久，必须发货，并且已经很生气了。这种时候，和供应商协调怎样能给顾客发一下。沟通结果：天气转凉后，给顾客发货，规格改为小规格，给顾

客多发了一根，以表歉意。

顾客购买真空包装后发现漏气 2 袋，供应商起初表示漏气不属于质量问题和破损问题。后来告知供应商"标示真空商品漏气可能引起升级投诉，建议及时处理以安抚顾客"。各供应商也拒绝和顾客直接协商，在引导下给出了几个解决方案：方案 1：每袋补偿 5 元。方案 2：退回 2 袋，退 2 袋钱。或换货。最后顾客接收每袋 5 元补偿，未升级投诉。

以下是日常与供应商沟通的常见用语：

（1）未按时回发货单号：你好，按照约定，今日应返回××日物流单号，我们工作人员将以此录入系统，以便顾客自主查询物流进度。

（2）不愿处理物流问题：你好，正常发货并不代表此订单已经完成，售后也是您需要负责的重要一环。快递跟贵公司合作的快递，现在快递出问题不解决，您作为发货方是否可以帮忙协助。让顾客自行联系，顾客感受上实在不好，影响我们后续维系。

（3）缺货无法发出：你好，我们已联系顾客劝退，顾客表示就是为了买这个商品凑的单/已经等发货等了好久了，现在不能发货非常失望，拒绝做退款处理。您受累看看能够协调一下，能否换个同类型产品？好让顾客知道我在尽力为他解决。

（4）不愿与顾客沟通：你好，我们可以协助您和顾客进行协商。因为协商本就是讨价还价的事情，我们无法做主，我们会提前预设好多种顾客可能的回复，争取一次沟通内解决。所以您需要提供给我们几种解决方案：①如果顾客不接受小额补偿，能否为顾客换货？②如果顾客接受换货，运费该如何支付？③如果顾客不接受运费自理怎么办？④如果顾客仍不满意，能否办理退货？

（5）久未回复处理结果：你好，此客诉顾客已催促三次，请您尽快回复补发单号，如果下班前无回复，我们将直接建议顾客退款。

（6）客诉处理被拖延：你好，如果顾客投诉一直被拖延处理，会引起顾客不满，甚至可能引起无理取闹的升级投诉。本来很简单的事弄得很复杂。我们这边一直为您解释并安抚顾客，也请您尽快处理。

附录 天视商城运营手册

天视商城商品上下架流程规范

商品上架

1.由商户向业务对接人提出《上架商品明细表》,需包括上架商品的名称、规格、供货价、展示价、配送的物流公司、是否有限价政策、申请商品是否具有销售资质并可以开具增值税发票。

2.业务对接人收到《上架商品明细表》经过初步审查后提交给运营人员筛选。审查重点在商品是否具有价格优势(参考本地大型商超、京东、淘宝等店铺)、商品利润是否存在过高或过低等情况。业务对接人在审查中有义务将审查结果及特殊情况在表格中注明。

3.运营人员的审查重点包括在本平台是否有竞品、是否适合平台大部分人群、是否与本平台商品结构契合、各渠道价格对比结果等,从中选出备选商品。确定备选品后,如果备选商品名单中有新品,则由业务对接人向商户索要新品样品,并由审核人员进行新品审核,审核无误后签字确认,新品审核人员包括:运营人员、推广人员、策划人员、管控人员。审核通过后,需要商家按上线尺寸提供图片、视频等宣传素材,方便后期的宣传推广。

通过审核后的商品,由运营人员、推广人员、策划人员、管控人员签字确认后,再提请部门总监进行签字确认,最终由专人执行上线系统后,完成商品上架全部流程。

商品下架

1.商户提出下架申请。商户应提前3天通知业务对接人,提交下架商品的名称及规格并详细说明下架原因。对接人将申请内容交至运营人员处。运营人员向其他相关人员确认下架商品中是否在活动期内、是否有未发货的情况。同时推广人员要及时调整活动商品,客服人员跟踪商品售后情况。下架信息以邮件方式同步给风控人员、客服人员、推广人员,上述人员核对待下架商品无风险问题后,告知运营人员,执行系统下架操作。指定人员完成下架操作。

2.平台提出下架申请。如因客诉原因、物流原因、价格调整、业务调整等,相关人员均可向运营人员根据需要提出商品下架申请,写明下架商品明细单并说明下架原因。相关审核人员确认下架品无客诉风险、财务风险等风险后,运营人员方可下架。将下架信息以邮件方式同步给风控人员、客服人员、推广人员,上述人员核对待下架商品无风险问题后,告知运营人员是否可以下架。由业务对接人通知商户。指定人员执行系统下架操作。

3.下架品重新上架。下架品调整后进行重新上架,需要再次执行上架流程。

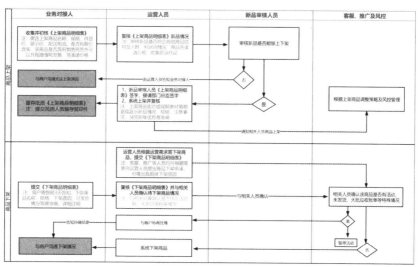

图18-1　天视商城商品上下架流程图

天视商城2023年合作伙伴管理服务考核条例

一、商品上线前期准备工作

1.根据主管部门的要求,甲方与乙方合作需要提供完整的资质,营业执照经营范围覆盖在商城销售的商品类目,需前置许可的经营类目需提供前置许可证,相关品牌需提供商标注册证明或品牌授权销售代理证明。

2.准备正确尺寸的商品展示图:列表图1张(分辨率244×217),详情图不少于5张(分辨率655×368),图片清晰度高。

3.详情图能充分展现商品的卖点,让顾客产生购买的欲望。文字清晰,商品规格信息准确无误,此外详情图必须包含:配料表、保质期、规格信息以及完整的产品外包装展示。

4.销售商品价格原则上不高于天猫、京东、苏宁易购等主流电商平台价格,给顾客良好的价格形象。若甲方商品高于主流电商平台价格,乙方有权利下架该商品。若特殊产品存在市场统一定价的情况,甲方需提前告知乙方。

5.甲方上线新品需向乙方邮寄样品,以检验商品品质、包装及物流效率。

6.甲方商品更迭包装、规格,修改价格、更换物流快递公司,应以书面方式提前3天通知乙方,并提供相关上线最新图片素材,避免因展示图与实物不符引起的投诉。

7.天视商城支持视频播放功能,商户可按照商城具体要求提供商品视频素材(分辨率1920×1080,帧率25fps,MP4格式),以便消费者更好地了解您的商品。

二、商品销售表现考核

1.甲方商品上线后,乙方将给予一定推广资源(如商城首页展示、公众号宣推等),请乙方及时提供商品的相关宣传海报和文案,与甲方共同挖掘卖点以做好新品宣传。商品上线之日起45天,若此商品无任何销售(或之后连续30天无销售),说明此商品不适合天视商城,甲方有权利下架该商品。

2.若甲方商品在单月出现2次以上断货情况,乙方也有权利下架该商品。

三、商户宣传和促销支持

商城希望双方能携手做大销量、实现共赢,也希望合作商户在促销上加大力度、新品上线时用好这些资源,多提供一些赠品、福利等黏住用户。如果双方共同努力取得较好的效果,甲方会给予乙方更多支持,重点扶持两个方向:

1.甲方在乙方平台单月客诉率(单月客诉次数/单月订单数)低于

3%,且单月订单数高于50单。

2.甲方单月销售额超过20 000元,或旗下单品单月销售额超过5 000元。乙方将给予甲方1次价值不低于10 000元的宣传资源的支持,内容很丰富:①商城专区首页推荐1周,②IPTV广告宣传1周,③公众号推文1篇,④入驻积分商城1周,⑤商城微信福利群单品推荐1次。

本着联合运营互惠互利的思路,具体形式和促销力度可由双方协商制定实施方案。

四、产品质量及售后管理办法

甲方除承担《中华人民共和国食品安全法》《中华人民共和国消费者权益保护法》等相关法律规定包含的客户赔付和行政处罚等相关责任外,若单月收到3次及以上消费者对甲方的商品投诉,从第3次投诉起,甲方按投诉订单金额的30%向乙方支付,以弥补乙方因其额外产生的平台管理成本,订单金额的30%不足20元的情况按20元进行支付,平台管理费用合计到每月商城与商城结算的推广服务费中。商城这边会出具相关客诉明细,做到明辨是非,客观公正。以下投诉内容会在当月记录1次投诉行为:①订单发送后,第二个工作日16点前未返回发货单号;②未能在接到订单的三日内将订单商品妥善包装并送至消费者指定的地点并无正当理由;③商品因质量问题引起的客诉,包含但不限于:实物与订单规格展示图片不符,商品包装有污渍,有破损,商品变质损坏;商品送到用户手中保质期已过半;④错发、漏发等;⑤商品信息变更,或商品下架未及时告知我方而造成客诉的情况;⑥收到客诉通知后,未在48小时内回复处理意见。或催促三次以上无回复结果的情况。

以上就是我们与您联合运营合作共赢的要求,感谢您一直以来对我们商城的帮助和支持,让我们共同提升平台的购物体验,给用户提供更好的商品和服务,实现平台、商户、用户三方共赢!

以上管理服务条例自2023年1月1日起实施至2023年12月31日。

购物视频内容审核及上线流程规范

平台视频上线前均需经过严格审核,保证视频内容的真实性、合法性,保护电视观众的合法利益。因购物类视频的商业性较为特殊,现对此类视频的内容审核作出如下规定:

一、审核标准必须以法律为依据

所有审核人员依据《中华人民共和国广告法》《中华人民共和国消费者权益保护法》《中华人民共和国产品质量法》《中华人民共和国食品安全法》等相关法律法规、部门规章制度,及各项行业执行标准等,对上线视频内容进行审核。

二、审核工作实行三级审核制度

1.购物类视频第一级审核由商务对接人员完成。商务对接人员在收到厂商视频后要在当天完成对视频内容的初步审核,并形成审核意见。审核内容包括:视频素材格式符合要求,产品信息、价格、性能是否正确,视频描述与产品实物是否准确等。

2.购物类视频第二级审核由业务部门审核人员完成。业务部门审核人员需要在收到视频后的两天内完成审核工作,并形成审核意见。审核内容包括:确认无其他平台信息,确认无季节性因素,确认内容描述及文字无违反相关法律内容,保证用词准确,对消费者无误导性、无夸大性。

3.购物类视频第三级审核由业务部门审核经理完成。业务部门审核经理需要在收到视频后的两天内完成审核工作,并形成审核意见。审核内容包括:确认无政治性、民族性、血腥暴力等不适宜播出内容。

4.三级审核完毕后,由业务部门审核人员汇总所有审核意见,督促视频的修改。修改后的视频需要经过上述三级审核确认无误后,方可审核上线。

三、视频上线实行申请批准制度

经过审核后,对于符合上线要求的视频需要提交上线申请。上线申请需将该视频的商品资质审核及商品视频审核情况进行详细说明,由参与审核人员签字确认,并经部门总监同意批准后,方可上线。

天视商城财务运营管理流程

一、天视商城货款支付及佣金回收管理流程

天视商城是天津网络广播电视台为用户提供的一个在电视上购物的平台。天视商城不设仓储、物流,线上所有销售的商品皆由入驻商城的供货商户发货并配送,天视商城为代收代支的运营模式,所有进入天视商城的货款全部支付给供应商,再由供应商按照约定返点比例支付佣金。

1.天视商城甄选适合在天视商城上上线的商品,与相关商品的供货商签订商品合作协议,协议中明确标明售卖商品的名称、规格、售价、代理服务费比例以及合作流程、模式、付款程序等事项。

2.消费者支付的订单货款统一由天津网络广播电视台天视商城结算系统进行托管,天视商城每个自然月的前5个工作日内,从结算系统中导出订单明细,按照红包金额、优惠券金额、现金支付金额与财务系统核对,财务系统中微信、微信小程序、支付宝、银联进账数据要与订单系统核对一致,核对无误后交由集团财务挂账,集团财务按照供应商名称将现金支付金额计入"其他应付款"。

3.订单与财务系统核对一致后,将订单明细发给各商户,商户核对无误后,出具一份结算确认单。消费者用红包、优惠券支付的货款需要供应商开具增值税发票,客户用现金支付的部分需要供应商对结算确认单加

盖公章或财务章进行确认。

4.商户返回发票及结算确认单后,需要填写支出报销单,将原始附件粘贴在支出报销单后,并备注预算使用部门,先由综合业务部部门总监签字,如果有使用红包支付的,需要请节目部总监签字,确认可以使用预算后,申请集团财务部门核对,财务部会计核对无误后签字,然后提请董事长签字确认,董事长确认完毕后,财务部负责合同登记的人员登记并盖章确认,最后每周一、周三、周五将支出报销单交由财务部出纳汇款。集团财务按照付款金额将"其他应付款"冲销。

5.由于天视商城是向消费者提供购物服务的平台,属于代收代支的平台,不是销售方,若消费者需要开具商品发票,商品发票由供货方提供。

6.出纳将货款支付完毕后,与供应商确认是否收到货款,然后填写开票申请单,请综合业务部部门总监签字,经营办确认签字,财务会计登记盖章后由出纳开具增值税发票。原则上,商城专区的佣金按照合同约定开具内容为广告发布费的增值税普通发票。

二、落地购物频道分成管理流程

目前,平台上落地购物频道费用分两种:一次性支付落地费用和保底加分成模式。对于保底加分成的模式,合作方根据频道实际销售额产生的收入按照合同约定比例向IPTV支付平台服务费,并需要提供后台系统以便及时进行核对。

购物频道由代理公司代理的情况下,需要该购物频道对每月代理公司出具的销售额进行盖章确认,作为结算依据。

平台服务费的结算制度如下:

1.平台服务费的结算周期为"T+1"月,代理公司需要在次月的10个工作日内提供购物频道的销售数据,由管控专员从系统中导出月销售数据与之核对,双方核对无误后,出一份结算确认单合作方盖章后回传。

2.管控专员在确认销售金额无误的情况下,于次月20个工作日根据结算确认单向合作方开具平台服务费用的增值税发票,合作方收到增值税专用发票后于当月的最后一个工作日前支付平台服务费。

砸金蛋申请配置统一管理流程

一、砸金蛋概况

砸金蛋是IPTV基于直播平台开发的创新互动活动,通过直播频道向电视观众发放现金红包、优惠券、观影券等平台福利的工具。

观众在砸金蛋中砸中的现金红包、优惠券可以在天视商城专区购物结算时使用;观影券、套餐券可用以观看平台指定影视资源。随着平台功能开发,后期会继续增加平台福利类型。

目前现金红包设置的有效期为两年。观众所获得现金红包自获得之日起持续到下一自然年度的12月31日,由研发部相关人员手动执行失效。

优惠券、观影券和套餐券等福利有效期可在创建奖券时进行人工设置。

二、砸金蛋运营工作配置

为了确保不同部门砸金蛋运营需求在电视端显示不冲突,保证各个运营需求正常实现,砸金蛋由综合业务部统一负责需求统计整理及配置发放工作。

综合业务部推广组负责对所有申请进行统计整理,制定出各频道的发放方案。

综合业务部媒介组负责根据发放方案进行系统配置,保证上线内容的正确性和及时性。

三、砸金蛋申请配置流程

1.每周一由各申请人将下周六至下下周五的申请表格(申请表格请见附表),于下班前提交邮件申请。申请邮件需发送给综合业务部×××,综合业务部抄送人包括××、×××。

2.如申请中包含了观影券和套餐券,需要由申请人提前在活动平台建立好奖券,并将奖券名称标注在申请表格中。

3.综合业务部推广组在对所有申请表格汇总整理后,将正式表格最晚于上线当周周一提交邮件申请。申请邮件需发送给综合业务部×××,综合业务部抄送人包括××,及各部门申请人。

4.综合业务部媒介组在接到申请邮件后,要求在周五下班前根据申请内容完成活动平台的配置工作,并回复邮件告知相关人员。

5.遇到节假日等特殊情况,上述申请时间及申请周期如需调整,将根据具体时间另行通知。

如因特殊情况,需要对砸金蛋内容进行紧急下线,请参照上述流程1内容向有关人员发送申请邮件。由综合业务部媒介组根据邮件内容执行下线操作。

砸金蛋配置上线流程

一、砸金蛋运营人员配置

砸金蛋由综合业务部负责日常运营和维护。

推广组负责统筹砸金蛋的发布内容,制定各频道的发放方案。

媒介组负责进行系统配置,及发放中奖金蛋的财务对账和结算工作。

红包运营联席会议对发放方案具有最终审核权。具体成员包括综合业务部总监、推广组、媒介组及涉及运营的其他人员。

二、砸金蛋发放原则

砸金蛋的发放应秉承事前规划，事后统计，严格控制发放成本，及时进行财务结算的原则。

事前规划：

现金红包预算包括两部分，一是每年固定预算，二是客户赞助。

优惠券预算根据每年年初制定的部门预算进行分配统筹。

其他类型预算则由各申请部门负责或营收情况确定。

推广组需要在每年的预算范围内制定发放方案，并报送红包运营联席会议进行审核，通过后该方案即可实施。发放方案应明确发放运营商平台及频道、发放日期和时间、发放现金红包总额、中奖金额设置及中奖比例等事项，以便相关人员进行审核。

事后统计：

在媒介组每月出具的上一月财务数据中应将最终与供应商结算的金额列明，以便推广组及时知晓年度预算的使用情况。同时，管控人员应遵照集团财务要求及时进行结算工作。

推广组每周要对发放的情况进行汇总分析，并在每周部门例会进行汇报。

三、砸金蛋的审核、申请及发放流程：

1.每周由推广组制定砸金蛋发放方案，报送给红包运营联席会议进行审核。如联席会议成员对方案内容存有异议，由推广组进行方案的修改直至该方案审核通过。

2.发放方案审核通过后，每周一由推广组向媒介组发放执行人提出下周六至下下周五方案的邮件申请，并抄送媒介组主管和推广组主管。媒介组发放执行人在收到邮件后，根据发放方案内容进行系统配置。发放过程中应严格按照方案表单中的内容进行操作。完成系统配置后,由媒介组主管对系统配置内容进行审核,确认无误后方可发布。

3.方案发布后,由媒介组主管以邮件方式回复申请人及相关人员发放结果。

4.如有商业客户投放砸金蛋活动,业务人员负责商务合同的签订。商业合同签署付款后,应及时将合同中约定的砸金蛋需求告知推广组。原则上需要预留出一周时间用以完成方案制定、图片制作、系统配置等工作。推广组依照合同需求统一制定发放方案,审核及发放流程同上。如时间紧迫,发放方案也应在生效日前两个工作日向媒介组提出上线申请。

5.如遇到节假日等特殊情况,需要进行砸金蛋活动的紧急上线,应由推广组上报部门总监说明情况,经部门总监批准后,向媒介组提出邮件申请。

四、砸金蛋发放惩罚制度:

由于砸金蛋发放会直接影响公司的营销成本预算能否正确使用,为了保证能够准确无误地按照发放方案内容进行发放,实施系统配置与系统发布权限分开,保证每条信息发布前经过严格审核。如在信息发布后,发现与发放方案有误,则需按照以下原则对相关人员进行处罚:

1.发布出砸金蛋内容折算金额大于发放方案金额的情况。

多发布的金额在500元以下,扣除发布执行人和媒介组主管当月20%的绩效工资;多发布的金额在500元以上,1 000元以下,扣除发布执行人和媒介组主管当月50%的绩效工资;多发布的金额在1 000元以上,扣除发布执行人和媒介组主管当月100%的绩效工资。

2.发布出砸金蛋内容折算金额小于发放方案金额的情况。

少发布的金额在500元以下,扣除发布执行人和媒介组主管当月10%的绩效工资;多发布的金额在500元以上,1 000元以下,扣除发布执行人和媒介组主管当月20%的绩效工资;少发布的金额在1 000元以上,扣除发布执行人和媒介组主管当月50%的绩效工资。

3.多次出现发放错误的情况。

当一个月发放错误出现两次以上,则在上述处罚基础上,再对发布执行人和媒介组主管扣除当月奖励提成200元。

红包运营规则

一、红包运营流程

1.匹配流程。每周三由红包执行人制定匹配计划,视情况每周调整;

2.审核流程。每周四由红包执行人在红包运营群提交申请,经部门总监审核通过后,进行表格转化。未通过或微调则调整后再次执行审核流程。

3.转化流程。把匹配计划由xlsx表格模式转化为txt文本模式。

4.提报流程。每周五由红包执行人以邮件形式提请节目部进行红包投放。

在节目部完成投放后节目部以邮件形式回复。

5.数据分析。次周周四上午,红包执行人将参与人次、砸中金额、提升率、砸中率、领取率、投放情况、投放增幅数据进行汇总整理,并环比对照上周红包数据,分析效果。

6.视觉创新。每年至少更换2次砸金蛋互动页面主题,以柿饼子的卡通形象为主,根据节日季节等设计不同的动作形态。

二、匹配原则

1.平稳型。1:4的匹配度。有剧宣××××元(3小1大,最大×元,最小×元),没有剧宣××元(4小,最大×元,最小×元)非特殊节日不增加红包数量。

2.成长型。1:4的匹配度。有剧宣××××元(3小1大,最大×元,最小×

元），没有剧宣不发，非特殊节日不增加红包数量。

3.提升型。最大×元，最小×元（特殊节假日可适当调整）

三、红包使用要求

1.日常红包开放比例由运营组根据实际情况实时把控，红包全开计划需提前一周经推广组主管和部门总监审批后方可，且每月最多开放一次。

2.红包有效期不超过2年，自红包获得之日起第二个自然年失效。

四、红包系统的研发升级

为了促进红包更精准有效地运营，我们协同研发不断完善红包平台系统。

1.数据精准导出。中奖记录页面导出、分时段数据导出。

2.多渠道投放。电信域、移动域可实现砸金蛋互动，以及在各专区设置砸金蛋，比如商城专区、点播专区等。

3.金蛋奖品多元化。砸金蛋可以砸出商城红包、优惠券、商品兑换券、其他实物奖品等。

4.分组精准投放。根据分组设定金额及中奖概率功能，按照既往中奖金额和在商城消费金额两个维度设定分组。

5.品牌化运营。根据整合营销组客户需求在砸金蛋互动界面进行视觉展现、LOGO露出等。

优惠券管理制度流程

一、优惠券发放目的

优惠券是目前天视商城运营过程中的一项重要工具。主要用以增强天视商城与老用户之间的黏性,开发新用户,从而起到拉动天视商城销售额的目的。

二、主体责任

优惠券发放由推广组负主体责任,每年根据年度销售目标制定优惠券预算和实施办法,牵头制定每周促销发放方案,牵头提出整理智能化研发需求,让优惠券起到拉动销售、促进用户活跃和黏性的作用。

三、优惠券发放原则

优惠券的发放应秉承事前规划,事后统计,严格控制发放成本的原则。

事前规划:活动策划阶段,应明确每次活动中涉及的优惠券发放金额上限、单张优惠券面额、发放条件等事项,以便进行预算控制。

事后统计:每月初,由媒介组出具上一月系统中优惠券的发放情况及实际使用情况,以便及时知晓预算的实际余额进行调整。

控制成本:严格按照年度预算执行,与销售额增长相匹配,按月度核算投入产出比,按季度调整预算实施办法,逐步实现盈利。

四、优惠券申请及发放流程

1.由申请人将发放用户的手机号按照优惠券申请表格要求整理完毕后,向推广组主管提出发放申请邮件,并抄送部门总监、媒介组主管及发放执行人。邮件中应写明发放理由、金额、数量等信息,并附带优惠券申请表格。

2.推广组主管在收到申请邮件后进行审核并回复邮件。审核依据为本年度优惠券的预算使用情况,活动实际执行情况等方面。

3.媒介组的发放执行人在收到推广组主管的审核同意邮件后进行系统发放。发放过程中应严格按照优惠券申请表的内容操作,最终发放前应经媒介组主管二次审核确认无误后,完成优惠券的发放。

4.如推广组主管认为优惠券申请表格有误,应邮件回复申请人,写明拒绝发放理由。申请人在根据拒绝理由调整发放申请后,应重新以邮件方式提出发放申请。

五、优惠券发放惩罚制度

优惠券作为天视商城项目中的主要运营成本,每年由部门向公司进行申请预算。保证其正确发放既是保障公司运营成本运用得当,又是保护积极参与相关运营活动中的用户权益。在具体实施工作中,为了更好地完成优惠券的作用,对于出现以下情况并且造成优惠券实际使用用户或者金额超出原定使用范围,将对相关执行人予以相应惩治:

1.优惠券申请人在统计发放数据中出现应发优惠券用户信息或者人员错误,导致应发用户未发、误发等情况。

2.优惠券申请人填写的《优惠券申请表》中信息有误,导致发放结果与活动内容有误的情况。

3.发放执行人未严格依照《优惠券申请表》进行发放,导致误发或发放活动内容有误等情况。

4.优惠券成本使用控制不当,超出年度预算范围。(成本控制仅限于本公司划拨的优惠券预算,不包括商业合作中由客户支付的优惠券成本。)

对于出现上述情况,并实际造成预算成本损失的,按照损失情况对相关人员进行惩治:

1.实际损失金额在100元以下,扣除责任人当月5%的绩效工资。

2.实际损失金额在100元以上,500元以下,扣除责任人当月10%的绩效工资。

3.实际损失金额在500元以上,1 000元以下,扣除责任人当月50%的绩效工资。

4.如实际损失金额超出1 000元,则需提交部门经理会决定处罚结果。

5.部门主管可把所犯错误性质、严重程度等作为发放当月业务奖励提成的依据之一。

本规定自2020年5月1日起执行,之前与之不符的规定自行作废。

表18-1　优惠券申请表

序号	手机号	优惠券金额	生效时间	失效时间	活动名称	使用范围

公众号运营规则

公众号运营主要是针对公众号的人群进行普发信息,活动,商品推送等信息,使该公众号在用户中保持一定的曝光度。

一、运营流程

1.由运营组定期提供商城新上架商品的图片及商品文字描述(100—200字)。

2.公众号撰写人在各平台搜索整理文字、文章插图素材,要求文字资料内容合规不违法且不是原创内容、图片无水印。

3.公众号撰写人定期对公众号分栏进行内容更改和维护,定期对分栏进行检查,查看是否有已过期活动及商品,及时进行更换。

4.根据不同活动设置关键字回复内容,内容为文字、图片、文章、链接等形式。

5.公众号撰写人负责审核并维护每篇文章下用户留言,将不合规留言进行删除。

二、公众号"IPTV天视商城"

1.推送时间:每日推送。

2.推送内容及定位:IPTV天视商城商品宣传、新品宣传、活动宣传。附加部分剧宣传以及天视商城走进社区等推广。

3.分栏内容:3栏。

(1)左分栏。天视商城:主要突出商城特色。

教你用:是针对老龄用户的视频+图文教程。

立刻买:直接链接小程序下单。

加入我们:是商品招商信息留存。

(2)中分栏。粉丝社群:主要突出福利,商品,带动交互性社群。

福利社:是当期最新的活动(基本是每周换挡)。

新好物:针对当季主推的商品/新品进行推送。

与我互动:即加入柿饼纸的微信,进入社群(详细引导仍需设计迭代)。

(3)右分栏。个人中心:主要是沟通/查询/服务类分栏。

对话客服:主要针对客诉问题增加的留言渠道。

我的订单:主要是用户下单后,物流信息的追溯。

我的优惠券:满足优惠券发放后,用户使用查询的使用。

三、公众号"天视新生活"

1.推送时间:每周四或周五(每月4次)需要整合式推送。

2.推送内容及定位:福利活动、商城新品、整合营销组需求转发、其他转发内容。

3.分栏内容:3栏。

（1）左分栏。往期精彩：推荐上一周内容。

（2）中分栏。互动社群：带动交互性社群。

（3）右分栏。商务合作：招商信息推广。

四、公众号"天视商城"

1. 推送时间：每周五或周六（每月4次）推送。

2. 推送内容及定位：福利活动、商城新品、其他转发内容，主要以接收用户对商城商品等问题为主。

3. 分栏内容：2栏。

（1）左分栏。本周推荐：推荐本周新内容。

（2）右分栏。对话客服：针对客诉问题增加的留言渠道。

五、数据分析

公众号撰写人负责每周三整理上周三到本周二的公众号数据以便进行分析汇总，数据包括新增人数、取关人数、净增人数、公众号总人数。

社群运营规则

一、建立社群

通过线上和线下活动建立不同属性的社群。或根据内部挖潜或外部合作伙伴资源建群，联合运营。

二、活跃模式

每月社群中进行两次大促互动（提前一周前宣传），小促互动两次，新品宣传、日常维护等每日随机进行。

日常以互动、咨询解答、节日红包等动作进行"家文化"式日常互动运营。

三、运营模式

每月按平均四周为主体框架,每月初、月末通过社群运营进行两次大促(主题按照有节随节,无节造节的原则进行)。所谓大促即五折以下的折扣,折扣力度可自贴,亦可通过品牌商的联合运营做专区贴补,通过社群营销进行局部推广,增加传播力度。

每月中的两周通过小型活动进行"存在式"拉动,爆品、第二件半价、专区秒杀、锦鲤、小型节假日的营销,父亲节、母亲节等小节假日的促销,通过这些拉动寻找大促之后的最佳模式。

四、社群管理

群主及辅助人员垂直维护,对乱发小广告、小游戏、扰乱社会秩序等信息的用户,群主在群中进行清除。

线下活动合作流程

1.活动来源:包括广告客户、异业合作、内部其他部门合作(例:万视达)

2.招募线下有执行推广经验的合作伙伴,如执行公司。

3.活动前期进行物料准备工作:打印公众号或社群二维码,采购方礼品、易拉宝等。

线下活动如需要拍摄视频需提前一周提供申报。(对外表格见表18-2)

表18-2　视频制作表

视频制作需求	
活动名称	
视频拍摄地点及启动时间	
文案中必须提及的内容	

视频制作需求	
活动名称	
视频拍摄地点及启动时间	
必须拍摄的内容	
现场采访人数	
现场采访问题	
现场活动流程	
文案	

4.现场如有节目、路演、主持出镜需求,需提前两周核对内容。

5.采访人员的环节需要提前准备文稿。

6.需要在公众号进行推文宣推需要由宣传方准备新闻通稿。

7.所有活动IPTV品牌只以单场活动输出的模式进行参与,其他有冒用IPTV名义进行的活动,公司有义务追究其责任。

8.每场活动结束后有50—100位粉丝留存。

线下活动全员参与激励计划

在部门员工绩效增设线下活动附加项,根据个人在线下活动中的实际参与贡献,对参与人员原有绩效基础上进行加分。

一、加分规则如下

表18-3 活动加分规则表

加分项(单体项目说明)				
项目说明	活动发起(大型) 发起人限1人	活动参与(大型) 参与人限多人	活动发起(小型) 发起人限1人	活动参与(小型) 参与人限多人
执行标准	以桃花节、粉丝节等为例,全日出席的大型活动,且活动为2天周期及以上		以社区活动、门市活动为例,全日/半日出席的小型活动,活动形式为单日周期	

续表

加分项（单体项目说明）			
落位标准	活动前期谈判,对接,预算审批通过,并成功执行	正常出勤活动线下,且导流数据为《项目启动书》可控范围内	活动前期谈判,对接预算审批通过,并成功执行	正常出勤活动线下,且导流数据为《项目启动书》可控范围内
计分标准	4分	1分	2分	1分

注:单人每月获取最高分值以10分为上限,当月超过分值不计入分数。活动原则上以置换或搭载模式进行,如需费用执行需评估可行性。

二、执行规则说明

1.项目发起由发起人提报经理会可行性活动报告,即《项目启动书》。《项目启动书》经经理会全员审批通过后,由项目发起人牵头组织,并执行该项目。活动成功发起并举办则该同事获满额发起分数4分。

2.若活动因投入产出不成正比,或其他原因未通过审核,则不计算分数。

3.项目过审后,项目发起人负责召集项目参与人,并对当日执行人布置当日量化数据,及现场安排,参与人成功完成项目即获得相应分数1分。(注:项目发起人亦可成为参与人且享受参与人分数。)

4.扣分项:若整体活动不能完成既定增粉数量,或活动不成功被迫中止,则扣除整体项目成员(包括发起人、参与人)分数的50%,最终核算当月具体增分项。

5.项目结束后,由项目发起人根据项目执行的量化《评估报告》核算该项目发起人及参与人的最终分数。

6.通过"线下活动全员参与激励计划"的设定,也可以侧面看出整体部门成员对活动类项目的支持情况及忠诚度。

附:线下活动项目启动书(示例)

项目概述:

我们为什么要做这次活动。

活动时间:起始时间(周期)。

活动地点:具体位置。

活动模式:大型/小型。

活动含费用需求:

附表1 线下活动需求申请表

项目	概述	数量	预计费用
参与人数			
奖品需求			
物料需求			
演员需求			
主持人需求			
设备需求			
搭建需求			
合计			

量化目标:收获广告费用××元,实现现场增粉××人。

风险预案:是否存在什么样的风险? 如何应对?

经理会意见:评估结果。

线下活动评估报告(示例)

活动收款项落位情况:

如果项目投入产出比合理,且款项落位正常,则对发起人按照100%绩效分数发放,参与人则按量化数据考核。

若无活动/广告收取款项,发起人则按照下述项目实际量化合计数据执行考核。

量化目标落位情况:(示例)

附表2　项目量化考核表

时间	既定目标	实际完成	参与人	绩效得分
202×.3.23	200	221	×××	1
			×××	1
202×.3.24	200	37	×××	0.5
			×××	0.5
202×.3.25	200	198	×××	1
			×××	1
发起人合计数据	600	456	×××	2

建议量化数据下限浮动不低于10%,上不封顶。

经理会领导审批意见。

客服工作流程与制度

目前客服工作主要包括了天视商城客服工作及公司业务客服工作两部分。

一、天视商城客服工作

(一)工作内容

1.与呼叫中心日常对接,处理并登记呼叫中心反馈的问题,定期反馈问题给相关部门。

2.呼叫中心沟通三次仍未解决的问题,由商城专员介入,确保投诉无升级。

3.按照《商户管理条例》规定统计供货商每月扣款情况。

4.给呼叫中心做好培训,每月拜访一次,保持良好沟通,有助于问题解决。

5.负责订单发送、物流反馈,及商城上品工作,确保商城业务正常运行。

(二)商城客诉处理流程

1.供货商配送超时问题。

座席专员:为客户反馈。若无物流,可酌情补偿客户20元优惠券。随后邮件告知商城客服。

商城客服:将情况反馈给供货商。

供货商:需提供物流单号,或直接联系客户解决后反馈结果。

商城客服:将处理结果邮件回复给座席专员。

2.供货商错发货、产品有质量问题。

座席专员:安抚客户并请客户加商城客服微信,提供问题照片。随后邮件告知商城客服。

商城客服:收到照片后,反馈至供货商。

供货商:可选择补发、退货重发、退款,也直接联系客户解决后反馈结果。

商城客服:邮件回复座席专员处理结果。

3.供货商少发货问题。

座席专员:安抚客户并记录客户反馈详情,反馈给商城客服。

商城客服:将情况反馈至供货商。

供货商:可选择补发,或直接联系客户解决并反馈结果。

商城客服:邮件回复座席专员处理结果。

4.供货商缺货问题。

供货商:缺货情况下需告知商城客服商品信息,以及从哪天起的订单无法发货。

商城客服:整理客户名单,安排座席专员回访客户并退款。

座席专员:回访后,返回回访结果名单。

5.客户原因退货问题。

座席专员:提供7天无理由退换服务(冷链及生鲜商品除外),告知客户在不影响二次销售的前提下,可办理退货退款,运费自理。随后邮件告知商城客服。

商城客服:将情况反馈至供货商。

供货商:提供退货信息,也直接联系客户解决后反馈结果。

商城客服:邮件回复座席专员处理结果。

6.系统类问题。

优惠券问题:询问优惠券管理专员。

研发问题:具体情况发送至研发对接群,由产品经理对接。

(三)其他客服工作流程

1.外呼申请。

部门工作如有需要呼叫中心进行回访或外呼的情况,需提前发送邮件申请至商城客服专员。邮件中需包含:外呼理由、名单、相关话术、可能涉及的问题。客服专员酌情调整话术后,通知呼叫中心安排外呼并呼后反馈结果。抄送给部门总监及所属主管。

2.活动通知。

各组如有活动可能涉及客户提问,需座席专员进行解答的,需至少提前一天发送邮件至商城客服,邮件内容包含:活动详情、活动时间、可能涉及的问题。抄送各自主管。

3.优惠券发送申请。

如因商城系统问题或客诉问题,需为客户发送优惠券的,商城客服需发送邮件申请至优惠券管理人员,邮件内容包含:事件说明,以及发送优惠券的手机号及金额。抄送给部门总监及各自主管。

4.研发需求申请。

随时记录工作过程中发现的天视商城后台需优化和改进的地方,整理成文档,由商城主管统一向研发部提报。

二、公司其他业务

公司其他业务由市场部专员对呼叫中心进行公司其他业务培训,并日常对接。

商城客服协助市场部专员解决IPTV平台投诉,查看投诉是否与综合业务部业务范围有关:若无关,说明情况并回复邮件;若有关,找到相关负责人了解情况,并出具相关话术及解决方案。

参考文献

1.[美]艾·里斯、[美]杰克·特劳特著,《定位》,王恩冕、于少蔚译,中国财政经济出版社,2002年。

2.[美]彼得·蒂尔、[美]布莱克·马斯特斯著,《从0到1——开启商业与未来的秘密》,高玉芳译,中信出版社,2015年。

3.曾鸣著,《智能商业》,中信出版社,2018年。

4.陈光锋编著,《互联网思维——商业颠覆与重构》,机械工业出版社,2014年。

5.陈威如、余卓轩著,《平台战略——正在席卷全球的商业模式革命》,中信出版社,2013年。

6.[美]菲利普·科特勒、[美]加里·阿姆斯特朗著,《市场营销源理与实践(第16版·全新版)》,楼尊译,中国人民大学出版社,2015年。

7.胡八一著,《阿米巴经营会计——中国式阿米巴落地工具系列》,中国经济出版社,2017年。

8.黄有璨著,《运营之光2.0——我的互联网运营方法论与自白》,电子工业出版社,2017年。

9.[美]杰克·特劳特、[美]史蒂夫·瑞维金著,《新定位》,李正栓、贾纪芳译,中国财政经济出版社,2002年。

10.[美]杰克·韦尔奇、[美]苏茜·韦尔奇著,《赢》,余江、玉书译,中信出版社,2005年。

11.[美]尼尔·埃亚尔、[美]瑞安·胡佛著,《上瘾——让用户养成使用习惯的四大产品逻辑》,钟莉婷、杨晓红译,中信出版社,2017年。

12.[日]石川康著,《稻盛和夫的经营哲学》,电子工业出版社,2016年。

13.[美]史蒂芬·柯维,《高效能人士的七个习惯(精华版)》,高新勇等译,中国青年出版社,2011年。

14.[美]唐·E.舒尔茨等著,《整合营销传播》,吴怡国等译,中国物价出版社,2002年。

15.王春燕著,《三天读懂互联网思维》,中国法制出版社,2015年。

16.吴晓波频道主编,《私域电商——存量时代的增长裂变法则》,中国友谊出版公司,2020年。

17.谢晓萍等著,《微信力量》,机械工业出版社,2015年。

18.薛兆丰著,《薛兆丰经济学讲义》,中信出版社,2018年。

19.[日]野中郁次郎、[日]竹内弘高著,《创造知识的企业》,李萌、高飞译,知识产权出版社,2006年。

20.叶开著,《O2O实践——互联网+战略落地的O2O方法》,机械工业出版社,2015年。

21.张波著,《O2O——移动互联网时代的商业革命》,机械工业出版社,2013年。

后记 打造学习型团队，走向高质量运营

    IPTV 购物项目从 2019 年正式推出，历时 5 年，从单一的专区图文展示，逐步发展到今天大屏专区、手机小程序、直播流推荐三位一体的模式。最初为了丰富专区内容，我们多方整合筛选商品，从热门网红产品到民生必备品，严选商品品质，支持支付宝、微信支付，为电视观众提供物美价廉的购物体验。最多的时候，供应商数量达到了 40 余家，之后结合 IPTV 技术优势，又推出了购物轮播频道的模式，支持电话订购货到付款，销量快速提升。但是在新的政策环境下，2022 年 4 月份轮播频道停止运营。为了维持购物项目的总体收入，运营人员继续探索平台流量变现模式。在技术人员的努力下，开发出直播推荐系统，2022 年 6 月底上线运行至今，经过多次迭代后实现了购物视频在直播换台时分组智能推荐，由观众盲购物频道，情绪化购买，到根据用户标签智能化推荐购物消费服务，实现了质和量的双飞跃。

    回顾天视商城购物项目发展经历，可以说命运多舛。每一次变故都是通过创新开发、智慧运营得以运转前行。市场变化、三年疫情和政策变化也出乎我们的认知。虽然目前项目利润还不高，规模不大，但是我们积累了大量的购物用户和积分商城用户，积累了运营经验，锻炼了运营队伍，我们正逐步把电视观众逐步变成有电话、有定位、有 ID、有收看和消费兴趣等标签的电视用户。这几年，国家大力推进国内统一大市场、大力促进内循环，文旅、康养、智能家居、新能源汽车等消费逐步回暖，电视大屏的公信力、大流量还在，智能化、高清化、互动化也在积蓄力量，大屏电

326

商还有赚钱机会。

市场竞争不进则退，我们能做的就是看淡大形势，聚精会神做好自己，只要用心对待用户，服务持续优化升级，用户就能和我们"双向奔赴"，不断产生价值。

首先，坚持平台思维、轻资产运营。商城项目成立之初，已经有了明确定位，即我们是媒体平台，运营中要发挥平台内容和流量优势，坚持轻资产运营，不自建物流、仓储和话务系统，不自采商品，只做代收代支、一键代发平台。商城专区向多家合作伙伴开放，丰富产品品类，将商品、物流、仓储等投入大、管理成本高的部分交由合作方承担，外包400号码和退换货客服服务，我们负责平台的流量运营、视频审核编排和用户数据分析等核心工作，坚守低投入轻资产的经营模式，保护平台形象及用户的数据隐私，确保安全播出的底线。

其次，增收节支、利润导向。项目成立之初，大屏电商没有经验可以借鉴，从零开始，同事们大胆摸索，专区、小程序和直播推荐等系统的开发与运营相辅相成，边运营边迭代，产出后再持续投入。目前，这三种渠道已经具备了大小屏互动、与万视达App三端互联、直播推点播与专区联动的功能，按数字键8888，直接呼出专区。整体项目的技术成熟度日臻完善，运营效益也持续提升，实现了良性循环。

再次，持续提升精细化、智能化运营水平。在全面分析购物项目整体布局后，今后要以直播推荐系统作为龙头阵地，利用专区和小程序承接住大屏流量。结合每日阿米巴数据统计，以及每周、月、季度、年度的数据汇总分析，针对运营弱点，提升运营效果，注重用户体验，精准触达有效用户，增强用户黏性，实现销售额、利润额持续增长，继用户规模红利后，打造IPTV发展的第二条成长曲线。

最后，完善天津本地的项目模式，逐步向外省扩展。天视商城项目在轮播频道阶段，就已经与8个省的IPTV有过合作。但由于政策变化，合作并不一帆风顺。我们2022年开发出直播推荐系统后，也在积极沟通，继续推进与兄弟省IPTV的深入合作。外省落地不仅能增加项目的整体收入,也可以分摊技术成本。项目目前已经在广西、甘肃、江西IPTV平台上线,与湖北、四川、北京、广东等省的合作也在沟通对接中,有望逐步开展实质性合作,期待为行业整体发展尽一份力。

回顾5年的探索之路,着实不易,但我们坚信要实现IPTV流量变现,购物是可行的模式之一,路长且阻,我们团队会继续努力前行!

我们的团队组建于2015年底,当时只有从电视台广告部分流过来的4人,在IPTV快速发展的时代背景下不断成长壮大,业务规模不断提升,团队人数增加到20多人。大家来自五湖四海,共同从事一个没有经验可借鉴的项目,一路探索,有辛酸也有收获,公司鼓励创新、包容试错,团队大胆探索、运营为王、不断迭代,提倡沟通、分享,公司利益至上,一起读书、学习、分享,打造学习型组织,一起啃下大部头的《市场营销》,分组领读《上瘾》《私域运营》《精益数据分析》《执行》等运营书籍,一起上得到、喜马拉雅App听产品课、运营课、营销课、领导力课,每个人都逐步成长为一专多能的复合型人才。爱学习、懂运用、会分享的学习型组织正在逐步成型,其中5名员工递交入党申请书,3人入党、1人成为入党积极分子。

这本小册子就是集体智慧的成果,也是运营成效的深入总结。感谢我的团队成员,他们是:宣祎、芦世龙、缪丽莉、刘伟、韩燕、高阳、赵彦霞、苏淑君、于紫寒、刘倩、张娇、贾友强、孙逸凡、贡晓晖、董文达、薛磊、贾一乾、霍东冉、魏一等,他们在工作之余,还能读书、思考、总结,一起参与了本书的资料搜集、内容整理和部分撰写工作,让我特别感动和欣慰。尤其要感谢我们天津网络广播电视台的董事长张和,他既是一位追求精致、爱岗敬业的好领导,更是一位为人师表、大度包容的导师,给了团队极大的支持、包容和鼓励。一并感谢黄河、刘瑞、许强、李璐、赵昕熠、谷悦、马博、李威、刘臣、路晓程、郭珊珊、刘文戟、柴俊玲、王明钧、季春娜等同事们的大力支持,原谅我不能一一列举,这是一个温暖、创新、包容和有战斗力的集体。特别感谢南开大学茹宁教授,不仅是她的治学精神、科研态度激励了我,她更是付出大量精力对全书的结构、框架、逻辑、表述风格等提出建设性建议,并认真打磨修改每句话,并愿意提携我联名出版,才使得本书能够与大家见面。天津人民出版社的岳勇编辑更是对我极具耐心、不吝赐教，使我受益匪浅，也使我们在合作中成了好朋友。

大屏运营无止境，累并快乐着，智能化、高清化、互动化给了我们更广阔的舞台，做正确而非容易的事儿，背靠广电融合大势、依靠技术创新、依托团队协作、坚定市场化方向，未来一定会更美好！

南敬伟

2024 年 8 月 8 日全民健身日